Materialien zur rechtswissenschaftlichen Medien- und Informationsforschung

Herausgegeben von
Prof. Dr. Martin Eifert
Prof. Dr. Wolfgang Hoffmann-Riem
Prof. Dr. Jens-Peter Schneider

Band 82

Martin Eifert (Hrsg.)

Digitale Disruption und Recht

Workshop zu Ehren des 80. Geburtstags
von Wolfgang Hoffmann-Riem

Nomos

Die Veröffentlichung der Druckausgabe sowie die Open-Access-Veröffentlichung der elektronischen Fassung wurde ermöglicht mit Unterstützung durch die Humboldt-Universität zu Berlin.

Die Deutsche Nationalbibliothek verzeichnet diese Publikation in der Deutschen Nationalbibliografie; detaillierte bibliografische Daten sind im Internet über http://dnb.d-nb.de abrufbar.

1. Auflage 2020

Publiziert von
Nomos Verlagsgesellschaft mbH & Co. KG
Waldseestraße 3-5 | 76530 Baden-Baden
www.nomos.de

Gesamtherstellung:
Nomos Verlagsgesellschaft mbH & Co. KG
Waldseestraße 3-5 | 76530 Baden-Baden

ISBN (Print): 978-3-8487-6850-9
ISBN (ePDF): 978-3-7489-0949-1

DOI: https://doi.org/10.5771/9783748909491

Onlineversion
Nomos eLibrary

Vorwort

Dieser Band dokumentiert die Vorträge, die auf dem Workshop zu Ehren des 80. Geburtstags von Wolfgang Hoffmann-Riem zum Thema „Digitale Disruption und Recht“ am 5. März 2020 an der Bucerius Law School in Hamburg gehalten wurden. Der Workshop wurde von der Bucerius Law School organisiert und von der Schülerin und den Schülern inhaltlich konzipiert. Workshop und Band sind damit zugleich Zeichen der Dankbarkeit und der Verbundenheit mit Wolfgang Hoffmann-Riem als innovativem Wissenschaftler und prägendem Lehrer, der immer das Ganze erfasst, soziales Geschehen und Recht als Gestaltungszusammenhang begriffen und in seinen verschiedenen Berufsrollen immer umfassend angemessene Lösungen erarbeitet und leidenschaftlich auf der Basis geteilter Werte für sie gestritten hat.

Der Workshop und sein Inhalt sind auch inhaltlich eng mit Wolfgang Hoffmann-Riem verbunden. Zwei der von ihm maßgeblich geprägten Forschungsfelder sind die von ihm begründete rechtswissenschaftliche Innovationsforschung und die rechtswissenschaftliche Verarbeitung neuer Kommunikationstechniken. In den letzten Jahren bündelte er diese Interessen selbst in einer Reihe grundlegender Aufsätze über Fragen der Digitalisierung und insbesondere jener Herausforderungen, die mit dem sich verbreitenden Einsatz von Algorithmen für Recht und Gesellschaft verbunden sind.

Die grundlegenden Veränderungen aller Gesellschaftsbereiche durch die Digitalisierung werden verbreitet mit den Begriffen der Transformation und der Disruption belegt. Während Erstere einen kontinuierlichen Umgestaltungsprozess beschreibt, wird mit Letzterer ein radikaler, die bestehenden Entwicklungspfade gerade abreißen lassender Umbruch bezeichnet. Für beide Arten der Veränderung finden sich zahllose Beispiele in allen gesellschaftlichen Bereichen, so dass sie nicht alternative Beschreibungen eines einheitlichen Prozesses sind, sondern unterschiedliche Modi der Verarbeitung von Digitalisierung, die gleichzeitig stattfinden und in ihrer Art von jeweils konkreten Bedingungen abhängen.

Für das Rechtssystem ist eine Transformation vergleichsweise gewöhnlich. Die Änderungsgesetzgebung ist die dominante Form gesetzgeberischer Aktivität und auch größere Umgestaltungen werden ohne Unterlass gefordert und durchgeführt. Die Disruption ist demgegenüber nicht nur ungewöhnlich, sondern auch eine besondere Herausforderung. Das Recht ist nicht nur wegen seiner Legitimationsmöglichkeiten zum zentralen Steuerungsmedium moderner Gesellschaften geworden, sondern auch wegen seiner Berechenbarkeit und Verlässlichkeit über die Zeit. Sein vielfältiges, verschiedene Rechtsebenen und -bereiche umfassendes Geflecht umhegt auch die Veränderungsprozesse und führt zu einem bias zugunsten von Fortentwicklungen gegenüber völligen Neuschöpfungen. Disruptionen entkoppeln sich nicht nur von Entwicklungspfaden, sondern potentiell auch von den sie umgebenden stabilisierenden Strukturen und ihren entlastenden Wirkungen.

Vor diesem Hintergrund widmete sich der Workshop gerade den Digitalen Disruptionen und fragte danach, wie disruptive Veränderungen im Recht abgebildet werden können und wo das Recht selbst Disruptionen ausgesetzt ist oder werden wird. Der Blick auf die Disruption steht damit zugleich in der Kontinuität der Forschungsinteressen des Jubilars. Das ist keinesfalls paradoxer als das Verhältnis von Alter und Produktivität des Jubilars.

Berlin, 10.7.2020 Martin Eifert

Inhalt

Medienwechsel und seine Folgen für das Recht und die rechtswissenschaftliche Methode

Thomas Vesting

I. Medienwechsel als umstürzende Fundierungsphase

Die Erfindung und Ingebrauchnahme neuer Medien ging in der Vergangenheit stets mit einem Wandel der kulturellen Symbolsysteme der Gesellschaft einher. Von diesem kulturellen Wandel waren immer auch die Bestände des gemeinsamen Wissens betroffen. Das gilt nicht nur für theoretisches Wissen, für das, was gedacht und gesagt werden kann, sondern auch für praktisches Wissen, für das, was Menschen durch Kunstfertigkeit machen und hervorbringen können. Die griechische Philosophie, insbesondere die platonische Kunst der Unterscheidung, das dihairetische (dialektische) Verfahren der Begriffseinteilung,[1] wäre ohne die griechische Alphabetschrift, die vermutlich von Töpfern als Inschrift erfunden wurde,[2] nicht möglich gewesen.[3] Und der so frühe Triumph über die Hungersnot in England am Ende des 16. Jahrhunderts hätte ohne die Verbreitung von preiswerten gedruckten Broschüren zur Effektivierung der Bodenbewirtschaftung, die die englischen Bauern mit Kenntnissen und Erfahrungen des agrarischen Wissens der Holländer vertraut machte, wohl nicht stattgefunden.[4]

---

1 Vgl. etwa *Platon*, Sophistes 218b-221c (am Beispiel der Angelfischerei); dazu *Julius Stenzel*, Studien zur Entwicklung der platonischen Dialektik von Sokrates zu Aristoteles (1931), 1974.

2 Vgl. die Diskussion bei *Eric A. Havelock*, The Muse learns to Write, New Haven (Conn.) 1986, 79ff., 85; und *Kevin Robb*, Literacy and Paideia in Ancient Greece, New York 1994, 21ff., 44ff. Die weit verbreitete Annahme, dass die Verschriftlichung der Homerischen Epen der Auslöser für die Erfindung/Übernahme der Alphabetschrift im frühantiken Griechenland war, dürfte kaum haltbar sein.

3 *Kevin Robb*, Literacy and Paideia in Ancient Greece, Oxford 1994, insb. 265ff.; *Christian Stetter*, System und Performanz. Symboltheoretische Grundlagen von Medientheorie und Sprachwissenschaft, 2005, 117ff.

4 *Joyce O. Appleby*, The Relentless Revolution. A History of Capitalism, New York 2010, 73ff., 76.

In beiden Fällen hatte der Medienwechsel weitreichende Konsequenzen für die Dynamik des Westens: Ohne die durch die Alphabetschrift möglich werdende platonische Kunst begrifflicher Unterscheidungen wäre wiederum das römische Recht mit seiner elaborierten Scheidekunst und seinen Klassifikationen wohl niemals zu dem Corpus juristischen Wissens geworden, zu dem es zunächst im republikanischen Rom wurde und seit der Spätantike dann für ganz Westeuropa geworden ist.[5] Und ohne die Beseitigung der Hungersnot durch gedruckte Broschüren hätte es den vielleicht größten Umbruch in der jüngeren Menschheitsgeschichte wiederum nicht gegeben: Die britische industrielle Revolution. Es spricht zwar nicht sehr viel für die These, dass der industriellen Revolution eine agrikulturelle Revolution vorausgegangen sei.[6] Die relativ frühe Beseitigung der Hungersnot und die Tatsache, dass um 1700 nur noch ein Drittel der Briten von der Agrikultur lebten, stellt aber doch eine prä-adaptive Vorentwicklung im Sinne der Theorie der kulturellen Evolution dar. Diese Vorentwicklung hat die industrielle Revolution insofern mitermöglicht, als auf ihrer Grundlage ein ganz unwahrscheinlicher Umbruch der gesellschaftlichen Wissensarchitektur möglich wurde: der Aufstieg einer „Kultur der Neugierde",[7] in der nützliches Wissen, technologische Innovationen, Offenheit, demographischer Wandel und ökonomisch effektive Institutionen sich gegen die alte christlich-aristotelische Wissensordnung durchsetzen konnten.[8] Auf diesem Durchbruch basiert die bis heute anhaltende explosionsartige Wohlstandsvermehrung auf dem gesamten Globus.

Wenn der Medienwechsel in der Vergangenheit stets einen Wandel der kulturellen Symbolsysteme und der Wissensordnung zur Folge hatte, an den sich mehr oder weniger umstürzende Veränderungen in unterschiedlichen gesellschaftlichen Handlungsfeldern und Institutionen angeschlossen haben, dann liegt die Vermutung nahe, dass auch der Übergang zu einer informationstechnologischen Kultur,[9] deren Zeugen wir seit den späten

---

5 Vgl. *Aldo Schiavone*, The Invention of Law in the West, Cambridge (Mass.) 2012, 154ff., 175ff., 184ff.; *Thomas Vesting*, Die Medien des Rechts, Bd. II: Schrift, 2011, 139ff.; *Fabian Steinhauer*, Vom Scheiden. Geschichte und Theorie einer juristischen Kulturtechnik, 2015, insb. 68ff.

6 Vgl. *Joel Mokyr*, The Enlightened Economy: An Economic History of Britain, 1700 – 1850, New Haven (Conn.) 2009, 171ff.

7 *Joanna Picciotto*, Labors of Innocence in Early Modern England, Cambridge (Mass.) 2010, 255ff.; vgl. auch *Joel Mokyr*, A Culture of Growth. The Origins of the Modern Economy – the Graz Schumpeter Lectures, Princeton (N.J.) 2017.

8 Vgl. *Mokyr*, The Enlightened Economy, 196.

9 Weitere Hinweise dazu bei *Thomas Vesting*, Staatstheorie, 2018, 157ff. (unter dem Begriff der Netzwerkkultur).

1960er Jahren sind, weitreichende Konsequenzen nicht nur für die Wirtschaft, sondern auch für das Recht haben wird. Aber wie kann man diese Zusammenhänge beschreiben? Wo und wie erfassen die digitalen Technologien das Recht und transformieren es? Und wie könnte eine der informationstechnologischen Kultur adäquate Rechtsform aussehen – adäquat auch in dem Sinn, dass sie als Rechtsform zu einer „entwicklungsadäquaten Gerechtigkeit"[10] eben dieser Kultur beitragen könnte?

Diese Fragen stellen einen Aufsatz vor ein schwer lösbares Problem. Meines Erachtens kann die Frage, welche Folgen der jüngste Medienwechsel für das Recht haben wird, allein durch das Sammeln von empirischen Erfahrungen in einzelnen gesellschaftlichen Handlungsfeldern und rechtlichen Referenzgebieten, die bereits heute sichtbar von den digitalen Technologien betroffen sind, nicht erfasst werden. Auch die neuen technologischen Möglichkeiten, die beispielsweise mit der künstlichen Intelligenz verbunden sind, setzen schon eine Idee davon voraus, wie sich das Recht verändern könnte, bevor man das Neue, das bislang Unbekannte – die Veränderung – beschreiben kann. Man muss also zunächst eine Intuition dafür entwickeln, wonach man sucht, erst dann können in einem Handlungsfeld und Referenzgebiet des öffentlichen Rechts wie dem der Medienverfassung, der Gesundheitsversorgung, der Bankenregulierung oder der Schul- und Universitätsorganisation Material gefunden und Entwicklungen beobachtet werden, die eine zu formulierende Grundhypothese über die Folgen des Medienwechsels für das Recht stützen oder gegen sie sprechen.

Die Formulierung oder Suche nach einer solchen Idee ist der Kern theoretischer Arbeit. In der theoretischen Arbeit wird auch die Art des Zugriffs auf die durch die informationstechnologische Kultur ausgelösten Veränderungen festgelegt, das „Vorverständnis", mit dem die neue Problemlage angegangen werden soll. Das setzt eine Reihe von Überlegungen und Schritten voraus, die hier aufgrund des gewählten Formats des wissenschaftlichen Aufsatzes übersprungen werden müssen. Mein Zugriff, soviel sei aber zu einer groben Orientierung vorausgeschickt, setzt nicht, jedenfalls nicht primär, bei den möglichen Folgen der informationstechnologischen Kultur für die moderne Gesellschaft an. Es geht mir beispielsweise nicht um die Beschreibung und Analyse einer neuartigen „environmentali-

10 *Rudolf Wiethölter*, Materialisierungen und Prozeduralisierungen im Recht, in: Zumbansen/Amstutz (Hrsg.), Recht in Recht-Fertigungen, 2014, 423.

tären Situation" im Sinne Michel Foucaults,[11] um eine Tiefentransformation, die die einst disziplinierenden und normalisierenden Macht/Wissenskomplexe der staatlichen Souveränität in neuartige selbstlernende Kontrollsysteme environmentaler Technologien verwandelt; es geht mir auch nicht um die Transformation von normativen zu smarten Ordnungen, in denen mittels künstlicher Intelligenz die Verhaltenskontrolle der Einzelnen in allen möglichen Alltagssituationen optimiert und der Gebrauch individueller Urteilskraft und Entscheidungsfreiheit möglicherweise eingeschränkt oder sogar suspendiert wird.[12] Stattdessen setzen meine Überlegungen auf der Ebene des Machens ein.[13] Das impliziert vor allem die praktische Seite der informationstechnologischen Kultur, die Erzeugung neuen Wissens und die materiell fundierten Prozesse in den Blick zu nehmen, die die neuen Informationstechnologien überhaupt erst ermöglichen. Die Rechtstheorie wird dann vom materiellen Kontext der informationstechnologischen Kultur abhängig, und verliert damit die Souveränität über ihre Fragestellung. Wie das moderne Subjekt die Grammatik der Sprache, in der es spricht, vorfindet und Subjektivität daher bereits bei Wittgenstein als grammatische (und nicht mehr als autonome) Subjektivität gedacht wurde,[14] so ist das begriffliche Rechtsdenken notwendigerweise auf ein „Erfahrungsfeld" angewiesen, das seinerseits auf die reale Welt eines „es gibt" verweist.[15] Und diese Wirklichkeit wird gerade im Moment ihrer Überschreitung, etwa durch die Erfindung einer neuen Technologie

11 Vgl. *Michel Foucault*, Die Geburt der Biopolitik. Geschichte der Gouvernementalität II, 2006, 359ff., wo Foucault die Grenzen der auf innerliche Unterwerfung programmierten Disziplinarmacht reflektiert und einen neuen Macht-Wissens-komplex umreißt, den er „Environmentalität" nennt; daran anknüpfend *Erich Hörl*, Die environmentalitäre Situation. Überlegungen zum Umweltlich-Werden von Denken, Macht und Kapital, Internationales Jahrbuch für Medienphilosophie 4 (2018), 221, 230ff.

12 So *Klaus Günther*, Von normativen zu smarten Ordnungen, Manuskript 2020.

13 Vgl. *Tim Ingold*, Making. Anthropology, Archaeology, Art and Architecture, London 2013; und *Victoria Kahn*, The Trouble with Literature, New York 2020, 25, 38 (die, in historischer Perspektive, von "maker's-knowledge" spricht).

14 Dazu *Sandra Markewitz*, Das grammatische Subjekt. Konstitutionsformen von Subjektivität in der Moderne, in: dies. (Hrsg.), Grammatische Subjektivität, Bielefeld 2019, 23; vgl. auch *Ino Augsberg*, Verantwortung als Reflexion, Rechtswissenschaft 2019, 109, 119 (der dieses „Je-schon-ausgesetzt-Sein" des Subjekts als Bruch oder Spaltung des Subjekts beschreibt, die als Voraussetzung aller Selbstkonstitution erfahren wird).

15 *Gilles Deleuze/Félix Guattari*, Was ist Philosophie?, 2018, 22.

„nicht begrifflich artikuliert, sondern erprobt und erfahren".[16] Der nächste Abschnitt versucht, den mit diesen knappen Hinweisen verbundenen Grundgedanken meines (rechts-)theoretischen Zugriffs auf den aktuellen Medienwandel zu veranschaulichen.

II. Softwaredesign: Sam Ginn als Beispiel

Sam Ginn ist 22 Jahre alt und einer der Jungstars unter den Entwicklern künstlicher Intelligenz in Stanford, einer der Top-Universitäten der Welt in diesem Feld. Ginn arbeitet im Bereich der Computerlinguistik, an der Schnittstelle von Sprachwissenschaft und Informatik. Auf Sam Ginn bin ich durch einige Artikel in der Neuen Züricher Zeitung und durch Hans-Ulrich Gumbrecht aufmerksam geworden. Gumbrecht ist ein deutscher Literaturwissenschaftler, der viele Jahrzehnte in Stanford gelehrt und eine Fülle von Erfahrungen mit hochtalentierten jungen Informatikern wie Sam Ginn gesammelt hat. Ginn ist mit Gumbrecht in Kontakt gekommen, weil er sich für deutsche Literatur interessiert und insbesondere ein Faible für Musil, Heidegger und Nietzsche hat. Ginns Ziel ist es, eine allgemeine künstliche Intelligenz zu entwickeln, die wie die menschliche universal einsetzbar ist.[17] Es geht also um eine artifizielle, elektronische Subjektivität und Maschinenintelligenz, die es heute (noch) nicht gibt, die aber schon länger das Leitbild für die vor allem in Nordamerika angesiedelte Forschung zur künstlichen Intelligenz darstellt.[18] Was zeichnet Softwaredesigner wie Sam Ginn aus? Was ist die Besonderheit der Software-Produktion, der heutigen ökonomischen Kernkompetenz des Silicon Valley? Über welche Fähigkeiten muss man verfügen, um darin besonders erfolgreich zu sein? Ich beschränke mich auf zwei Aspekte und folge dabei den Analysen, die Gumbrecht aus Gesprächen mit Sam Ginn und anderen gewonnen hat.

---

16 *Karl-Heinz Ladeur*, „Same sex marriage ... is still a novel concept" Familienrecht ohne Vater?, Manuskript 2020, 10; vgl. dazu auch allgemein *Hans-Jörg Rheinberger*, Experimentalität. Hans-Jörg Rheinberger im Gespräch über Labor, Atelier und Archiv, 2018.

17 Vgl. das Interview von René Scheu mit Sam Ginn in der NZZ vom 14.6.2019; und *ders.*, „Wir erschaffen eine künstliche Superintelligenz, die selbst lernt". René Scheu spricht mit Sam Ginn in Stanford, in: Gumbrecht/Scheu (Hrsg.), Weltgeist im Silicon Valley. Leben und Denken im Zukunftsmodus, Zürich 2018, 221.

18 Vgl. aus philosophischer Perspektive *Catharine Malabou*, Morphing Intelligence. From IQ Measurement to Artificial Brains, New York 2019, 86ff.

Zum einen benötigen Softwaredesigner eine scharfe formale Intelligenz. Man muss ein brillanter Mathematiker und Informatiker sein, aber das propositionale Wissen allein genügt nicht. Am Anfang einer jeden Aufgabe, die Softwareentwickler mittels eines Algorithmus zu lösen versuchen, steht eine Überkomplexität von Verfahrensmöglichkeiten. Die Komplexität dieser Möglichkeiten ist so groß, dass sie in rein rationaler Weise nicht zu reduzieren oder gar produktiv zu lösen ist; die Anfangsbedingungen können niemals mathematisch vollständig abgeleitet werden. Auch im weiteren Verlauf des Schreibens eines Softwarecodes geht der jeweils durchzuführende mathematische Schritt der Möglichkeit seiner Registrierung durch das Bewusstsein voraus. Selbst im Rückblick lassen sich Lösungen und Entdeckungen nicht als vorausgeplante Leistungen des Programmierers beschreiben.[19] Um erfolgreich zu sein, muss es vielmehr zu einer Verknüpfung von Rationalitäten kommen, zu einer, wie Gumbrecht sagt, „Kopräsenz verschiedener Denkformen".[20] Das bedeutet, dass sich verschiedene Denkformen wechselseitig füreinander öffnen müssen. Softwaredesigner müssen zu einer Art des Denkens in der Lage sein, das, so erneut Gumbrecht, der Kontemplation nahekomme, einer fokussierten und zugleich entspannten Konzentration, die offen für das Unerwartete der eigenen Intuitionen und das unerwartete Andere sei.[21]

In einer kantischen Terminologie könnte man sagen, dass die reine Vernunft durch die Urteilskraft und ihr Herzstück, die Einbildungskraft, unterlegt werden muss. Während die mathematische Kompetenz eine Nähe zur reinen Vernunft zeigt, zeigt die entspannte Konzentration eine Nähe zur Imagination, zu intuitiven Vorgriffen auf die Zukunft durch Bilder, Metaphern und Visionen.[22] Zur Arbeitsform der Softwaredesigner gehört neben den formal-logischen Kompetenzen die Fähigkeit, mit unbekannten Möglichkeiten zu spielen und sich auf ein unbekanntes Terrain zu begeben, auf dem man auf das unerwartet Andere trifft. Das entscheidende Moment der Arbeitsform der Softwaredesigner liegt also darin, dass es zwischen der Absicht, ein Programm zu schreiben, und dem fertigen Produkt einen nicht kalkulierbaren ereignishaften Schritt gibt, der zum Erfolg oder Misserfolg der Ausgangshypothese führt. Der französische Philosoph und Wissenschaftstheoretiker Michel Serres beschreibt dieses Moment des Nichtvorwegnehmbaren technischer Erfindungen so:

---

19 Vgl. *Gumbrecht*, in: ders./Scheu (Hrsg.), Weltgeist im Silicon Valley, 73.
20 *Gumbrecht*, ebd., 85.
21 *Gumbrecht*, ebd., 84.
22 *Gumbrecht*, ebd., 84.

> „Keine Wissenschaft ohne Technik, ohne Maschinen, vor allem nicht ohne ... Computer. Jeder glaubt und hat tausend Gründe, daß ihre Erfinder – von Leibniz und Pascal bis zu Turing und von Neumann – sie fertig im Kopf hatten, ehe sie darangingen, Prinzipien, Geräte und Programme zu entwickeln. Nein. Wer forscht, *weiß* nicht, sondern tastet sich vorwärts, bastelt, zögert, hält seine Entscheidungen in der Schwebe. Nein, er konstruiert den Rechner von übermorgen nicht; während wir, die wir ihn kennen und fortan benutzen, leicht dem Fehlschluss erliegen, er habe ihn vorausgesehen.“[23]

Es ist daher eigentlich unzutreffend, Sam Ginn einen Softwaredesigner oder Programmierer zu nennen. Software ist zwar ein Resultat menschlichen Handelns, aber eben nicht das Resultat eines konstruktiven Entwurfs, eines Designs, einer Planung, eines Programms oder einer Gesetzmäßigkeit im strengen Sinn. In einer phänomenologischen Terminologie könnte man formulieren, dass das erfolgreiche Schreiben von Algorithmen das Machen neuer Erfahrungen voraussetzt. Neue Erfahrungen können wiederum nur als Überraschung oder Ereignis auftreten (sonst wären sie nicht neu), als Ergebnis einer unpersönlichen Selbstorganisation und Mitwirkung der Dinge. Worauf Sam Ginn treffen muss, ist – mit Martin Heidegger formuliert – ein Moment der Selbstentbergung des Seins,[24] in dem das (unbewusste) Machen, das Suchen und Tasten, der Reflexion vorausgeht. Und nicht nur für Heidegger ist die Technik in der modernen Kultur der Ort, wo es zu derartigen Wahrheitsereignissen kommen kann. In jüngerer Zeit hat vor allem der Wissenschaftshistoriker Hans Jörg Rheinberger gezeigt, wie sehr dieses unerwartete, nicht ableitbare Moment, das „präzedenzlose Ereignis“,[25] nicht die Entdeckung, den Kern von Experimentalität ausmacht, die für neuzeitliche Wissenschaft von Anfang an konstitutiv gewesen ist.

---

23 *Michel Serres*, Vorwort, in: Authier/ders. (Hrsg.), Elemente einer Geschichte der Wissenschaft, 1994, 11, 35.

24 Vgl. dazu auch *Hans Ulrich Gumbrecht*, Nachwort. Mediengeschichte als Wahrheitsereignis. Zur Singularität von Friedrich A. Kittlers Werk, in: Kittler, Die Wahrheit der technischen Welt, 2013, 396.

25 *Hans Jörg Rheinberger*, Experimentalität, 15.

III. Folgen für das förmliche Recht: (Selbstlernende) Gesetzes-Fertigung

Es ist davon auszugehen, dass die informationstechnologische Kultur tatsächlich mit einer Disruption, einer umstürzenden Neufundierung der Wissensbestände der Gesellschaft, einhergeht. Wie aber könnte eine auf Sam Ginn und die Welt des Silicon-Valley reagierende Form des Rechts aussehen, eine Rechtsform, von der eine „entwicklungsadäquate Gerechtigkeit" für die informationstechnologische Kultur ausgehen könnte?

Ein Teil der Antwort wird schnell deutlich: Wenn Staaten, Nationen oder Regionen an der Weiterentwicklung der Informationstechnologie partizipieren wollen, brauchen sie Typen wie Sam Ginn. Das heißt, sie brauchen vor allem Institutionen wie Stanford als Universität und Hochtechnologiecluster wie das Silicon Valley, in denen freie und produktive Geister forschen und ihre Persönlichkeit entwickeln können. Dazu benötigt man nicht nur den formalen Schutz der Freiheit dieser Institutionen durch die Gewährleistung wissenschaftlicher Freiheit, sondern auch eine Kultur der Offenheit, ein „gesellschaftliches Klima", das für die Idee des technischen und gesellschaftlichen Fortschritts empfänglich bleibt und in dem der kollektive Glaube vorherrscht, dass sich beispielsweise durch die Weiterentwicklung künstlicher Intelligenz in Zukunft viele nützliche Dinge realisieren lassen werden, wie beispielsweise die Verbesserung von Medikamenten zur Bekämpfung von Epidemien oder tödlich verlaufenden Krankheiten. Damit ist für das Öffentliche Recht vor allem der Bereich der Freiheitsrechte, der subjektiven Rechte oder Grundrechte angesprochen. Dieser Themenkomplex soll hier übersprungen werden, stattdessen werde ich mich auf eine verwaltungsrechtswissenschaftliche Fragestellung beschränken, auf die Frage nach der Form des Gesetzes und die Beziehung von Gesetz und Verwaltung. Was können Institutionen wie Gesetzgebung und Verwaltung in einer informationstechnologischen Kultur leisten, ja was bedeutet es in einer informationstechnologischen Kultur überhaupt, Gesetze zu geben und durch die Verwaltung umzusetzen?

Für Institutionen wie Gesetzgebung und Verwaltung lehrt uns die jüngere informationstechnologische Entwicklung folgendes: Das Öffentliche Recht kann sich heute nicht mehr an einem Modell oder Idealtypus orientieren, den man – in Anlehnung an Max Weber – den Idealtypus der „Herrschaft kraft Wissen" nennen könnte.[26] Dieses Modell geht vor dem Hintergrund der langen europäischen Geschichte der Monarchie davon aus, dass in der staatlichen Verwaltung ein gegenüber dem gesellschaftli-

26 *Max Weber*, Wirtschaft und Gesellschaft (1922), 1980, 129.

chen Wissen überlegenes Wissen mehr oder weniger zentral akkumuliert werden kann. Demgegenüber sind wir heute mit der Erfahrung konfrontiert, dass neues Wissen heute in der Gesellschaft in einer zerstreuten dezentralen Form erzeugt wird, wie beispielsweise in Hochtechnologieclustern wie dem des Silicon Valley. Dieses Wissen ist so dynamisch und komplex, dass selbst diejenigen, die es produzieren, es eher finden als planmäßig konstruieren. Das heißt, es gibt immer schon eine nicht hintergehbare Informationsasymmetrie zwischen Gesellschaft und Staat – zu Lasten des Staates. In der Gesellschaft ist mehr informationstechnologische Intelligenz aggregiert als im Staat (der im Gegenteil große Probleme hat, sich auf die neuen digitalen Gegebenheiten einzustellen),[27] und an dieser Asymmetrie wird sich in absehbarer Zukunft nicht sehr viel ändern.

Darauf aufbauend, ließe sich folgende Hypothese wagen: Das Gesetz wird auch in Zukunft ein Resultat menschlichen Handelns sein und bleiben, aber es kann nicht länger die Form eines konstruktiven Entwurfs annehmen, eines Designs, einer Planung, eines Programms, einer Gesetzmäßigkeit im strengen Sinn. Weil der Gesetzgeber die Vielfalt der Handlungsmöglichkeiten in den von der informationstechnologischen Kultur betroffenen Handlungsfeldern nicht ex-ante voraussehen kann, kann er auch keine sinnvollen ex ante Handlungsanweisungen formulieren. Das Gesetz muss vielmehr in die Zeit eintauchen und temporalisiert werden. Es müsste die Form einer laufenden „Gesetzes-Fertigung“ annehmen, zu einem selbstlernenden System werden. Es müsste anfänglich vorhandene normative Löcher, ja eine anfänglich vorhandene normative Leere akzeptieren lernen, die erst mit Hilfe der Zeit ausgefüllt und Schritt für Schritt in normative Bestimmtheit – fühlend und tastend – transformiert werden kann. Es ginge, in der Terminologie von Ino Augsberg, um eine neuartige Relationierung von Normalität und Normativität, die mit einer „Umstellung der Perspektive von Zeit auf Zeitlichkeit qua Zeitigung“ einhergehen müsste.[28]

Die normativen Löcher und die normative Leere müssten besonders auf der Ebene der Gesetzgebung akzeptiert werden. Das erscheint auch vertretbar, soweit die normativen Löcher durch die staatliche Verwaltung, hybride Staat/Gesellschafts-Verwaltungskörper oder durch unmittelbar in der Gesellschaft angesiedelte Körper, also etwa durch große informationstech-

---

27 Vgl. *Martin Schallbruch*, Schwacher Staat im Netz. Wie die Digitalisierung den Staat in Frage stellt, 2018, insb. 127ff., 219ff.

28 *Ino Augsberg*, Die Normalität der Normativität, JZ 9 (2020), 425, 430; vgl. auch *Thomas Vesting*, Einbau von Zeit. Rechtsnormativität im relationalen Vertrag, Kritische Justiz 4 (2019), 626.

nologische Unternehmen wie Apple, Google oder Facebook, selbst gefüllt werden können. Das heißt, öffentliche Verwaltung und private Unternehmen müssten in die Prozesse der normativen Fertigung des Gesetzes und seine praktische Anwendung und Umsetzung einbezogen werden; die Rechtsbildungsprozesse müssten in Zukunft wieder viel stärker in die Gesellschaft zurückverlagert werden, dorthin, wo sie vor der explosionsartigen Zunahme des parlamentarischen Gesetzgebungsrechts im 20. Jahrhundert ohnehin angesiedelt waren. Für Edvard Coke, einen der bedeutendsten Anwälte des modernen englischen common law, hatten soziale Normen als Gesetze eine höhere Autorität als die des englischen Königs;[29] und noch für Bernhard Windscheid war das Gewohnheitsrecht im letzten Drittel des 19. Jahrhunderts die höchste Rechtsquelle.[30] Das Konzept der Gesetzes-Fertigung ist also keine Neuerfindung, sondern kann sich auf eine lange liberale Tradition stützen und wäre – rechtstheoretisch gesehen – eine Art Variante dessen, was Rudolf Wiethölter die „Recht-Fertigung eines Gesellschafts-Rechts“[31] genannt hat oder was Karl-Heinz Ladeur als „Prozeduralisierung zweiter Ordnung“ beschreibt.[32]

IV. Zwischenüberlegung: Regulierte Selbstregulierung als frühe Variante (selbstlernender) Gesetzes-Fertigung

Als eine frühe Variante der Rechtsform der (selbstlernenden) Gesetzes-Fertigung ließe sich die Aufwertung von Organisation und Verfahren im Kon-

29 *Vernon L. Smith*, Constructivist and Ecological Rationality in Economics, Nobel Prize Lecture, December 8, Stockholm 2002, 502.

30 *Bernhard Windscheid*, Lehrbuch des Pandektenrechts Bd. 1, Düsseldorf 1862, 38. Für Windscheid war die „Rechtsvernunft“ die höchste Quelle allen Rechts, die sich zunächst im Gewohnheitsrecht artikulierte. Anders sah es Windscheid allerdings in späteren Auflagen, in denen er einen allgemeinen Bedeutungsverlust des Gewohnheitsrechts im Verhältnis zur Gesetzgebung konstatierte.

31 *Rudolf Wiethölter*, Recht-Fertigungen eines Gesellschafts-Rechts, in: Zumbansen/Amstutz (Hrsg.), Recht in Recht-Fertigungen, 101; vgl. auch *Dan Wielsch*, Medienregulierung durch Persönlichkeits- und Datenschutzrechte, JZ 3 (2020), 105, 114 (der die nichtstaatliche Regelbildung akzentuiert und eine „Art Entdeckungsprozess von Institutionen der rechtsförmigen Teilhabe an der Regelbildung sozialer Praxis“ einfordert).

32 *Karl-Heinz Ladeur*, Recht, Wissen, Kultur, 34, 132, 178ff.; *Gunnar Folke Schuppert*, Wissen, Governance, Recht: Von der kognitiven Dimension des Rechts zur rechtlichen Dimension des Wissens, 2019, 86; vgl. auch *Thomas Vesting*, Instituierte und konstituierte Normativität. Prozeduralisierung und multi-normative Systeme, in: Sheplyakova (Hrsg.), Prozeduralisierung des Rechts, 2018, 100.

text von Modellen wie regulierte Selbstregulierung, Governance oder auch des Gewährleistungsstaates interpretieren.[33] Auch in diesen Modellen geht es um eine Flexibilisierung der klassischen Form des allgemeinen Gesetzes zugunsten der normativen Fertigung des Gesetzes mit Hilfe von Zeit. Heute wird von regulierter Selbstregulierung meist in Kontexten gesprochen, in denen das Handeln privater Akteure zur Sicherung von öffentlichen Interessen und Belangen beitragen soll. Dabei wird meistens auf Managementkonzepte (Compliance) privater Wirtschaftsunternehmen oder an die Ersetzung staatlicher Überwachungstätigkeit im Rahmen des (europäisierten) Produktsicherheitsrechts verwiesen.[34] Man könnte das Konzept der regulierten Selbstregulierung aber auch weiter fassen und bereits solche Fälle einbeziehen, in denen der Staat auf einer eher unbestimmten gesetzlichen Grundlage Aufgaben an öffentlich-rechtliche, gegenüber dem Staat verselbständigte Verwaltungskörper delegiert, die ihrerseits ein spezifisch gesellschaftliches Wissen aufnehmen, bündeln und zugleich die dahinter stehenden Interessen kompatibilisieren sollen. Das war beispielsweise ursprünglich die Aufgabe der binnenpluralistischen Gremien des öffentlich-rechtlichen Rundfunks: Diese Gremien sollten für die Selbstorganisation des journalistischen Professionalismus in den Anstalten einen offenen Orientierungs- und Entwicklungsrahmen schaffen.[35]

Dieses Modell war in der alten Bundesrepublik viele Jahrzehnte erfolgreich. Gerade am Beispiel des Rundfunkrechts lässt sich jedoch die Grenze des Modells der regulierten Selbstregulierung und der ihr nahestehenden Konzepte aufzeigen: Es wird ein Ziel festgelegt, die Schaffung einer öffentlich-rechtlichen Rundfunkanstalt zur Produktion von ausgewogenen und sachlichen Programminhalten, die die in der Gesellschaft zerstreuten Prozesse öffentlicher Meinungsbildung auf die Reproduktionsfähigkeit der parlamentarischen Demokratie ausrichten sollen. Diese normative Festlegung wurde schon durch das Aufkommen des privaten Rundfunks auf eine harte Probe gestellt, aber es wird noch viel schwieriger werden, mit einer solchen Strategie die überraschende Wendung zu bewältigen, die die informationstechnologische Kultur durch den Aufstieg von Plattformen

---

33 Vgl. allgemein *Wolfgang Hoffmann-Riem*, Innovation und Recht – Recht und Innovation. Recht im Ensemble seiner Kontexte, 2016, 374ff.; *Gunnar Folke Schuppert*, Governance und Rechtsetzung. Grundfragen einer modernen Regelungsgesellschaft, 2011, 253ff. (zur Regulierung); *ders.*, Wissen, Governance, Recht.

34 *Hofmann-Riem*, Innovation und Recht – Recht und Innovation, 375; *Schuppert*, Wissen, Governance, Recht, 65, 67; *Martin Eifert*, Regulierte Selbstregulierung, Die Verwaltung, Beiheft 4, 2001, 137.

35 Vgl. *Martin Stock*, Medienfreiheit als Funktionsgrundrecht, 1985.

wie YouTube, Netflix, Amazon Prime oder von Content-Kuratoren wie Google genommen hat. Mit dieser plötzlichen Wendung hat vor allem das herkömmliche Programmfernsehen seine Dominanz als öffentlicher Distributionskanal für politische (und sonstige) Informationen verloren. Jeder kann jetzt mit Hilfe eines Handys eine große Öffentlichkeit durch einen Tweet oder eine Chat Group erzeugen: Donald Trump hat 71 Millionen Follower auf Twitter, Cristiano Ronaldo 200 Millionen Follower auf Instagram, usw. Der Staat aber hat sich im Kern (von der Regulierung des privaten Rundfunks einmal abgesehen) auf die Förderung und Sicherung von öffentlich-rechtlichen Rundfunkanstalten festgelegt, während die technologische Kreativität und Intelligenz der Gesellschaft andere Wege gegangen ist.

Nimmt man diese Entwicklung als Beispiel, könnte man verallgemeinernd schlussfolgern, dass das (hier zugegebenermaßen sehr grob skizzierte) Modell der regulierten Selbstregulierung seine Grenze darin findet, dass die gesetzlichen Ziele und Mittel zu einem bestimmten Zeitpunkt zu starr fixiert sind.[36] Statt in einem experimentellen Setting auf das Ereignishafte und Unvorwegnehmbare, die Offenheit der Technologieentwicklung, vorbereitet zu sein, wird das Modell der regulierten Selbstregulierung vielleicht noch zu sehr von der Idee der „Herrschaft kraft Wissen“ okkupiert, von der Vorstellung einer planmäßig langfristigen, rahmenförmig festgelegten und gesicherten Verlaufsgeschichte eines zu verwirklichenden Projekts, wie eben der Versorgung der Bevölkerung mit demokratiefreundlichen Informationsinhalten durch öffentlich-rechtliche Rundfunkanstalten. Wenn sich die „Wahrheit“ der öffentlichen Kommunikation aufgrund neuer und bis vor kurzem unvorhersehbarer technologischer Entwicklungen aber woanders als im herkömmlichen Programmfernsehen „entbirgt“, dann hat dieses Modell ein faktisches Problem, das auf Dauer nicht allein durch das Medienrecht bewältigt oder kompensiert werden kann. Auch die herkömmliche Rundfunk- und Medienrechtsprechung des Bundesverfassungsgerichts stößt dann unweigerlich an Grenzen oder läuft Gefahr selbst zu starr zu werden, die technologische Entwicklung zu bremsen und den Staat immer weiter von der Technikentwicklung der Gesellschaft abzukoppeln.

36 Vgl. aber jüngst *Gunnar Folke Schuppert*, Wissen, Governance, Recht (der die Governance-Perspektive für die Wissensproblematik öffnet); in diese Richtung auch *Wolfgang Hoffmann-Riem*, Innovation und Recht – Recht und Innovation, 303ff.

V. Das Beispiel der Gesundheitsregulierung

Wie die problematische Seite des tradierten Modells „Herrschaft kraft Wissen“ aussieht, lässt sich auch am Beispiel des Gesundheitsrechts aufzeigen. Im Gesundheitsrecht, der medizinisch-gesundheitlichen Versorgung der Bevölkerung durch niedergelassene Ärzte oder durch Krankenhausbehandlung, geht es regelmäßig um (Rechts-)Konflikte, die medizinische Fragen betreffen, in denen es bei allen therapeutischen Maßnahmen, Mitteln und Methoden im Kern um die Frage geht, ob „bestimmte Methoden oder Mittel wirksam und bestimmte Vorgehensweisen riskant oder unbedenklich sind“.[37] Ob das der Fall ist oder nicht, wird im Gesundheitsrecht grundsätzlich dadurch entschieden, dass auf übereinstimmende Richtigkeitsüberzeugungen referiert wird, auf den Stand der medizinischen Erkenntnisse, der in den maßgeblichen ärztlichen Kreisen allgemein anerkannt ist.[38] Es wird also wie im liberalen Polizeirecht ein gesicherter Wissensbestand unterstellt, ein ärztliches common knowledge,[39] anhand dessen bestimmte Behandlungsmaßnahmen als standardgemäß eingestuft werden und andere nicht.[40]

Die Medizin selbst wird dieser Vorstellung von einem allgemein anerkannten gesicherten Wissensbestand aber schon lange nicht mehr gerecht. Seit einigen Jahrzehnten vollzieht sich im Gesundheitssektor eine Selbsttransformation der Wissenserzeugung, die von der erfahrungsgeleiteten zur datenbasierten Medizin führt. Dadurch wird das erfahrungsgeleitete Wissen des einzelnen Arztes, das sich nur langsam – durch die akademische Ausbildung und aufgrund praktischer Erfahrungen – ändert, nicht abgeschafft oder überflüssig, aber die medizinische Wissensordnung als sol-

37 *Friedhelm Hase*, Die Komplexität und Veränderlichkeit medizinischen Wissens als Herausforderung der juristischen Hermeneutik: Gesundheitsrecht zwischen gesetzlicher Normierung und 'autonomer' Selbststeuerung des Versorgungssystems, in: Broemel/ Pilniok (Hrsg.), Die digitale Gesellschaft als Herausforderung des Rechts, i.E., Manuskript 141ff., 146.

38 *Hase*, ebd.

39 Vgl. *Karl-Heinz Ladeur*, Wissensgenerierung in und durch Recht – und das Problem der “evidenzbasierten Medizin”, GesR 2011, 455; *Friedhelm Hase*, Sozialrecht und die Integration gesellschaftlichen Wissens, in: Masuch u.a. (Hrsg.), Grundlagen und Herausforderungen des Sozialstaats – Denkschrift 60 Jahre Bundessozialgericht, Bd. 1 2014, 423.

40 Vgl. *Benedikt Buchner*, Wissen und Standard – Herausforderungen für Wissensgenerierung und -verarbeitung bei der medizinischen Standardfestlegung, in: ders./ Ladeur (Hrsg.), Wissensgenerierung und -verarbeitung im Gesundheits- und Sozialrecht, 2016, 63.

che wird komplexer: Es existieren jetzt verschiedene Wissensarten nebeneinander. Es entsteht zunächst ein Nebeneinander von einzelärztlichem Erfahrungswissen und dem organisierten und spezialisierten Wissen der evidenzbasierten Medizin.[41] Deren Testverfahren – *randomized clinical trials* – haben sich bereits einen gehörigen Schritt von der Vorstellung eines gesicherten ärztlichen Wissens entfernt und ersetzen dieses durch die Aussagekraft statistischer Konzepte. Der nächste Evolutionsschritt wird durch die datenbasierte Medizin bestimmt, die auf dem Gebrauch von hochavancierten informationstechnologischen Architekturen beruht und damit über die evidenzbasierte Medizin und ihre Spezialisierungs- und Standardisierungsleistungen hinausführt. Die Dynamik wird sich künftig noch dadurch weiter beschleunigen, dass eine Fusion von Biotechnologie und Informationstechnologie denkbar geworden ist, die bislang ungeahnte Möglichkeiten der Heilung von Krankheiten eröffnen könnte.

Damit wird folgende kognitive Struktur im Gesundheitssystem erkennbar: Das Wissen des einzelnen Arztes beruht auf einer mit anderen geteilten gemeinsamen Erfahrung, einer Selbstorganisation des gesellschaftlichen Wissens, in dessen Referenzrahmen sich auch die individuelle ärztliche Intuition bewegt. Die evidenzbasierte Medizin basiert demgegenüber auf einem in Krankenhäusern und Forschungseinrichtungen spezialisierten Gruppenwissen. Die datenbasierte informationstechnologische Medizin erneuert die Formen der Generierung und die Muster des medizinischen Wissens nun ein weiteres Mal: Die Informations- und Wissenserzeugung spielt sich jetzt in offenen Netzwerken ab, die auch die Grenzen des medizinischen Wissens selbst durchlässig werden lassen. Das Wissen wird gewissermaßen laufend dekontextualisiert und mittels leistungsfähiger Computer und formaler Algorithmen immer wieder neu zusammengestellt.[42] Damit wird vermutlich eine Zunahme von unvorhersehbaren Entwicklungen im Medizinsektor einhergehen,[43] wenn man in Rechnung stellt, dass die besondere Bedeutung der neuen algorithmenbasierten Wis-

---

41 Vgl. *Dominik Roters*, Wissensgenerierung und -verwertung nach § 2 Abs. 1 S. 3 SGB V, in: Buchner/Ladeur (Hrsg.), Wissensgenerierung und -verarbeitung im Gesundheits- und Sozialrecht, 31; *Steffen Augsberg*, Kooperative Wissensgenerierung im Gesundheitsrecht, GesR 2012, 595; vgl. auch *Ino Augsberg*, Evidence-based Law im Sozial- und Gesundheitsrecht?, in: Buchner/Ladeur (Hrsg.), Wissensgenerierung und -verarbeitung im Gesundheits- und Sozialrecht, 73.

42 Vgl. *Karl-Heinz Ladeur*, Der Wandel des technischen und medizinischen Wissens und die Notwendigkeit der Herausbildung einer entscheidungsorientierten „Heuristik“, Manuskript 2017, i.E.

43 *Wolfgang Hoffmann-Riem*, Innovation und Recht – Recht und Innovation, 616.

senstechnologien gerade in der Fruchtbarkeit der ungewissen Verwendung großer Datenmengen liegt, d.h. die Daten können immer wieder zu in der Gegenwart noch unbekannten Zwecken genutzt werden.[44]

Je mehr sich das medizinische Wissen jedoch von der praktischen Alltagserfahrung der Ärzte selbst ablöst und seine interne Komplexität durch elektronisch generiertes Wissen steigert, umso mehr wird dieses Wissen auch für den Gesetzgeber undurchschaubarer und unzugänglicher. Weil die Bedeutung gesellschaftlicher (privater) Wissensgenerierung und ihre Selbstorganisation in der Hightech-Medizin dramatisch wächst, gelangt die tradierte Form der „Herrschaft kraft Wissen“ im Gesundheitssektor an strukturelle Grenzen. Das trifft vor allem die Vorstellung einer parlamentarischen ex-ante Gesetzgebung, mit der Folge, dass die Gesundheitsverwaltung nicht mehr an einen zentral gebildeten gesetzgeberischen Willen gebunden werden kann.

Es spricht deshalb alles dafür, dass die gesellschaftliche Wissensgenerierung und die sie begleitende selbstregulative Ordnungs- und Regelbildung in einer neuen Weise in die herkömmliche rechtliche Regulierung und Entscheidungsfindung integriert werden muss: Die staatliche Rechtssetzung mag im Gesundheitssektor auch künftig eine Art Rahmen vorgeben können, aber dieser Rahmen kann allenfalls ein Rahmen auf Rädern sein: Der Staat ist heute wie nie zuvor auf eine fortlaufende Abstützung durch gesellschaftliche Selbstorganisationsmechanismen angewiesen, wie sie im Gesundheitsrecht nicht zuletzt durch Selbstverwaltungseinrichtungen, vor allem durch den Gemeinsamen Bundesausschuss (der Organisation der Ärzte, Krankenhäuser und gesetzlichen Krankenversicherungen – G-BA, § 91 SGB V), bekannt sind. Neu ist aber, dass die gesetzliche und untergesetzliche Regelbildung in Zukunft zunehmend dialogisch-interaktiv aufeinander bezogen werden müssen: Das Gesetz lernt „von unten“, im Verlauf eines Prozesses, in dem Erfahrungen gesammelt und normative Löcher Schritt für Schritt ausgefüllt werden.[45]

---

44 Vgl. *Roland Broemel/Hans-Heinrich Trute*, Alles nur Datenschutz? Zur rechtlichen Regulierung algorithmenbasierter Wissensgenerierung, Berliner Debatte Initial 27 (2016), 50, 52.

45 *Friedhelm Hase*, Die Komplexität und Veränderlichkeit medizinischen Wissens als Herausforderung der juristischen Hermeneutik, in: Broemel/Pilniok (Hrsg.), Die digitale Gesellschaft als Herausforderungen für das Recht in der Demokratie, 2020; *ders.*, Die Komplexität des Wissens und die Legitimation rechtlicher Normsetzung, in: Buchner/Ladeur (Hrsg.), Wissensgenerierung und -verarbeitung im Gesundheits- und Sozialrecht, 125, 134f.

Mit anderen Worten: Mit dem Aufstieg der datenbasierten Medizin verändert sich das Verhältnis des im Gesundheitssektor erzeugten medizinischen Wissens zum parlamentarischen Gesetz und zu den sonstigen Normbeständen. Die Komplexität des Gesundheitssektors sprengt vor allem die Vorstellung der Zentralität eines Gesetzgebers und der Beherrschung dieser Komplexität durch das allgemeine Gesetz. Ja, es wird geradezu unwahrscheinlich, dass die Herausforderung der verflüssigten Wirklichkeit der datenbasierten Medizin durch allgemeine, ex ante formulierte Gesetze überhaupt bewältigt werden könnte. Die Vorstellung, dass die Wissenserzeugung im Gesundheitssektor im Allgemeinen und die sachverständige Prüfung des diagnostischen und therapeutischen Nutzens neuer Untersuchungs- und Behandlungsmethoden im Besonderen einer gesetzlichen Ausgestaltung bedürfe und beaufsichtigt werden müsse, wie es das Bundesverfassungsgericht im Kontext der nach § 135 SGB V vorgesehen Verfahren des G-BA offensichtlich unterstellt – wenn auch nicht näher geprüft hat,[46] geht an dieser Entwicklung vorbei. Das Bundesverfassungsgericht mahnt eine Form der demokratischen Legitimation der Wissensgenerierung im Gesundheitssektor an, die angesichts der erreichten Komplexität des Wissens nicht mehr möglich ist. Aus dem staatlichen Gesetz muss vielmehr eine (selbstlernende) iterative Gesetzes-Fertigung werden.[47]

VI. Das Beispiel der Bankenregulierung

Die Notwendigkeit der transformierenden Verarbeitung eines hochdynamischen gesellschaftlichen Wissens beherrscht ferner das Bankenaufsichtsrecht und insbesondere das Feld der Finanzmarktaufsicht.[48] Die weltweite Liberalisierung der Finanzmärkte seit den 1970er Jahren und die Aufwer-

---

46 Vgl. BVerfG, Beschluss des Ersten Senats vom 6. Dezember 2005 – 1 BvR 347/98 -, juris Rn. 60; ferner etwa BVerfG, Beschluss der 1. Kammer des Ersten Senats vom 2. Mai 2018 – 1 BvR 3042/14 -, juris, Rn. 25 ff.

47 Vgl. auch *Karl-Heinz Ladeur*, Die Textualität des Rechts. Zur poststrukturalistischen Kritik des Rechts, 2016, 309.

48 Vgl. allg. *Klaus F. Röhl*, § 18 Finanzmarktaufsicht, in: Fehling/Ruffert (Hrsg.), Regulierungsrecht, 2010, 1003; *Ann-Katrin Kaufhold*, Transfer und Transformation ökonomischen Wissens im Recht der Bankenaufsicht, in: Augsberg (Hrsg.), Extrajuridisches Wissen, 2013, 151, 156ff.; *Katharina Reiling*, Der Hybride. Administrative Wissensorganisation im privaten Bereich, 2016, 137ff. (zur Bankenaufsicht durch den Bankenprüfer); *Gunnar Folke Schuppert*, Wissen, Governance, Recht, 59ff.

tung der Kapitalmärkte für die Unternehmensfinanzierung[49] sind mit einer enormen Beschleunigung der Produktion hochspeziellen ökonomischen Wissens einhergegangen. Insbesondere die mathematische und computergestützte Modellierung von risikoreichen Anlagestrategien ist ein relativ junges Phänomen, deren kaskadenartige Verbreitung ein Auslöser für die Finanzmarktkrise von 2008 gewesen sein dürfte.[50]

Finanzprodukte werden in den epistemischen Gemeinschaften[51] des Investmentbanking erzeugt. In der Finanzmarktkrise haben sich aber selbst hochriskante Anleihekonstruktionen rasch verbreiten und Nachahmer finden können, weil eine Kontrolle durch die wechselseitige Beobachtung von Banken nicht stattgefunden hat; die Modellierungen im Investmentbanking wurden offensichtlich schon von der Leitungsebene der Banken und dessen Top-Management nicht verstanden.[52] Das Bonus-System dürfte die Ansteckungs- und Nachahmungseffekte dieser komplexen und opaken Finanzprodukte dann noch einmal verstärkt haben. Wie immer es aber auch im Einzelnen gewesen sein mag, das Beispiel der Finanzmarktkrise belegt jedenfalls eindrucksvoll, dass das Recht der Finanzmarktaufsicht seit geraumer Zeit mit der rasanten Selbstveränderung einer gesellschaftlichen Wissensordnung konfrontiert ist, die für die staatliche Verwaltung nicht unmittelbar zugänglich ist. Daraus resultiert die Schwierigkeit, die Eigenrationalität des Verwaltungsrechts gegenüber dem in Banken und Finanzinstituten vorhandenen außerrechtlichen Wissen in Anschlag bringen zu können.[53]

Für die Banken- und Finanzmarktaufsicht sind in Deutschland die Bundesbank und die Bundesanstalt für Finanzdienstleistungsaufsicht (BaFin) zuständig. Seit dem Ende der 1980er Jahre wird insbesondere die Finanzmarktaufsicht durch die Vorgaben der Baseler Abkommen bestimmt.

---

49 Für Deutschland vgl. *Tobias Tröger*, Vom Rheinischen Kapitalismus zum Kapitalmarktrecht (und wieder zurück?), in: Duve (Hrsg.), Rechtswissenschaft in der Berliner Republik, 2018, 664ff.

50 *Karl-Heinz Ladeur*, Recht – Wissen – Kultur, 96; und die Beiträge in: Kjaer/Teubner/Febbrajo (Hrsg.), Financial Crisis in Constitutional Perspective: The Dark Side of Functional Differentiation, Oxford 2011.

51 Dazu etwa *Katharina Reiling*, Der Hybride, 330ff.

52 *Larry R. Wray*, The Rise and Fall of Money Manager Capitalism: A Minskian Approach, Cambridge Journal of Economics 33 (2009), 807, 820.

53 Vgl. *Ann-Katrin Kaufhold*, Transfer und Transformation ökonomischen Wissens im Recht der Bankenaufsicht, 153; vgl. auch allg. *Ivo Appel*, Bedeutung außerrechtlicher Wissensbestände für das Management von Unsicherheit und Nichtwissen, in: Hill/Schliesky (Hrsg.), Management von Unsicherheit und Nichtwissen, 2016, 113.

Während noch in den 1970er Jahren eine Regulierung etwa von Marktstrukturen, Anlagen und Einlagenzinsen üblich war, hat der Baseler Ausschuss für Bankenaufsicht (*Basel Committee on Banking Supervision*) die Eigenkapitalanforderungen der Banken zum zentralen Instrument der Bankenregulierung gemacht.[54] Seit Basel II ist damit eine Öffnung des Verwaltungsverfahrens für ökonomisches Wissen einhergegangen, weil die aufsichtsunterworfenen Banken ihre selbstentwickelten Risikobewertungsverfahren in diese Prüfung einführen können bzw. die bankeninternen Bewertungen von der Aufsicht berücksichtigt werden müssen; die Banken können die Bonität ihrer Schuldner mit Hilfe ihrer eigenen betriebswirtschaftlichen Risikomodelle bewerten (*Internal Ratings Based Approach*).[55]

Hier liegt das schwer zu bewältigende Problem. Da das übergreifende Ziel der Bankenaufsicht in der Gewährleistung der Funktionsfähigkeit des Bankensystems liegt, kann die staatliche Bankenaufsicht ohne das im Bankensystem generierte Wissen gar keine Einschätzungen zur Funktionssicherung liefern. Die staatliche Aufsicht muss das gesellschaftliche Wissen vielmehr rezipieren und über ein normatives Konkretisierungsverfahren in eigene Bewertungen transformieren.[56] Dieses Verfahren ist aber alles andere als einfach auszugestalten und beschränkt die Selektion des rezipierten Wissens momentan allein auf den Sachverstand international tätiger Großbanken. Auch die normative Transformation, insbesondere die Gewichtung der Informationen, die die Risikoeinschätzung betreffen, ist verfahrensrechtlich sehr einfach strukturiert.[57] Wie immer mögliche Lösungsvorschläge und Verbesserungen auch aussehen mögen, der Lösungsvorschlag kann nicht das Resultat eines konstruktiven Entwurfs, eines Designs, einer Planung oder eines Programms sein, sondern muss in einem Modell verankert werden, dass das Prozessieren der Verwaltung in und mit Wissensbeständen, die sie selbst nicht erzeugen kann, berücksichtigt.

---

54 *Ann-Katrin Kaufhold*, Transfer und Transformation ökonomischen Wissens im Recht der Bankenaufsicht, 153f., 158, 167ff.; zum Hintergrund vgl. auch *Katharina Pistor*, The Code of Capital. How the Law Creates Wealth and Inequality, Princeton (N.J.) 2019, 143.

55 *Kaufhold*, Transfer und Transformation ökonomischen Wissens im Recht der Bankenaufsicht, 154, 169ff.; *Klaus F. Röhl*, § 18 Finanzmarktaufsicht, Rn. 67.

56 *Kaufhold*, Transfer und Transformation ökonomischen Wissens im Recht der Bankenaufsicht, 159f.

57 *Kaufhold*, ebd., 169ff.

VII. Wandel der rechtswissenschaftlichen Methode

Die Methodendiskussion im Verwaltungsrecht ist in der jüngeren Zeit stark durch die Entgegensetzung von textgebundener Interpretationswissenschaft und rechtssetzungsorientierter Handlungs- und Entscheidungswissenschaft bestimmt worden. Diese Differenzierung soll hier aber nicht noch einmal kommentiert werden.[58] Stattdessen möchte ich abschließend lediglich die These formulieren, dass die entscheidende Herausforderung für die Methode der Verwaltungsrechtswissenschaft in dem liegt, was man den Umgang mit rechtlichen Institutionen nennen könnte: Das westliche liberale Recht basiert seit jeher auf stillschweigenden kulturellen und gesellschaftlichen Voraussetzungen, beispielsweise auf Gewohnheiten, sozialen Normen und einer Mitwirkung der Dinge. Diese Voraussetzungen müssen künftig wieder stärker in das Blickfeld der Rechtswissenschaft geraten. Die Juristen müssen wieder lernen, dass rechtliche Institutionen nicht-rechtliche Voraussetzungen haben, deren Wandel Institutionen auf die Probe stellen und auch ganz obsolet machen kann. Dies ist hier im Hinblick auf die Wissensgenerierung für einige verwaltungsrechtliche Handlungsfelder anschaulich gemacht worden. Mit der informationstechnologischen Kultur geht ein tiefgreifender gesellschaftlicher Umbruch einher, der auch die Verwaltungsrechtswissenschaft dazu nötigt, selbst Beiträge zur Konstruktion neuartiger Institutionen der Gesetzes-Fertigung zu leisten. Es wäre jedenfalls fatal zu glauben, dass diese neuen Institutionen ohne wissenschaftliche Anstrengungen, Vorüberlegungen und Vorschläge primär oder allein durch den Gesetzgeber oder gar die Gerichte geschaffen werden könnten.

---

58 Dazu zuletzt *Schuppert*, Wissen, Governance, Recht, 270ff.

Digitalisierung – Potential und Grenzen der Analogie zum Analogen

Herbert Zech[1]

Vergleiche zwischen analoger und digitaler Welt gehören zum Standardrepertoire der Beschäftigung mit der Digitalisierung. Sie liefern einen ersten Anhaltspunkt für das Verständnis der Funktionsweise digitaler Lösungen und ermöglichen die Beurteilung ihrer Auswirkungen. Verschiedene rechtliche Diskussionen zu Phänomenen der Digitalisierung haben aber gezeigt, dass eine vorschnelle Gleichsetzung mit Bekanntem aus der nichtdigitalen Welt zu fehlerhaften Beurteilungen führen kann. Pauschal lässt sich nicht beantworten, ob es letztlich mehr schadet als nützt, wenn wir in Vergleichen zwischen analogen und digitalen Sachverhalten denken. Der folgende Beitrag soll die Probleme solcher Vergleiche bei der Rechtsanwendung und -fortbildung bewusst machen.

A. Digitales und Analoges: Was bedeutet Digitalisierung?

I. Digitalisierung als Einführung von Informationstechnologie

Digitale Systeme leisten Informationsverarbeitung. Während eine solche auch von Menschen geleistet werden kann (der Begriff Computer bezeichnete ursprünglich Menschen, die rechnen[2]), ist mit der Informationstechnologie die Möglichkeit der maschinellen Informationsverarbeitung entstanden.[3] Der Begriff digital, der sich ursprünglich vom Rechnen mit Fingern (lat. digitus, der Finger) herleitet, wird häufig synonym mit informa-

---

1 Prof. Dr. jur. Dipl.-Biol., Lehrstuhl für Bürgerliches Recht, Technik- und IT-Recht, Humboldt-Universität zu Berlin, Direktor am Weizenbaum-Institut für die vernetzte Gesellschaft. Für zahlreiche Anmerkungen und Hinweise danke ich *Lisa Lueg*, LL.M. (Cambridge) und *Paul Dürr*.

2 Zumeist Frauen, die in Forschungsinstituten Rechenaufgaben übernommen haben, dazu z.B. *Smith*, CLC Vol. 15, Iss. 1 (2013), abrufbar unter https://doi.org/10.7771/1481-4374.1972 <1.5.2020>.

3 *Bermudez*, Cognitive Science, 2. Aufl. 2014, S. 2: „The most fundamental driving assumption of cognitive science is that minds are information processors."

tionstechnisch verwendet. Innerhalb der Informationstechnik steht digital für die Informationsverarbeitung in diskreten Schritten, insbesondere im binären Zahlensystem, während analog eine Informationsverarbeitung durch kontinuierliche Zustandsänderung bedeutet. Da heute jedoch die digitale Informationstechnologie dominiert, ist es durchaus gerechtfertigt, den Begriff digital als pars pro toto für informationstechnisch zu verwenden. Analog soll daher hier das Gegenteil von digital bedeuten.

Die Digitalisierung kann als die Einführung digitaler Systeme und damit technischer Informationsverarbeitung in bestimmten Lebensbereichen beschrieben werden. Der Prozess der Digitalisierung erstreckt sich heute auf nahezu alle Lebensbereiche. Dies wurde durch Fortschritte (neutral formuliert Entwicklungen) in der Informationstechnologie ermöglicht, die digitale Systeme immer leistungsfähiger gemacht haben. Zu den neuesten Fortschritten gehören der Einsatz digitaler Systeme zur unmittelbaren Hardwaresteuerung (Robotik), die Lernfähigkeit digitaler Systeme und deren zunehmende Vernetzung.[4]

II. Von der Informationsübermittlung zur künstlichen Intelligenz

Historisch hat sich die Digitalisierung, grob zusammengefasst, vom einfachen Rechnen über die Informationsübermittlung (insbesondere durch das Internet) hin zu den dargestellten neueren Entwicklungsfeldern Robotik, Lernfähigkeit und Internet of Things entwickelt. Es lassen sich zahlreiche Beispiele für Aufgaben nennen, die im Zuge dieser Entwicklung digitalisiert wurden (teilweise sind natürlich auch neuartige Aufgaben entstanden): Durch das Phänomen des Internets wurde die Informationsübermittlung bzw. Nachrichtenübermittlung oder ganz allgemein die Kommunikation zwischen Menschen digitalisiert (Internet, Email, digitale Medien). Ein neueres Phänomen ist die Erfassung und Analyse von Daten, die beim Betrieb digitalisierter Geräte anfallen (Big Data). Lernfähige digitale Systeme wurden bereits erwähnt. Sie sind ein wesentlicher Schritt hin zu einer Form künstlicher Intelligenz, die dieser Bezeichnung gerecht werden kann.

---

4 *Zech*, Weizenbaum Series #2, 2020, Risiken digitaler Systeme: Robotik, Lernfähigkeit und Vernetzung als aktuelle Herausforderungen für das Recht, abrufbar unter https://www.weizenbaum-institut.de/media/News/Weizenbaum_Series/Weizenbaum_Series_2_Zech_070220.pdf <1.5.2020>.

Mit der wachsenden Leistungsfähigkeit vergrößert sich auch das Funktionsspektrum digitaler Systeme. Immer mehr Aufgaben, die früher nur von Menschen erledigt werden konnten, lassen sich inzwischen digital bewältigen. Ein Vergleich von maschinell erfüllbaren mit von Menschen erfüllbaren Aufgaben im Bereich der Informationsverarbeitung liegt auch dem Begriff der künstlichen Intelligenz zugrunde. Künstliche Intelligenz bezeichnet den Versuch, Leistungen natürlicher Intelligenz durch digitale Systeme erbringen zu lassen. Dazu gehören etwa Wahrnehmung und Mustererkennung, Wissensrepräsentation, Problemlösung, Schlussfolgern, Entscheiden, Planung bis hin zu emotionaler Intelligenz und Kreativität.

III. Informationstechnologie als transformative Technologie

Die Verbreitung digitaler Systeme in allen Aspekten des Lebens bedingt ihre stetig wachsende Relevanz für soziale Prozesse.[5] Informationstechnologie hat dabei transformatives Potential: Sie ist in ihren Auswirkungen ambivalent und schwer prognostizierbar, kann grundlegende gesellschaftliche Praktiken und Wertevorstellungen nicht nur beeinflussen, sondern sogar einem tiefgreifenden Wandel unterwerfen. Sie ist damit eine transformative Technologie[6] bzw. defining technology[7] unserer Zeit.

---

5 *Brynjolfsson/McAfee*, The Second Machine Age: Work, Progress, and Prosperity in a Time of Brilliant Technologies, 2014, S. 90: "the exponential, digital, and recombinant powers of the second machine age have made it possible for humanity to create two of the most important one-time events in our history: the emergence of real, useful artificial intelligence (AI) and the connection of most of the people on the planet via a common digital network".

6 Zum Begriff der transformativen *Technologie Nuffield Council on Bioethics*, Genome editing: an ethical review, 2016, S. 12, 26; *Fateh-Moghadam*, medstra 2017, 146 (148); *ders.*, ZStW 2019, 863 (865 ff.). Aktuell werden also Genomeditierung und künstliche Intelligenz als die transformativen Technologien bzw. defining technologies unserer Zeit diskutiert. Eine zuverlässige Beurteilung ist natürlich immer erst retrospektiv möglich.

7 *Bolter*, Turing's Man: Western Culture in the Computer Age, 1984, S. 8 f. Bereits hier findet sich ein Ausblick auf die zunehmende gesellschaftliche Bedeutung der Informationstechnologie (S. 9): "For us today, the computer constantly threatens to break out of the tiny corner of human affairs (scientific measurement and business accounting) that it was built to occupy, to contribute instead to a general redefinition of certain basic relationships: the relationship of science to technology, of knowledge to technical power, and, in the broadest sense, of mankind to the world of nature."

B. Vergleiche digitaler und analoger Lebenssachverhalte als Grundlage für Analogien (insbesondere rechtlicher Analogieschlüsse)

I. Vergleich als Grundlage von (rechtlichen) Analogieschlüssen

Sämtlichen Analogien liegt ein Vergleich zwischen zwei Objekten zugrunde. Ergibt der Vergleich, dass zwei Objekte ähnlich sind bzw. gleiche Merkmale aufweisen, können im Wege des Analogieschlusses weitere Merkmale des einen Objekts auf das andere übertragen werden. Methodisch handelt es sich bei dem Analogieschluss damit nicht um eine zwingende logische Schlussfolgerung, sondern um eine Argumentationsfigur, deren Überzeugungskraft stark von der Plausibilität des zugrundeliegenden Vergleichs abhängig ist.[8]

Bei der rechtlichen Analogie werden zwei Sachverhalte miteinander verglichen, nämlich zum einen ein konkreter oder typisierter Sachverhalt, der zu beurteilen ist, und zum anderen ein typisierter Sachverhalt, der einer Norm, die analog angewendet werden soll, als Tatbestand zugrunde liegt. Der rechtliche Analogieschluss hat zwei Voraussetzungen: Zum einen das Vorliegen einer planwidrigen Regelungslücke und zum anderen die wertungsmäßige Vergleichbarkeit der Interessenlage. Um letztere festzustellen, werden der Tatbestand (und damit der typische Sachverhalt, der einen Tatbestand erfüllt, Normfall) als normativer Referenzpunkt und der tatsächliche Lebenssachverhalt (bzw. der zu beurteilende Sachverhalt) einander im Lichte der analog anzuwenden Norm gegenübergestellt.

II. Digitalisierung kann zu planwidrigen Regelungslücken führen

Die Digitalisierung eines Lebensbereichs kann dazu führen, dass bestehende Normen nicht mehr eindeutig auf die dort rechtlich zu beurteilenden Lebenssachverhalte passen.[9] So lässt sich beispielsweise bei elektronischer Kommunikation das Briefgeheimnis, wenn man strikt auf den Wortlaut des Art. 10 Abs. 1 GG abstellt, nicht mehr anwenden. Werden Medien per

---

8 *Menne*, Einführung in die Logik, 5. Aufl., 1993, S. 19: „Folgerichtigkeit setzt Eindeutigkeit voraus. Analogie und Metapher aber sind Mehrdeutigkeiten." Vgl. zur Auseinandersetzung mit den logischen Hintergründen des rechtlichen Analogieschlusses *Heller*, Logik und Axiologie der analogen Rechtsanwendung, 1961, S. 7 ff., sowie *Klug*, Juristische Logik, 4. Aufl. 1982, S. 115 ff.

9 *Hoffmann-Riem*, Innovation und Recht – Recht und Innovation, 2016, S. 113 ff.: Veränderung des „Realbereichs" von Normen.

Streaming konsumiert, fehlt es an physischen Ton- oder Bildträgern, deren Vermarktung bestimmten urheberrechtlichen Regeln unterliegt. Hinzu kommt, dass die Digitalisierung auch zu neuartigen Verhaltensweisen führen kann, wie etwa der Behandlung von Daten als handelsfähiges Gut, für die es keine passenden rechtlichen Regelungen gibt. Da die Digitalisierung gerade ein Phänomen gesellschaftlicher Veränderung darstellt, erweisen sich planwidrige Regelungslücken als typische Folge der Digitalisierung auf dem Gebiet der Rechtsanwendung. Rechtsmethodisch kann ein solches normatives Vakuum durch das Instrument des Analogieschlusses geschlossen werden.

III. Vergleich digitaler und analoger Sachverhalte

Digitalisiert werden können alle Aspekte des menschlichen Lebens, sofern nur digitale Systeme als Hilfsmittel eingesetzt werden können. Angelehnt an die rechtliche Terminologie kann man von digitalen Sachverhalten sprechen.

Als Bezugspunkt für den Vergleich bietet sich der gleiche Lebenssachverhalt ohne Einsatz digitaler Hilfsmittel an. Man kann von analogen Sachverhalten sprechen. Digitale und analoge Lebenssachverhalte können diachron oder synchron verglichen werden. Häufig handelt es sich (da Digitalisierung einen Entwicklungsprozess beschreibt) um einen diachronen Vergleich, es wird also ein früherer analoger mit einem aktuellen bzw. neuartigen digitalen Sachverhalt verglichen. Allerdings ist dies nicht zwingend und es können durchaus auch einander entsprechende analoge und digitale Sachverhalte gleichzeitig auftreten (ein Beispiel für Musikliebhaber wäre das Fortleben von Vinylplatten neben CDs und Streaming).

Möchte man nun eine vorhandene Norm, die für einen analogen Sachverhalt geschaffen wurde, auf einen digitalen Sachverhalt anwenden, so ergibt sich ein einfaches Muster: Tatbestandlicher und zu beurteilender Sachverhalt entsprechen analogem und digitalem Sachverhalt. Es wird also ein digitaler (nicht ausdrücklich normierter) mit einem analogen (normierten) Sachverhalt verglichen.

C. Ergebnis des Analogieschlusses: Herleitung deskriptiver und normativer Aussagen

I. Umfang des Ergebnisses: übertragene Eigenschaften

Analogien können danach unterschieden werden, zu welcher Art von Schlüssen sie führen. Auch kann eine Analogie hinsichtlich der Folgen bzw. der Zahl der übertragenen Merkmale mehr oder weniger umfassend sein. Entsprechend kann eine Analogie auch hinsichtlich der Voraussetzungen, also der Zahl der verglichenen Merkmale, mehr oder weniger umfangreich sein (dazu unter D.). Die Überzeugungskraft eines Analogieschlusses hängt von mehreren Parametern ab: Einerseits von der Anzahl der verglichenen Merkmale, andererseits von deren jeweiliger Relevanz.

II. Herleitung deskriptiver und normativer Aussagen

Wichtig ist, beim Analogieschluss zwischen der Herleitung deskriptiver und normativer Aussagen zu unterscheiden. Bei rechtlichen Analogieschlüssen wird stets eine normative Aussage hergeleitet, während Aussagen über bestimmte Eigenschaften von Gegenständen der uns umgebenden Welt deskriptiven Charakter haben.

Wenn eine normative Aussage gewonnen werden soll, muss die Analogie sich eines normativen Referenzpunktes bedienen. Normative Schlüsse lassen sich nicht aus deskriptiven Aussagen ableiten. Dies ist allerdings bei rechtlichen Analogien selbstverständlich, da es bei ihnen um die analoge Anwendung von Normen geht. Festzuhalten bleibt aber, dass der Vergleich sowohl deskriptive als auch normative Komponenten betrifft. Deskriptive Komponenten ergeben sich aus dem Vergleich der Sachverhalte – normative aus dem Vergleich der rechtlich relevanten Interessenlagen. Aus der Ähnlichkeit analoger und digitaler Sachverhalte, einer deskriptiven Beurteilung, auf die Anwendung einer Norm zu schließen, ist dabei wie jede Subsumtion zulässig. Allerdings muss die Ähnlichkeit auch mit einer Vergleichbarkeit der Interessenlage einhergehen. Nur dann ist die rechtliche Analogie zulässig.

Damit stellt sich die Frage, welche Interessen bzw. Wertungsgesichtspunkte beim Vergleich der Interessenlage berücksichtigt werden müssen, wann also der Interessenvergleich vollständig ist. Welche Interessen dabei Gewicht haben und welches Gewicht ihnen zukommt, entscheidet das Recht.

III. Veranschaulichung der technischen Funktion digitaler Systeme

Bevor weiter das Potential von Rechtsanalogien untersucht wird, soll auf Vergleiche zwischen analoger und digitaler Welt mit rein deskriptivem Aussagegehalt eingegangen werden. Denn allein die Tatsache, dass eine Analogie sich auf dem Feld deskriptiver Aussagen bewegt, bedeutet nicht, dass sie für juristische Diskussionen keine Relevanz besitzt. Im Gegenteil: Für die Rechtsanwendung ist stets auch ein solides Verständnis des jeweiligen Lebenssachverhalts erforderlich. Bei der Veranschaulichung digitaler Systeme und ihrer technischen Funktionsweise können deskriptive Vergleiche sehr nützlich sein. Damit sind wir in einem ersten Bereich, in dem wir das Potential von Analogien zum Analogen bewerten können und in dem die Bewertung positiv ausfällt.

Ein Beispiel aus der juristischen Literatur ist der Vergleich von **Information und Wasser.**[10] So kann etwa Information objekthaft wie Wasser gespeichert oder über Kanäle übertragen werden. Interessant ist, dass es ein ähnliches Bild in der Physik für die Stromübertragung gibt, bei der die Stromstärke dem Wasserfluss entspricht und die Stromspannung dem Wasserdruck. Damit wird deutlich, dass das Denken in Vergleichen auch den Naturwissenschaften nicht fremd ist, worauf kurz eingegangen werden soll.

IV. Modelldenken in den Naturwissenschaften

Auch in den Naturwissenschaften werden Analogien verwendet, um sich neuartigen – und auch altbekannten – Problemen anzunähern. Hier hat die Verwendung von Modellen eine zentrale Bedeutung.[11] Auch wenn sich ein Modell zu einem späteren Zeitpunkt als unvollständig herausstellen mag, kann es doch neue Erkenntnisse ermöglichen.[12]

---

10 *Dreier*, Von Gütern, Kanälen und Speichern - Metaphern des Informationsrechts, Festvortrag, gehalten am 1. Dezember 2001, anläßlich der Jahresfeier der Universität Fridericiana zu Karlsruhe, https://www.zar.kit.edu/DATA/~recht/veranst/dreier2001/Festrede.pdf <1.5.2020>: „Informationen in bildhafter Analogie zu Gütern, Kanälen und Speichern vorstellen"; *von Lewinski*, Datenflut und Recht – Informationsrecht als Deich, Kanal, Wasserhahn oder Rettungsring?, 2013.

11 Dazu *Rosenberg*, Philosophy of Science, 3. Aufl. 2012, S. 162 ff.

12 Pointiert etwa zur Erklärung der Aggregatzustände mit der Teilchenvorstellung bzw. der kinetischen Theorie der Wärmelehre *Christen*, Struktur Stoff Reaktion, Allgemeine und Anorganische Chemie, 1974, S. 11: „Naturwissenschaftli-

Ein gutes Beispiel ist die kalorische Theorie in der Wärmelehre, in der im 18. Jahrhundert (und noch bis ins 19. Jahrhundert hinein) Wärme als ein Stoff behandelt wurde. Obwohl sich diese Theorie als falsch herausstellte und durch die kinetische Theorie ersetzt wurde, erlaubte sie dennoch bereits wichtige Erkenntnisse wie die mathematische Beschreibung von Wärmekraftmaschinen durch Sadi Carnot. Ein anderes häufig verwendetes Beispiel ist das geozentrische Planetenmodell, das durch das heliozentrische ersetzt wurde. Gegenüber dem einfachen Modell von Kopernikus war das zeitgenössische geozentrische Modell (etwa in der Ausarbeitung von Tycho Brahe) überlegen, d.h. es sagte die Bewegung der Planeten am Sternenhimmel genauer voraus. Erst mit der Weiterentwicklung durch Kepler, der die kreisförmigen Planetenbahnen durch elliptische ersetzte, wurde das heliozentrische Modell leistungsfähiger.

V. Vorläufigkeit der gewonnenen Aussagen

Aus dem Exkurs in die Naturwissenschaften wird deutlich, dass viele Vergleiche und die aus ihnen gezogenen Schlüsse vorläufigen Charakter haben. Folge ist, dass das Modell jederzeit auch wieder aufgegeben und durch ein besseres ersetzt oder ergänzt werden kann. Dies ist gerade in den Naturwissenschaften allgemein akzeptiert und gehört zu den Grundfragen der Wissenschaftsphilosophie. Unvollständigkeit ist Teil des Programms.

Da aber in den Naturwissenschaften keine normativen Aussagen hergeleitet werden, droht dadurch kein Gerechtigkeitsproblem, wobei die Unvollständigkeit aber durchaus z.B. ein Problem des technischen Funktionierens bedingen kann (wenn das Modell einer Technologie zugrunde liegt). Anders verhält es sich bei rechtlichen Analogieschlüssen. Leitet man eine normative Aussage her, führt ein fehlerhafter Schluss zu einer fehlerhaften Rechtsanwendung und kann zu einem Gerechtigkeitsproblem führen. Auch aus dem Gesichtspunkt der Rechtssicherheit bestehen Bedenken gegen eine bewusste „Inkaufnahme“ fehlerhafter rechtlicher Analogieschlüsse: Eine kontinuierliche Verfestigung zu Richterrecht erscheint da-

---

ches ‘Verstehen’ oder ‘Erklären’ bedeuten also letztlich nichts anderes, als daß man gewisse Erscheinungen oder Beobachtungen auf etwas bereits Bekanntes zurückführt oder durch ein Modell, das gewissen Erfahrungen entspricht, beschreibt. [...] Man muß sich dabei allerdings hüten, das Modell mit der Wirklichkeit gleichzusetzen; jedes Modell ist zwangsläufig in mehr oder minderem Maß vereinfacht und muß ständig verbessert, d.h. verfeinert werden, um weiteren Beobachtungen gerecht zu werden, d.h. um auch diese zu ‘erklären’.“

mit nicht vereinbar. Zwar kann auch Gesetzes- wie Richterrecht geändert werden. Dennoch ist ein vorläufiger Charakter normativer Aussagen im Sinne einer Korrigierbarkeit im konkreten Fall mit dem autoritativen Charakter von Rechtsnormen nicht zu vereinbaren (sieht man einmal von gesetzlich geregelten Fällen wie der zulässigen Rücknahme eines rechtswidrigen Verwaltungsakts ab). Zwar kann abstrakt-generelles Recht geändert werden (wenn auch unter Beachtung des Rückwirkungsverbots), nicht aber individuell-konkrete Rechtsanwendung (Gedanke der Rechtskraft). Rechtliche Analogien sind keine Experimentierfelder, in denen die Lösungsfindung im trial and error-Verfahren erfolgen kann. Vielmehr ist bei der Annahme einer Analogie ein hohes Maß an normativer Begründungstiefe erforderlich.

D. Unvollständige und vollständige Vergleiche

I. Umfang des Vergleichs: Verglichene Merkmale

Analogien können auch danach unterschieden werden, wie umfangreich der ihnen zugrunde liegende Vergleich ist. Dies richtet sich nach der Zahl der verglichenen Merkmale und deren Relevanz. Die Zahl der verglichenen Merkmale ist dabei nicht absolut zu sehen, sondern im Verhältnis der möglichen Vergleichsmerkmale.

Die Rechtsanalogie, die sich auf mehrere Normen bezieht,[13] scheint eine Analogie zu sein, die auf einem umfangreichen Vergleich beruht. Dies ist jedoch nicht zwingend der Fall, da sich dabei häufig erst aus der Zusammenschau mehrerer Normen hinreichende Anhaltspunkte für eine Analogie ergeben.

II. Vollständigkeit als Voraussetzung des rechtlichen Analogieschlusses

Ein vollständiger Vergleich würde sämtliche Merkmale außer den zu übertragenden erfassen. Freilich wird dies kaum je positiv feststellbar sein, da sich regelmäßig auch neue vergleichbare Merkmale finden lassen.

---

13 Ein Beispiel für eine solche Rechts- bzw. Gesamtanalogie wäre die Gefährdungshaftung für Technik, die man im Wege einer Gesamtanalogie zu den bestehenden Technikhaftungsregelungen bejahen kann; s. *Kötz/Wagner*, Deliktsrecht, 13. Aufl. 2017, S. 208 f.; *Zech*, in: Jahrbuch SGHVR 2016, S. 17, 32.

Insbesondere bei rechtlichen Analogien ist aber die Vollständigkeit des Vergleichs der Interessenlage Voraussetzung für den Analogieschluss. Vollständigkeit des Vergleichs bedeutet hier Berücksichtigung aller aus normativer bzw. rechtlicher Sicht relevanter Interessen.

Die Vollständigkeit des Vergleichs der Interessenlage ist daher immer nur eine relative: Die Vollständigkeit eines Vergleichs ist mit Blick auf einen bestimmten Gesetzeszweck zu beurteilen. Hier kommen Nachbardisziplinen wie die ökonomische Analyse oder die Digitalisierungsforschung zum Tragen, im Kern bleibt es aber eine rechtliche Interessenanalyse, die Grundlage des Vergleichs ist.

III. Ökonomische Analyse

Häufig ändert sich durch die Digitalisierung gerade die volkswirtschaftliche Bedeutung bestimmter Sachverhalte. Weil Digitalisierung erleichterte Übertragung, Speicherung und Verarbeitung von Information bedeutet, hat sie auch Auswirkung auf damit verbundene wirtschaftliche Prozesse (heutzutage praktisch alle). Die Digitalisierung bewirkt nicht nur ungeheure Effizienzgewinne, sondern schafft häufig auch neue Geschäftsmodelle, die alte ablösen, womit auch wieder Vergleichspaare für Analogien entstehen.

Eine rechtliche Analyse kann daher die wirtschaftliche Gemengelage nicht ausblenden. Deshalb gewinnt die ökonomische Analyse des Rechts gerade auch im Hinblick auf die normativen Auswirkungen der Digitalisierung eine hohe Bedeutung. Bei dem Interessenvergleich im Rahmen eines Analogieschlusses kann sie wertvolle Anhaltspunkte liefern.

Selbstverständlich gibt es auch andere wichtige Aspekte, die bei einem Vergleich herangezogen werden können oder müssen (je nach dem konkreten Vergleichspaar). Dazu gehören unter anderem grundrechtliche Auswirkungen und soziale Aspekte wie etwa Auswirkungen auf Demokratie und gesellschaftliche Teilhabe.

IV. Sonstige relevante Interessen

Die Ökonomik beschäftigt sich mit der Verteilung knapper Güter zur Befriedigung menschlicher Bedürfnisse. Das Recht schützt allerdings nicht nur individuelle bzw. aggregierte Interessen an einer bestimmten Verteilung knapper materieller Güter, sondern auch ideelle Interessen (siehe etwa den Persönlichkeitsschutz). Auch andere, für die Erfassung der Interessenlage im Privatrecht relevante Nachbardisziplinen kommen neben der ökonomischen Analyse in Betracht, z.B. die Philosophie.

Die Eingrenzung erfolgt anhand normativer Überlegungen. Es sind also alle rechtlich geschützten Interessen bzw. Werte zu ermitteln, die bei einer bestimmten Fallgestaltung tangiert sind. Diese sind beim Vergleich der Interessenlage vollständig zu berücksichtigen.

E. Der Gedanke der funktionalen Ersetzung

I. Funktionale Ersetzung als typischer Aspekt der Digitalisierung

Ein wichtiges Beispiel für Analogien, die zumindest Gefahr laufen, auf einem unvollständigen Vergleich zu beruhen, sind solche, die an den Gedanken der funktionalen Ersetzung anknüpfen. Dabei handelt es sich um einen typischen Aspekt der Digitalisierung als Phänomen technischer Entwicklung. Innovationen führen dazu, dass analoge Produkte durch digitale ersetzt werden, die aber aus Nutzersicht den gleichen Zweck erfüllen (natürlich gibt es oft auch neue Funktionen bzw. Sachverhalte, die keine analogen Analoga haben).

II. Perspektive eines oder mehrerer Beteiligter

Der Gedanke der funktionalen Ersetzung blickt häufig nur aus Perspektive eines oder weniger Beteiligten/r auf den jeweiligen Sachverhalt. Darin liegt auch das Problem beim Analogieschluss: Dass ein bestimmtes digitales Produkt aus Nutzersicht ein analoges Produkt ersetzt (die gleiche Funktion hat), bedeutet nicht, dass es auch für andere Betroffene oder die Allgemeinheit funktional gleich ist (d.h. in gleicher Weise deren Interessen beeinträchtigt oder fördert). Nur dann aber wäre die Analogie gerechtfertigt. Eine eindimensionale Betrachtung digitaler Innovationsprozesse birgt die Gefahr, die tatsächliche Komplexität des Sachverhalts und die mit ihr einhergehenden normativen Implikationen nur unzureichend einzufangen. Als Konsequenz können sich die oben aufgezeigten Risiken eines unvollständigen Vergleichs verwirklichen.

III. Beispiel: digitale und analoge Medien

Ein Beispiel der funktionalen Ersetzung ist der Bereich der Unterhaltungsmedien. **Analoge Medien** (Buch, Schallplatte, Videokassette) werden durch **digitale körperliche Medien** (CD, DVD) und schließlich durch **unkörperliche digitale Medien** (Download von Inhalten und schließlich Streaming von Inhalten) abgelöst.[14] An der Entscheidung UsedSoft wird deutlich, dass die Sicht eines oder mehrerer Beteiligten/r, auch wenn es um deren wirtschaftliche Interessen geht, gerade nicht mit der umfassenderen volkswirtschaftlichen bzw. wohlfahrtsökonomischen Sicht gleichgesetzt werden kann.[15] Der EuGH hielt den Download von Software mit dem Erwerb als Datenträger für „wirtschaftlich gesehen vergleichbar".[16] Dies ist allenfalls für die wirtschaftliche Bedeutung aus Erwerbersicht zutreffend, jedoch nicht für die volkswirtschaftliche Bedeutung, die für die rechtliche Würdigung hier (es ging um die Wirkung von Immaterialgüterrechten) relevant ist.[17]

F. Intuitive Vergleiche

I. Intuition als eingeschränkter Blickwinkel

Ein weiterer Fall regelmäßig unvollständiger Vergleiche sind solche, die auf bloßer Intuition beruhen, d.h. bei einer Intuition stehenbleiben und diese nicht mehr weiter hinterfragen. Analoges und Digitales werden dabei verglichen, weil sich ein solcher Vergleich aufgrund des Sprachgebrauchs oder anderer Umstände „aufdrängt". In der Regel wird auch hier nur auf einen oder wenige Aspekte geblickt (wie beim Ersetzungsgedanken), sodass auch nur die Interessen bestimmter Beteiligter berücksichtigt werden und die Komplexität der normativen Gemengelage nur unzureichend zum Ausdruck kommt.

---

14 *Zech*, ZGE 2013, 368.

15 EuGH, Urt. v. 3.7.2012 – C-128/11 = ECLI:EU:C:2012:407 (UsedSoft GmbH/ Oracle International Corp.); zu E-Books jetzt anders EuGH, Urt. v. 19.12.2019 – C-263/18 = ECLI:EU:C:2019:1111 (Nederlands Uitgeversverbond u.a./Tom Kabinet Internet BV u.a.).

16 EuGH, Urt. v. 3.7.2012 – C-128/11 = ECLI:EU:C:2012:407 (UsedSoft GmbH/ Oracle International Corp.), Rn. 61.

17 Zur volkswirtschaftlichen Einordnung der UsedSoft-Entscheidung *Kerber*, ZGE 2016, 149. Vgl. auch *Perzanowski/Schultz*, The End of Ownership, 2016, S. 184.

II. Beispiel: Daten als Rohstoff

Ein wichtiges Beispiel für einen intuitiven Vergleich ist derjenige von **Daten und Öl**. Zwar kann dieser auch der bloßen Veranschaulichung dienen, es besteht aber die Gefahr, dass der Vergleich auch normativ aufgeladen wird, ohne dass ein echter Interessenvergleich stattfindet. So etwa bei der Frage der Eigentumsfähigkeit: Beide, Daten und Öl, so die Grundidee, werden gehandelt, beide dienen als Wirtschaftsgut. Dieser intuitive Vergleich lässt aber wichtige ökonomische und damit rechtlich relevante Unterschiede außer Acht.

Hier zeigt sich der Mehrwert einer ökonomischen Betrachtung. Aus ökonomischer Perspektive ist ein ganz entscheidendes Merkmal von Daten, dass sie – wie viele andere unkörperliche Güter auch – in ihrer Nutzung nicht-rival und nicht-exklusiv sind. Aus der Möglichkeit ihrer Vervielfältigung ergibt sich, dass Daten von beliebig vielen Akteuren genutzt werden können, ohne dass die Nutzung des einen der gleichzeitigen Nutzung des anderen entgegensteht (fehlende Rivalität). Und Daten, die einmal öffentlich zugänglich sind, lassen sich nicht mehr exklusiv nutzen, wobei technische Schutzmaßnahmen hier Abhilfe schaffen können (eingeschränkte Exklusivität).[18]

Rechtliche Regeln, die an diese ökonomischen Eigenschaften bzw. Kategorien anknüpfen, können daher nicht ohne weiteres analog angewendet werden. Sacheigentum, das der effizienten Zuweisung knapper Güter (Allokationseffizienz) dient, passt nicht.[19] Das Gleiche gilt für den Besitzschutz, der an die faktische Exklusivität des Besitzes anknüpft.[20] Aber auch immaterialgüterrechtliche Regelungen, denen vor allem ein Anreizgedanke betreffend die Gütererzeugung (Produktionseffizienz) zugrunde liegt, passen nicht ohne weiteres, wenn die Erzeugung von Rohdaten mit immer geringeren Kosten möglich ist. Es bestünde dann die Gefahr, dass ihre Anwendung – ebenso wie eine Anwendung von Sacheigentumsregeln – zu einer unnötigen bzw. ökonomisch nicht sinnvollen Verknappung von Daten führt. Eine analoge Anwendung sachenrechtlicher oder immaterialgüterrechtlicher Regelungen würde, wie die Einnahme der ökonomischen

---

18 Geheimhaltung bedeutet faktische Exklusivität, durch Offenbarung wird das Geheimnis zerstört. Exklusivität kann auch rechtlich durch Ausschließlichkeitsrechte vermittelt werden.

19 *Specht*, CR 2016, 288 (291 f.); *Steinrötter*, MMR 2017, 731 (732); *Zech*, GRUR 2015, 1151 (1159); a.A. *Hoeren*, MMR 2013, 486.

20 *Zech*, in: Pertot (Hrsg.), Rechte an Daten, 2020, S. 91, 94 ff.

Perspektive zeigt, daher auf einem unvollständigen Vergleich beruhen, der Interessen der Allgemeinheit außer Acht lässt.

Zusammenfassend lässt sich also festhalten: Daten und ganz allgemein viele unkörperliche Güter zeigen ökonomische Besonderheiten, die sie von Sachen unterscheiden. Daher verbietet sich eine intuitive Gleichstellung von körperlichen und unkörperlichen Wirtschaftsgütern.

III. Beispiel: künstliche Intelligenz

Ein weiteres Beispiel für einen intuitiven Vergleich, der zu nicht gerechtfertigten Analogieschlüssen (ver)führen kann, ist derjenige von **künstlicher und natürlicher Intelligenz**, d.h. von digitalen Systemen und Menschen. Wie bereits ausgeführt ist der Begriff der künstlichen Intelligenz ohnehin nicht sehr trennscharf und lässt sich am besten als der Versuch definieren, Leistungen natürlicher Intelligenz mit technischen Mitteln zu vollbringen (technische statt „natürlicher" Informationsverarbeitung).

Diskutiert wird, ob Regelungen, die auf den Einsatz von Hilfspersonen zugeschnitten sind, auch auf digitale Systeme angewendet werden können, etwa in der deliktischen oder vertraglichen Haftung,[21] beim Vertragsschluss bzw. beim Tätigen von Rechtsgeschäften,[22] oder bei der Schaffung unkörperlicher Güter (Erfinder im Patentrecht, Werkschöpfer im Urheberrecht etc.). Es geht um die Zurechnung bestimmter Erfolge.[23]

Hier zeigen sich Unterschiede zwischen natürlichen und künstlichen Intelligenzen bzw. Menschen und Maschinen, die einen intuitiven Vergleich verbieten, etwa in der körperlichen Verfasstheit (und damit Erkennbarkeit für Dritte) oder dem Innehaben eigenen Vermögens (und damit einer Haftungsmasse). Das bedeutet nicht, dass Analogien zwischen Menschen (bzw. Hilfspersonen) und Maschinen bzw. die analoge Anwendung entsprechender rechtlicher Regelungen auf digitale Systeme in jedem Fall unterbleiben müssen. Sie setzen aber einen Interessenvergleich voraus, der sämtliche relevanten Aspekte in den Blick nimmt, insbesondere auch die Auswirkungen für Betroffene, die nicht als Entwickler, Hersteller, Betreiber oder Benutzer künstlicher Intelligenz beteiligt sind, und für die Allgemeinheit.

---

21 Dazu z.B. *Teubner*, AcP 218 (2018), 155 (185 ff., 189 ff.); *Zech*, Gutachten A zum 73. DJT, S. 76 ff.

22 Dazu z.B. *Schirmer*, JZ 2016, 660 (664); *Teubner*, AcP 218 (2018), 155 (177 ff., 184).

23 Statt vieler *Hacker*, RW 2018, 243; *Zech*, Gutachten A zum 73. DJT, S. 76 ff.

Eine vollständige Interessenanalyse muss auch Unterschiede zwischen dem Einsatz von Hilfspersonen und dem Einsatz von Informationstechnologie in den Blick nehmen: neben der Publizität/Erkennbarkeit und Haftungsmasse auch die Kontrolle des Einsetzenden bzw. Autonomie des Eingesetzten und die Vermeidbarkeit für Betroffene. Geht es etwa um Haftungsfragen, so ist der Aspekt der Risikozuweisung das entscheidende Vergleichsmerkmal, geht es um das Immaterialgüterrecht, die Zuweisung sozialer Vorteile neuer Immaterialgüter.

Nur soweit sich eine sachgerechte Zurechnung der Erfolge bzw. Effekte des Einsatzes digitaler Systeme nicht durch Anwendung von Regelungen bewerkstelligen lässt, die auf dem Werkzeugcharakter digitaler Systeme fußen, sollte über eine analoge Anwendung rechtlicher Regelungen zu Hilfspersonen nachgedacht werden.

Zusammenfassend lässt sich also warnen: Keine intuitive Gleichstellung von natürlicher und künstlicher Intelligenz, technischer und rechtlicher Autonomie. Eine Analogie aufgrund umfassender Interessenabwägung wird dadurch aber nicht ausgeschlossen.

G. *Schlussfolgerungen*

Fragt man abschließend nach Potential und Grenzen der Analogie zum Analogen, so lässt sich wie zu erwarten eine differenzierende Antwort geben: Sie birgt Nutzen und Gefahren – den Nutzen vollständiger Vergleiche, die Gefahr unvollständiger Vergleiche, insbesondere durch Ersetzungsgedanken und bloße Intuition.

Als Ausblick soll darauf hingewiesen werden, dass sich aus dem Vergleich von digitalen und analogen Sachverhalten nicht nur Analogieschlüsse, sondern auch teleologische Reduktionen rechtfertigen lassen. Normen, die für analoge Sachverhalte geschaffen wurden und nach deren Digitalisierung zu funktionswidrigen Ergebnissen führen, können entsprechend teleologisch reduziert werden.[24]

Rechtliche Analogieschlüsse sind ein methodischer Weg, mit sich schnell ändernden Lebenssachverhalten umzugehen. Die Analogie als Instrument der Rechtsfortbildung ist aus rechtsstaatlicher und demokrati-

---

24 So etwa (wenn auch im Wege der einfachen Auslegung) § 903 Satz 1 BGB, der nicht das Kopieren von Datenträgern umfasst, s. *Zech*, AcP 219 (2019), 488 (585); anders *Raue*, NJW 2019, 2425 (2426 ff.), der ein Recht am Datenzugriff an der eigenen Sache befürwortet.

scher Perspektive nicht unproblematisch. Sie ermöglicht es der Judikative, dem Rechtsgewährungsgebot zu genügen, darf aber die Legislative nicht aus der Verantwortung entlassen. Daher wird es zur Schließung rechtlicher Lücken, die die Digitalisierung reißt, oftmals eines Gesetzes und damit eines demokratisch legitimierten Aktes bedürfen.

Künstliche Intelligenz und neue Verantwortungsarchitektur*

Timo Rademacher

Die Frage nach der *Architektur* von etwas lädt zu Überblicken ein, fordert auf zur Analyse nicht nur einzelner Bestandteile des betrachteten Etwas, sondern verlangt auch nach Betrachtung und Bewertung des Zusammenwirkens dieser einzelnen Bestandteile.[1] Sich aus dieser Perspektive *Künstlicher Intelligenz und Verantwortung* zu nähern, ist nicht ungefährlich. Angesichts der Vielgestaltigkeit, Komplexität und Kompliziertheit des Themas „KI" läuft ein solches Unternehmen Gefahr, zur kleinteiligen Beschreibung eben doch von Einzelbestandteilen zu werden, die den erhobenen Vollständigkeitsanspruch am Ende gleichwohl enttäuschen müsste. Der vorliegende Beitrag muss und darf sich daher von vornherein beschränken und bescheidenere Ziele setzen: Unter I. soll zunächst versucht werden, so gedrängt wie möglich darzustellen, was unter der Überschrift *Künstliche Intelligenz und Verantwortung* vielleicht schon als konzediert gelten darf. Danach – unter II. – werden Schlaglichter geworfen auf drei ausgewählte Aspekte, wo Künstliche Intelligenz (KI) uns dazu auffordert oder zumindest dazu einlädt, unsere Begriffe und Vorstellungen von Verantwortung neu, vielleicht sogar disruptiv zu denken. Der Beitrag schließt unter III. mit einem als Appell formulierten Fazit.

I. Konzediertes

1. Neue Herausforderungen?

Zunächst also zum Konzedierten, wobei sich hier sogleich die Frage aufdrängt: Ist in der hier zu reflektierenden Diskussion denn überhaupt

---

* Der Verfasser dankt *Jens-Peter Schneider* sowie *Nikolaus Marsch* für zahlreiche Diskussionen und Anregungen zum Thema.

1 Siehe nur *Hoffmann-Riem*, AöR 142 (2017), 1 (8ff.), zu der mit dem Architekturbegriff ermöglichten „Ausweitung des Blickes" auf die „Einbettung [algorithmischer Systeme] in komplexe Infrastrukturen und damit mittelbar [auf] die Bedeutung weiterer Funktionsvoraussetzungen und Verwendungsmöglichkeiten der Informations- und Kommunikationstechnologie".

(schon) etwas konzediert? Eine gewisse Einigkeit scheint immerhin bezüglich der Herausforderungen zu bestehen, die „KI“[2] bereithält:[3] Wir haben es zu tun mit der „Ausbreitung“ von Akteuren, oder, in der besser vom Menschen abgrenzenden Terminologie von *Bruno Latour*: mit der Ausbreitung von *Aktanten*,[4] die unsere virtuelle oder physische Realität oder die heranwachsende Mischform aus beidem (Stichwort „on*life*“[5]) verändern können, und dabei folgende vier Eigenschaften aufweisen:

- Digitale Agenten sind *erstens* zunehmend allgegenwärtig[6] und grenzüberschreitend[7] aktiv und aktiviert;
- *zweitens* ist ihnen durch die technische Komplexität und Kompliziertheit ihrer Entscheidungsfindungsprozesse eine bestimmte Form von Unberechenbarkeit und situativer Unerklärbarkeit ihrer Handlungen zu eigen; die Stichworte hierzu lauten *black-box*-Phänomen[8] und „Autonomierisiko“;[9]
- ferner sind die digitalen Agenten potentiell stark vernetzt, d. h. treten nicht nur als isolierte Systeme auf, sondern können untereinander oder auch „hybrid“ in Form von Verbindungen mit Menschen verknüpft sein, sodass sie über Hintergrund-„Wissen“ verfügen und aufgrund von „Wissen“ nach außen handeln, das das Alter Ego im Moment der Interaktion nicht hat und auch *ex post* nur schwer zurückverfolgen kann.[10] In der Literatur etablieren sich hier der Begriff „Vernetzungsrisiko“

2 Zur Definition von KI, die im Rahmen dieses Beitrags nicht vertieft werden kann, siehe v. a. *Hochrangige Expertengruppe für Künstliche Intelligenz*, Eine Definition der KI: Wichtigste Fähigkeiten und Wissenschaftsgebiete, abrufbar unter https://ec.europa.eu/newsroom/dae/document.cfm?doc_id=60664 <27.3.2020>.

3 Vgl. *Teubner*, AcP 218 (2018), 155; *Fateh-Moghadam*, ZSTW 2019, 863 (875f.).

4 *Latour*, Das Parlament der Dinge: Für eine politisch Ökologie, 2001, S. 93ff.

5 *Hildebrandt*, The Modern Law Review 79 (2016), 1 (4f.).

6 *Rademacher*, JZ 74 (2019), 702 (706).

7 *Hoffmann-Riem*, in: Wischmeyer/Rademacher (Hrsg.), Regulating Artificial Intelligence, 2020, S. 1 Rn. 46ff.; zu den Möglichkeiten einer Re-Territorialisierung insbes. des Internets siehe v. a. *Svantesson*, Solving the Internet jurisdiction puzzle, 2017.

8 Maßstäbe setzend *Wischmeyer*, AöR 143 (2018), 1, bes. S. 42ff.; nun auch monographisch ausgearbeitet und aktualisiert von *Martini*, Blackbox Algorithmus, 2019, passim, m. w. N.

9 *Teubner* (Fn. 3), S. 163ff.; *Cornelius*, ZIS 2020, 51 (53f.).

10 Siehe *Spiecker gen. Döhmann*, in: Fehling/Schliesky (Hrsg.), Neue Macht- und Verantwortungsstrukturen in der digitalen Welt, 2016, S. 53 (60f.).

bzw. – für die hybriden Mensch-Maschine-Netzwerke – der Begriff „Verbundrisiko";[11]

- und schließlich, *viertens*, weisen digitale Agenten aufgrund ihrer in der Regel vergangenheitsbasierten Lernmethoden[12] starke Pfadabhängigkeiten auf und projizieren diese auf ihre Nutzerinnen und Nutzer potentiell mit Wirkungen für die Gegenwart und Zukunft zurück.

Dass um diese vier Herausforderungen herum eine Verantwortungsarchitektur gebaut werden soll, auch hinsichtlich dieses Ziels besteht Einigkeit,[13] jedenfalls in den westlichen Diskursräumen.

2. *Neue Architektur – aus bewährten Bausteinen*

Nun sind die genannten Herausforderungen abstrakt und *je für sich* betrachtet keineswegs unbekannt. Der Umgang mit *black boxes* ist – als Aufgabe – vertraut, sei es mit Blick auf Unternehmen oder Tiere, sei es mit Blick auf Menschen;[14] der Umgang mit Risikotechnologien ist – als Aufgabe – ebenso vertraut, das Umwelt- und das Chemikalienrecht liefern Vorbilder, die in der KI-Diskussion auch schon breit herangezogen werden;[15] auch der Umgang mit unklaren Schadensverursachungen und Beweisproblemen und – besonders aus dem europäischen Verwaltungsrecht – mit analogen oder elektronischen Vernetzungen ist – als Aufgabe – vertraut.[16]

---

11 *Teubner* (Fn. 3), S. 201ff. bzw. 196ff.; aufgreifend *Zech,* Risiken digitaler Systeme, Weizenbau Series #2, 2020, S. 48ff. bzw. 26; *Cornelius* (Fn. 9), S. 54f.; *Fateh-Moghadam* (Fn. 3), S. 865f., 875; mit leicht abweichender Terminologie auch *Spiecker gen. Döhmann* (Fn. 10), S. 65ff.

12 *Rademacher*, in: Wischmeyer/Rademacher (Hrsg.), Regulating Artificial Intelligence, 2020, S. 225 Rn. 35 m. w. N.

13 Siehe nur die KI-Empfehlungen des Rates der OECD on Artificial Intelligence v. 22.5.2019, wo „responsible stewardship of trustworthy AI" als zentrales Ziel genannt ist; abrufbar unter https://legalinstruments.oecd.org/en/instruments/OECD-LEGAL-0449 <27.3.2020>.

14 *Wischmeyer* (Fn. 8), S. 54.

15 *Martini* (Fn. 8), S. 113ff.

16 Siehe *Schneider*, in: Hill/Schliesky (Hrsg.), Herausforderung e-Government. E-Volution des Rechts- und Verwaltungssystems, 2009, S. 89, mit dem Hinweis, dass die dogmatischen Erkenntnisse aus analogen Vernetzungsstrukturen durchaus auf elektronische Vernetzungen übertragen werden können.

> „Dabei stellt die genaue Verteilung der Verantwortungslasten eine Herausforderung dar. Ein Bedarf für die Einführung gänzlich neuer Verantwortungsstrukturen lässt sich jedoch nicht erkennen".[17]

Das „Neue" liegt also vielfach nur in der (neuen) Rekombination von Bekanntem. Nun soll hier wie eingangs angekündigt gerade nicht der weitgehend aussichtslose Versuch unternommen werden, eine Gesamtarchitektur entwerfen zu wollen, welche die herausforderungsvolle „Verteilung der Verantwortung" im Einzelnen (siehe soeben) und die diffizilen, vornehmlich verwaltungs- und sozialwissenschaftlich zu erforschenden Wechselwirkungen der einzelnen Bausteine[18] zeichnet. Aber immerhin soll auf hoher Abstraktionsebene eine Taxonomie der bekannten und neu zusammenzusetzenden Verantwortungs-Bausteine benannt werden:

a. Bauverbote

Ein grundlegendes Verantwortungselement im Zusammenhang mit KI, das selten ausdrücklich genannt wird (wahrscheinlich, weil oft reflexhaft als fortschrittsfeindlich wahrgenommen), ist das „Bauverbot". Gemeint ist damit der Verzicht auf eine bestimmte Technologie oder bestimmte technologische Methode (selten),[19] das Verbot bestimmter Anwendungen (häufig, etwa aus der Genetik bekannt[20]), oder auch Moratorien, wie

---

17 *Wischmeyer* (Fn. 8), S. 36.

18 *Hoffmann-Riem*, Innovation und Recht – Recht und Innovation, 2016, § 6; *ders.* (Fn. 1), S. 8ff.

19 *Teubner* (Fn. 3), S. 175.

20 Vgl. etwa das zwar nicht KI-, aber immerhin Big-Data-spezifische Verwendungsverbot für gentechnische Untersuchungen in § 18 Gendiagnostikgesetz. Viele der in der Lit. mit KI-Systemen verbundenen Gefahrenanalysen basieren weniger auf technischen Defiziten als vielmehr ganz schlicht auf Datennutzungen, die als illegitim und übergriffig wahrgenommen werden, beispielhaft die Analyse von *Danaher*, in: Yeung/Lodge (Hrsg.), Algorithmic Regulation, 2019, S. 98 (106-109). Dass sich die regulative Kraft der Einwilligung in Datenverarbeitungen als weitgehend dysfunktional erwiesen hat, um Verarbeitungsszenarien so zu steuern, dass sie als hinreichend legitim empfunden werden, wurde bereits mehrfach nachgewiesen; vgl. dazu umfassend *Hermstrüwer*, Informationelle Selbstgefährdung, 2016.

jüngst von Seiten der EU-Kommission kurz angedacht für den Einsatz von Gesichtserkennungssoftware.[21]

b. Materiell-rechtliches Programm

Selbstverständlich geht es dann nicht ohne materiell-rechtliches Programm, sei es gesetzlich, sei es in Form vertraglicher oder deliktischer Verkehrs- und Sorgfaltspflichten beim Training und Einsatz von KI. Gesetzgeber,[22] Verwaltung und Gerichte,[23] aber auch die Industriestandards setzenden privaten Institutionen[24] sind hier noch in der Bringschuld. Stattdessen allein oder auch nur maßgeblich auf Selbstregulierung der privaten Akteure oder gar auf Marktmechanismen zu setzen, scheidet – wie *Wolfgang Hoffmann-Riem* stets betont hat – „angesichts der Machtasymmetrien" im IT-Bereich aus.[25] In der Sache klärungsbedürftig wird etwa sein, ob und wo algorithmische Entscheidungen akzeptiert werden können, die im Ergebnis und/oder im Allgemeinen gut funktionieren; es aber im Einzelfall wegen des erwähnten *black-box*-Phänomens nicht mehr menschlich nachvollziehbar ist, *warum* eine bestimmte Aktion so und nicht anders ausgeführt wurde.[26]

---

21 Vgl. aus der Berichterstattung *Fanta*, EU erwägt Verbot von Gesichtserkennung, Netzplotik.org v. 17.1.2020, abrufbar unter https://netzpolitik.org/2020/eu-erwaegt-verbot-von-gesichtserkennung/ <27.3.2020>.

22 Zum aktuellen Stand der Gesetzgebung auf EU-Ebene siehe das White Paper der Kommission *On Artificial Intelligence – A European approach to excellence and trust*, COM(2020) 65 final v. 19.2.2020, sowie die am selben Tag veröffentlichte *European Strategy for data*, COM(2020) 66 final.

23 Für einen von der Rspr. zu entwickelnden beweglichen Maßstab, der mit der zunehmenden Leistungsfähigkeit digitaler Agenten strenger wird, *Teubner* (Fn. 3), S. 194.

24 Siehe die weitgehend im Status *under development* befindlichen ISO/OEC-Standards zu KI, dazu mit Übersichten www.iso.org/committee/6794475.html <27.3.2020>.

25 Schon *Hoffmann-Riem* (Fn. 1), S. 39.

26 Man könnte diesen Punkt auch verfahrensrechtlich verstehen (was ich hier nicht tue, da „Begründung" z. B. im Sinn von § 39 VwVfG sich in der Forderung nach dem handlungs*bestimmenden* Grund erschöpft – und der könnte eben durchaus „because computer said so and got it right in 95% of test cases" lauten); ggf. zählt der Punkt dann zum nächsten Baustein *Institutionen, Verfahren, Verfahrensarrangements*. Zur Frage der Begründbarkeit bei/trotz/durch KI in diesem Band → *Wischmeyer*, bes. bei S. 78ff., 81ff. Jüngst ausf. hierzu *Watson/Floridi*, https://ssrn.com/abstract=3509737 <17.3.2020>.

c. Institutionen, Verfahren, Verfahrensarrangements

Ein zentrales Feld der bisherigen öffentlich-rechtlichen Diskussion bildet dann die Frage nach Institutionen, Verfahren und Verfahrensarrangements, die den Einsatz von KI vorbereiten, begleiten und *ex post* evaluieren und ggf. korrigieren können.[27] Zu diesem sehr weiten Feld seien an dieser Stelle nur einige Bemerkungen gesetzt: Zwar scheint der immer wieder geforderte zentrale Algorithmen-TÜV[28] oder die zentrale KI-Agentur[29] derzeit noch nicht im Aufbau begriffen. Doch zeigen sektorale Lösungen wie die geplanten umfassenden Auskunftsrechte der Landesmedienanstalten, die der neue Medienstaatsvertrag gegenüber Medienplattformen und Medienintermediären einführt,[30] dass die Gesetzgeber die Forderungen nach solchen tiefgehenden Kontrollstrukturen durchaus aufgreifen. Richtigerweise gehört hierher aber nicht nur die Frage nach punktuellen Auskunftspflichten. Genauso wichtig ist die Schaffung einer Sub-Architektur zur breiten Wissensgenerierung *vor* dem akuten Aufsichts- oder Kontrollfall.[31] Ziel muss es sein, das derzeit oft nur bei privaten Akteuren vorhandene

---

27 Siehe bes. *Tutt*, Administrative Law Review 68 (2017), 83ff.; in diesem Band → *Wischmeyer*, bei S. 82f., Fn. 33ff. m. w. N. Diskussionsstränge zusammenführend *Wischmeyer*, in: ders./Rademacher (Hrsg.), Regulating Artificial Intelligence, 2020, S. 75 Rn. 36ff., 44ff., m. w. N.

28 Bes. wirkmächtig der frühe Appell von *Tutt* (Fn. 27), bes. S. 105ff.

29 Zur Erforderlichkeit einer Digitalagentur www.bmwi.de/Redaktion/DE/Publikationen/Wirtschaft/bericht-der-kommission-wettbewerbsrecht-4-0.html <27.3.2020>; nicht Aufsicht und Kontrolle, sondern der Wirtschafts- und Forschungsförderung dient die KI-Agentur Bayerns, vgl. den Nachweis unter https://zentrum-digitalisierung.bayern/aufbau-der-bayerischen-ki-agentur/ <27.3.2020>.

30 Siehe § 86 (für Medienplattformen und Benutzeroberflächen), § 95 (für Medienintermediäre), jeweils i. V. m. § 56 (Auskunftsrechte und Ermittlungsbefugnisse) des Entwurfes eines Staatsvertrags zur Modernisierung der Medienordnung in Deutschland v. 5.12.2019.

31 Diese könnten z. B. vergaberechtlicher Natur sein (vgl. hierzu schon *Wischmeyer*, in: Goldhammer/Kulick (Hrsg.), Der Terrorist als Feind? Personalisierung im Polizei- und Völkerrecht, 2020, S. 193 (211f., 213)) oder auf „hybrides" Personal bei den privaten IT-Dienstleistern setzen (dazu *Reiling*, Der Hybride, 2015, bes. S. 171ff.). Natürlich käme auch in Betracht, vermehrt auf Eigenentwicklungen staatlicher (Aufsichts-)Behörden zu setzen, was aber zumindest praktisch nur in begrenztem Umfang realistisch erscheint. *Trennscharfe* rechtliche Maßgaben, wann der Staat auf interne Wissensreservoirs zurückgreifen muss, und wann er externe Ressourcen nutzen darf, gibt es freilich nicht, vgl. schon *Groß*, in: Röhl (Hrsg.), Die Verwaltung/Beiheft 9: Wissen – Zur kognitiven Dimension des Rechts, 2010, S. 135 (152).

Wissen frühzeitig auf die kontrollierenden Institutionen zu übertragen.[32] Nur dann können diese ihre Steuerungs-, Kontroll- und Gewährleistungsverantwortung auch praktisch wahrnehmen. Daneben scheint es mir auch eine im weiteren Sinn verfahrensrechtliche Frage zu sein, ob der Einsatz von autonomen Softwareagenten gegenüber denjenigen, die mit ihnen interagieren, stets offengelegt werden muss. Eine solche Kennzeichnungspflicht wird vielfach gefordert,[33] existiert – in vielleicht unterschätzter Breite – auch bereits im geltenden Datenschutzrecht,[34] und macht es wie kaum ein anderer Verantwortungsbaustein erforderlich, bereits im Alltag, also jenseits pathologischer Situationen, eine Abgrenzbarkeit von und in Mensch-Maschine-Systemen zu erhalten.[35]

d. Haftung

Ein weiterer, jüngst viel diskutierter Baustein ist das Haftungsrecht.[36] Auch hier werden bekannte Instrumente zum Umgang mit Nicht-Wissen und dem Handeln unter Arbeitsteilung wie Beweislastumkehr, Kausalitäts-

---

32 Hierzu jüngst BVerfG, NVwZ 2019, 52 Rn. 24: „Der Gesetzgeber mag […] kurzfristig darauf vertrauen können, dass sich fachliche Wissenslücken durch Erkenntnisfortschritte in Fachkreisen und Wissenschaft schließen. Längerfristig dürfte der Gesetzgeber dem jedoch nicht tatenlos zusehen, weil er sich so seiner inhaltlichen Entscheidungsverantwortung entzieht, privatem Fachwissen ungesteuert weitreichenden Einfluss auf staatliche Entscheidungen eröffnet und eine einheitliche Rechtsanwendung nicht gewährleistet ist. Der Gesetzgeber muss dann, sofern die fachlichen Zusammenhänge weiter ungeklärt sind, für eine zumindest untergesetzliche Maßstabsbildung beispielsweise durch Einsetzung fachkundiger Gremien zur Festlegung einheitlicher Maßstäbe und Methoden sorgen oder wenigstens genauere Regeln für die behördliche Entscheidung zwischen mehreren vertretbaren Auffassungen vorgeben.“ Der Fall betraf immissionsschutzrechtlich relevante Wissensdefizite.

33 *Wischmeyer* (Fn. 8), S. 20.

34 Vgl. Art. 13 Abs. 2 lit. f, Art. 14 Abs. 2 lit. g, Art. 15 Abs. 1 lit. h, Art. 22 Abs. 3 i. V. m. ErwGr 71 Abs. 4 DSGVO; insofern zum aktuellen Stand der Diskussion *Kumkar/Roth-Isigkeit*, JZ 75 (2020), 277, bes. S. 283ff. zu den offenen Fragen.

35 Zu den in der Lit. verbreiteten Zweifeln daran, dass eine solche Abgrenzung (stets) gelingen kann bzw. gelingen muss, siehe oben, bei Fn. 10f., und unten, bei Fn. 89, bzw. unten, Fn. 85.

36 Siehe zur europ. Übersicht den Bericht der *Expert Group on Liability and New Technologies*, Liability for Artificial Intelligence, 2019, sowie aus der Lit. bes. *Teubner* (Fn. 3), S. 155ff.; ferner *Foerster*, ZfPW 2019, 418 (430ff.); *Borges*, NJW 2018, 977 (980ff.); *Denga*, CR 2018, 69; *Jakl*, MMR 2019, 711 (713ff.); *Linardatos*, ZIP 2019, 504ff.; jeweils m. w. N. Speziell zur Haftung für APR-Verletzungen

vermutung, Gehilfenhaftung, Gefährdungshaftung, Gesamtschuld mit Innenregress und haftungsakzessorische Pflicht-Versicherungsmodelle aufgerufen. Der kürzlich von *Herbert Zech* unterbreitete Vorschlag einer KI-Versicherung nach dem Vorbild der gesetzlichen Unfallversicherungen[37] erscheint dabei besonders charmant. Denn neben der Haftung als solcher könnten sich gerade auch die besonderen, auf Wissensgenerierung gerichteten Strukturen der Unfallversicherungen als vorbildhaft erweisen.[38]

e. Sanktionen

Der letzte große Baustein betrifft das Sanktionenrecht. Besonders passend erscheint hier der englische Begriff der *Blamability*:[39] Es geht darum, für bestimmte als besonders gravierend wahrgenommene Fehlleistungen – ganz salopp formuliert – noch jemanden „anschreien“ zu können. Vornehmer und rechtstechnischer ausgedrückt geht es vor allem um Fahrlässigkeitsdelikte, auf die sich der Fokus der strafrechtlichen KI-Diskussion richtet.[40] Die Problematik, dass individuelle Verantwortungsbeiträge angesichts der Vernetzung von KI-Systemen bzw. ihrer Verbindung zu Mensch-Maschine-Hybriden immer diffuser werden, ist auch hier keine unbekannte, sondern lässt sich – nach Einschätzungen in der strafrechtlichen Literatur – unter Rückgriff auf die Grundsätze der Verantwortungsabgrenzung im Rahmen arbeitsteiliger Prozesse bewältigen.[41]

---

durch KI-Agenten *Oster*, UFITA 82 (2018), 14ff. Spezifisch *staats*haftungsrechtlich vertiefende Diskussionsbeiträge fehlen – soweit ersichtlich – bislang.

37 *Zech*, in: Deutscher Juristentag (Hrsg.), Verhandlungen des 73. Deutschen Juristentages Hamburg 2020 / Bonn 2022, Bd. I: Gutachten, 2020, A 105ff.

38 Siehe grundlegend zu dieser Aufgabe § 14 Abs. 1 SGB VII.

39 Zum – allerdings vergleichsweise selten gebrauchten – Begriff etwa *Sankowski*, Journal of Aesthetic Education 22 (1988), 49ff. Zur Passung überkommener philosophischer *Blamability*-Konzepte auf KI auch noch unten, um/bei Fn. 79.

40 Ausf. *Fateh-Moghadam* (Fn. 3), S. 875ff., bes. 883ff.; *Cornelius* (Fn. 9), S. 59f.; *Yuan*, RW 2018, 477 (493f.); *Gaede*, Künstliche Intelligenz – Rechte und Strafen für Roboter? 2019, S. 81ff.; Überlegungen zu Veränderungen der strafrechtlichen Verantwortlichkeit auch über die Fahrlässigkeitsdelikte hinaus bei *Beck*, ZIS 2020, 41, bes. S. 43ff. Ein ausf. Kommentierung von § 42 BDSG findet sich – zur Vorgängernorm im BDSG a. F. – bei *Golla,* Die Straf- und Bußgeldtatbestände der Datenschutzgesetze als Teil des Schutzes des informationellen Selbstbestimmungsrechts, 2015.

41 Siehe *Beck* (Fn. 40), S. 43; *Yuan* (Fn. 40), S. 493f., m. w. N.

Es lässt sich allerdings auch KI-spezifisches *Vorsatz*-Strafrecht finden: § 42 BDSG[42] in Verbindung mit Art. 22 DSGVO.[43] Ohne zu tief eintauchen zu können, sei dieser Normkomplex hier eigens erwähnt, weil die Normen (auch) von der strafrechtlichen Diskussion – soweit ersichtlich – bisher weitgehend ignoriert werden;[44] sie teilen damit das Schicksal zahlreicher Regelungen des Nebenstrafrechts. Dabei ist § 42 BDSG für die *KI-und-Verantwortung*-Diskussion potentiell hoch relevant. Denn in Kombination mit Art. 22 DSGVO bewehrt § 42 Abs. 2 BDSG viele der soeben genannten KI-Verantwortungsbausteine bereits jetzt strafrechtlich, rundet also sozusagen die DSGVO sanktionsrechtlich ab, soweit sie jetzt schon KI-bezogene Regelungen enthält.[45] Das Problem dabei ist, dass die Norm gerade in Verbindung mit dem seinerseits extrem unbestimmten Art. 22 DSGVO[46] nicht bestimmt genug sein dürfte, um einer verfassungsgerichtlichen Nachprüfung standhalten zu können.

---

42 § 42 Abs. 2 BDSG lautet, soweit hier von Interesse: „Mit Freiheitsstrafe bis zu zwei Jahren oder mit Geldstrafe wird bestraft, wer personenbezogene Daten, die nicht allgemein zugänglich sind, 1. ohne hierzu berechtigt zu sein, verarbeitet [...] und hierbei gegen Entgelt oder in der Absicht handelt, sich oder einen anderen zu bereichern oder einen anderen zu schädigen."

43 Abs. 1 dieser Norm lautet: „Die betroffene Person hat das Recht, nicht einer ausschließlich auf einer automatisierten Verarbeitung – einschließlich Profiling – beruhenden Entscheidung unterworfen zu werden, die ihr gegenüber rechtliche Wirkung entfaltet oder sie in ähnlicher Weise erheblich beeinträchtigt."

44 Im KI-spezifischen strafrechtlichen Schrifttum findet § 42 BDSG bislang, soweit ersichtlich, keine Beachtung, vgl. z. B. die ansonsten sehr ausführlichen Überlegungen *de lege lata* und *ferenda* bei *Fateh-Moghadam* (Fn. 3), S. 876ff. Von einem „theoretisch vermutlich relativ großen Anwendungsfeld" geht hingegen aus BDSG-HK-*Heghmanns*, 2020, § 42 Rn. 36, das allerdings v. a. durch das Strafantragserfordernis des Abs. 3 S. 1 praktisch doch relativ klein ausfallen könnte.

45 Das in Art. 22 DSGVO enthaltene grds. Verbot vollständig automatisierter Entscheidungen im Einzelfall, einschließlich Profiling, kann als zentrale KI-spezifische Norm der DSGVO gelten. Das Verbot, geregelt in Abs. 1, gilt aber nicht absolut, sondern weicht unter den – sehr weiten – Voraussetzungen des Abs. 2 einer Erlaubnis, die ihrerseits aber wiederum unter dem Vorbehalt „angemessener Maßnahmen zur Wahrung der Rechte und Freiheiten sowie der berechtigten Interessen der betroffenen Person" steht (so Abs. 2 lit. b, ähnlich Abs. 3). Bei der Liste dieser „angemessenen Maßnahmen", zu denen nach Art. 22 Abs. 4 DSGVO schon *de lege lata* auch ausdrückliche Diskriminierungsverbote zählen, finden sich zahlreiche der soeben genannten Verantwortungsbausteine bereits jetzt wieder, vgl. statt vieler *Scholz*, in: Simitis/Hornung/Spiecker, Datenschutzrecht, 2019, Art. 22 DSGVO Rn. 56-64 m. w. N.

46 Zu den vielen Unzulänglichkeiten von Art. 22 DSGVO, aber auch zum Potential der Regelung, statt vieler *Bygrave*, in: Yeung/Lodge (Hrsg.), Algorithmic Regulation, 2019, S. 248ff.

3. … *aber mit neuen Leistungsmaßstäben!*

Schließlich scheint mir mittlerweile ein weiterer Punkt konzediert: Es spricht viel dafür, an KI im Rahmen der soeben genannten Bausteine zumindest partiell *höhere* Anforderungen zu stellen als an Menschen.[47] Das gilt schon allein deshalb, weil von den Entscheidungen „eines" zentral eingesetzten digitalen Agenten im Zweifel mehr Personen betroffen sein werden als vom Handeln eines menschlichen Entscheiders.[48] Selbst wenn also beispielsweise die automatisierte Gesichtserkennung fast gleich gut funktionieren sollte wie die menschliche,[49] so folgt daraus noch nicht, dass sie nun nach gleichen Maßstäben wie die Streifenpolizistin eingesetzt werden darf.

Aber auch jenseits der damit angesprochenen Skaleneffekte eines Computerprogramms und der damit verbundenen Gefahren[50] dürfte *Armin Nassehi* mit seiner Beobachtung recht haben: In Zukunft „dürfte das ausgezeichnete Privileg des Menschen darin bestehen, nicht nur Fehler zu machen, sondern Fehler machen zu dürfen".[51]

II. Disruptives: Wessen Verantwortung, und wofür?

Der zweite Teil des Beitrags gilt nun drei ausgewählten Aspekten im Zusammenhang von *KI und Verantwortung*, die sicherlich nicht mehr als konzediert gelten können, die aber – so zumindest meine Annahme – besonders relevant und dringend sind.

1. Maschinenverantwortung?

Die Bausteine, die im ersten Teil dieses Beitrags aufgezählt sind, sind – quasi phänomenologisch – das Ergebnis von Recherchen, was in der Literatur unter den Suchworten „Verantwortung" und „KI" an rechtlichen,

---

47 Vgl. etwa *Teubner* (Fn. 3), S. 194 m. w. N.

48 *Danaher* (Fn. 20), S. 110-112.

49 *Simonite*, MIT Technology Review v. 17.3.2014, abrufbar unter www.technologyreview.com/s/525586/facebook-creates-software-that-matches-faces-almost-as-well-as-you-do/ <27.3.2020>.

50 Siehe für den bes. sensiblen polizeilichen Kontext *Rademacher*, AöR 142 (2017), 366 (374, 376).

51 *Nassehi*, Muster: Theorie der digitalen Gesellschaft, 2. Aufl. 2019, S. 226.

rechtsdogmatischen und rechtspolitischen Vorschlägen zu finden ist. Die Diskussionen oder Streitstände betreffen hier meist die Details der Grenzen des Auslegbaren, grundrechtlich Zumutbaren oder Praktikablen. Anders ist es, wenn man gezielt fragt, *wer* eigentlich Verantwortung für die Entscheidungen von autonomen Agenten übernehmen soll.

Klassisch und auf hoher Abstraktionsebene lässt sich Verantwortung, frei nach *Jan Henrik Klement*, als *Antworten* verstehen, oder, etwas genauer: als Antworten-*Können* und Danach-*Handeln*-Können.[52] Und als *Klement* sein Buch „Verantwortung" schrieb, war auch noch ganz klar, dass der so Adressierte, also das Verantwortungssubjekt, ein Mensch ist.[53]

Das bleibt heute nicht mehr unwidersprochen: Einen vielbeachteten Vorschlag für eine neue Adressierung von Verantwortung machte 2018 *Gunter Teubner* im *AcP* unter dem Titel *Digitale Rechtssubjekte? Teubner* arbeitet mit dem folgenden Verantwortungs-Begriff:

> „Verantwortung im strengen Sinn ist das Einstehenmüssen für Entscheidung unter Ungewissheit, deren Resultat nicht prognostizierbar ist.[54] [...]"

Auf aktuelle und vor allem auf sich abzeichnende Formen von KI übertragen folgt für *Teubner* daraus dann das entscheidend Neue:

> „Wenn Computer Entscheidungen unter Ungewissheit treffen, dann ermöglicht dies, etwas gänzlich Neues zu entdecken. [...] Ja, Verantwortung gewinnt ihre eigentliche Bedeutung erst hier: Als Einstehenmüssen für den ‚Sprung ins Dunkle'.[55] [...] Diesen Sprung ins Dunkle [...] nicht nur Menschen anzuvertrauen, sondern Algorithmen zu überlassen, darin besteht das fundamental Neue".[56]

Denn andernfalls würden

> „Softwareagenten [unausweichlich] Verantwortungslücken [verursachen], da ihr autonomes Handeln einen massiven Kontrollverlust menschlicher Akteure mit sich bringt. [...] Die Dynamik der Digitali-

52 *Klement*, Verantwortung, 2006, S. 576. Siehe für die Adaption der Definition speziell für autonome Systeme *Schulz*, Verantwortlichkeit bei autonom agierenden Systemen, 2015, S. 39ff.

53 Bes. deutlich *Spiecker* (Fn. 10), S. 60: „Spricht man über Verantwortung mit rechtswissenschaftlichem Bezug, dann ist in einer freiheitlichen Gesellschaft immer der Einzelne, das Individuum, adressiert."

54 *Teubner* (Fn. 3), S. 175.

55 Ebd., S. 176.

56 Ebd.

sierung erzeugt unaufhörlich verantwortungsfreie Räume, die sich in Zukunft ausweiten werden“

– es sei denn, wir stufen Softwareagenten „selbst als verantwortliche Akteure“ ein, so *Teubners* zentrale These.[57] Die wiederum findet eine Stütze in einem systemtheoretisch informierten Analogieschluss zum Unternehmen, zur Organisation, der KI-Systeme in vielen Aspekten gleichen würden.[58]

Diese Bereitschaft zum Wagnis hat etwas verlockend zukunftsgewandtes. Die Gleichsetzung von digitalen Agenten mit Unternehmen oder mit Menschen ist deshalb so charmant, weil dann, wenn diese Gleichsetzung funktionieren würde, eine Blaupause auch für eine Verantwortungsarchitektur in einem gesamtheitlichen Sinne existieren würde. Beim Weiterlesen des zitierten Beitrags wird aber rasch genug klar, dass sich sein Autor zu öffentlich-rechtlichen, strafrechtlichen oder auch nur zivilrechtlichen Verantwortungsbausteinen *insgesamt* gar nicht verhalten, sein Vorbild „Unternehmen“ gar nicht *insgesamt* heranziehen kann oder auch nur will. Mit der Unternehmensanalogie ist also keine Architektur im anspruchsvollen Sinn beschrieben, es wird keine *Verantwortungs-Gesamtrechnung* aufgemacht. Vielmehr bezieht *Teubner* seinen Verantwortungsbegriff – zwar nicht in der Definition, wohl aber in den anschließenden Detail-Ausführungen – ganz auf vertragsrechtliche Zurechnung und vertragliche bzw. deliktische Haftung für das Agieren digitaler Agenten. Es geht dann in der „Pointe“[59] ganz klassisch-zivilrechtlich um die Anwendung von Stellvertretungsregeln oder um die Gehilfenhaftung nach § 278 BGB oder § 831 BGB, natürlich jeweils analog.

Die Analogien lassen sich weitertreiben:[60] Besonders interessant erscheint die Orientierung von KI-Agenten am Vorbild von Tieren,[61] was

---

57 Ebd., S. 157.

58 Zu der damit z. B. von *Teubner* (Fn. 3), S. 155 begründeten Notwendigkeit der Anerkennung einer Teilrechtsfähigkeit digitaler Agenten aber treffend *Marietta Auer*, Verfassungsblog v. 30.9.2019, aufgerufen unter https://verfassungsblog.de/rechtsfaehige-softwareagenten-ein-erfrischender-anachronismus <13.2.2020>: „Denn aus der bloßen Eigenschaft, eine kommunizierende Kollektividentität zu sein, folgt noch keine Notwendigkeit, als juristische Person oder sonstige rechtsfähige Entität anerkannt zu werden.“

59 *Fateh-Moghadam* (Fn. 3), S. 877.

60 Ausf. Überlegungen aus anglo-amerikanischer Perspektive bei *van den Hoven van Genderen*, in: Barfield/Pagallo (Hrsg.), Research handbook on the law of artificial intelligence, 2018, S. 213 (216ff.), m. w. N.

61 So z. B. *Vöneky*, OdW 2020, 9 (12) m. w. N.

dann zur analogen Anwendung der Tierhalterhaftung nach § 833 BGB oder in den USA zur Anwendung der Regeln für Drogenspürhunde auf *predictive-policing*-Systeme führen könnte.[62] Populär ist auch die Frage, ob KI nach dem Vorbild von Risikotechnologien, wie der Atomkraft oder der Genetik, reguliert werden kann und soll.[63] Vielleicht noch gängiger ist es nur, den Menschen gleich selbst als KI-Vorbild und KI-Maßstab heranzuziehen.[64] Zumindest semantisch weisen in diese Richtung die vielen Stellungnamen und Arbeitsgruppen, die von „vertrauenswürdiger KI" statt vom vertrauenswürdigen Umgang mit KI[65] oder ohne menschliche Mitteilung[66] von „verantwortlicher KI" sprechen.[67] Ganz ähnlich verhält es sich mit dem 2019 veröffentlichten Aufruf von 23 Computerwissenschaftlern, die neue akademische Disziplin der *Machine Bevaviour Studies* zu gründen,[68] was auch universitär die „Verflüssigung der Grenzziehung von Person, Tier und Maschine"[69] unterstreichen würde.

Hier zeigt sich aber die Gefahr der Argumentation mit analogen Vorbildern: Die Orientierung an ihnen ist sinnvoll, solange sie einen „Steinbruch" bilden, aus dem sich die Liste der oben genannten Bausteine für eine KI-Verantwortungsarchitektur ergeben soll. Als „Blaupausen"[70] für ganze Architekturen sind die analogen Vorbilder aber gefährlich: Denn wir knüpfen an die Begriffe, die sich in der Diskussion bekanntlich leicht

62 Mit diesen Überlegungen schon *Rich*, University of Pennsylvania Law Review 164 (2016), 871 (913ff.), und auch *Ferguson*, William & Mary Law Review 55 (2014), 1283 (1358ff.).

63 Bes. gründlich *Martini* (Fn. 8), S. 113-155.

64 So etwa *Linardatos* (Fn. 36), S. 507; *Matthias*, zitiert nach *Ziemann*, in: Hilgendorf/ Günther (Hrsg.), Robotik und Gesetzgebung, 2013, S. 183 (183f.).

65 So die Ethik-Leitlinien für eine vertrauenswürdige KI der *Hochrangigen Expertengruppe für Künstliche Intelligenz*, mit letztem Stand veröffentlicht am 8.4.2019, abrufbar unter https://ec.europa.eu/futurium/en/ai-alliance-consultation/guidelines#Top <27.3.2020>; zur Kritik an der Wortwahl *Markschies*, Warum sollte man einem Computer vertrauen? F.A.Z. v. 23.2.2019, S. 11.

66 Siehe in diesem Sinne die KI-Empfehlungen des Rates der OECD on Artificial Intelligence v. 22.5.2019, wo von „responsible *stewardship* of trustworthy (sic!) AI" die Rede ist, Hervorhebung hier. Das Dokument ist abrufbar unter https://legalinstruments.oecd.org/en/instruments/OECD-LEGAL-0449 <27.3.2020>.

67 So etwa das Forschungsprojekt *Responsible Artificial Intelligence* an der Universität Freiburg i. Br., siehe www.frias.uni-freiburg.de/de/foerderprogramme/schwerpunkte/responsible-ai <27.3.2020>.

68 *Rahwan et al.*, Nature 568 (2019), 477.

69 *Fateh-Moghadam* (Fn. 3), S. 869.

70 So *Martini* (Fn. 8), S. 113ff., der freilich – richtiger Weise – stets gesondert und kritisch die „Analogiefähigkeit" der von ihm angedachten Blaupausen untersucht.

verselbstständigen und von den differenzierenden Ausführungen im – meist – zweiten Teil rechtswissenschaftlicher Aufsätze ablösen, holistische Verantwortungs- oder eben auch *Nicht*-Verantwortungszuschreibungen, die sich im Laufe der Rechtsentwicklung etabliert haben – wie zum Beispiel beim Tier, jedenfalls nach Überwindung des mittelalterlichen Tierstrafrechts.[71] Dann aber droht zumindest eine Verwirrung der Diskussion.[72] Zu sagen „Ein digitaler Agent müsse wie ein Unternehmen Verantwortung für seine Entscheidungen übernehmen", ist misslich, wenn eigentlich nur die Übernahme von Verantwortung spezifisch *in der Form von monetärer Haftung gemeint ist.*

Dabei ist zu beachten, dass sich viele der vorhin genannten Verantwortungsbausteine nach der ihnen eigenen Funktionslogik *durchaus* durch digitale Agenten selbst ausfüllen lassen, jedenfalls weitgehend:

- Im Bereich der monetären Haftung dürfte es nur ein praktisches Problem sein, z. B. Sondervermögen als Haftungsmassen oder eine KI-Unfallversicherung zu schaffen, wie *Zech* es mit guten Argumenten vorschlägt.[73]
- Auch die Grundfunktion von Verantwortung, nämlich das Antworten und nachvollziehbar Rechenschaft über das Warum einer Entscheidung ablegen können, ist ein Verantwortungsbaustein, der unter den Schlagworten *explainable artificial intelligence* (xAI) oder *interpretable machine learning* (iML)[74] bereits automatisiert wird bzw. werden soll.[75]
- Das institutionalisierte Testen und Evaluieren von KI-Agenten ist eine Verantwortungs-Funktion, die sich in Zukunft *ohne* die Hilfe eben von Test- und Evaluierungs-Algorithmen angesichts der wachsenden Kom-

---

71 *Ziemann* (Fn. 64), S. 185ff.

72 Vgl., noch deutlicher zu den überschießenden Wirkungen von Analogien, *Schirmer*, in: Wischmeyer/Rademacher (Hrsg.), Regulating Artificial Intelligence, 2020, S. 123 Rn. 24: „[T]he trap snaps shut."

73 Siehe oben, Fn. 37; dort auch zahlreiche weitere Nachw. zu alternativen Haftungsmodellen.

74 Zu den Begriffen *Watson/Floridi*, https://ssrn.com/abstract=3509737 <17.3.2020>.

75 Siehe → *Wischmeyer*, in diesem Band, S. 82, Fn. 32. Zum aktuellen Forschungsstand *Garnelo/Shanahan*, Current Opinion in Behavioral Sciences 29 (2019), 17ff.; *Samek/Montavon/Vedaldi/Hansen/Müller*, Explainable AI, 2020. Dazu, dass auch xAI-Anwendungen den sog. *automation bias* (= ungerechtfertigtes Vertrauen in die Richtigkeit computergestützter Entscheidungen seitens der NutzerInnen) auslösen können, *Heaven*, MIT Technology Review v. 29.1.2020, abrufbar unter https://www.technologyreview.com/2020/01/29/304857/why-asking-an-ai-to-explain-itself-can-make-things-worse/ <20.4.2020>, m. w. N.

plexität der Systeme und der Arbeit im Umfeld von Geschäftsgeheimnissen kaum mehr denken lässt[76] – Stichwort *compliance by design*.[77]

- Schließlich lässt sich selbst die Erstellung des materiell-rechtlichen Programms, dem Software-Agenten unterliegen, *jenseits* von Wertentscheidungen, also wo Recht eine reine Optimierungsaufgabe hat, irgendwann eventuell auf KI übertragen.[78]

Es gibt aber mindestens einen Baustein, der sich nicht auf KI rejustieren lässt: Der moralische Vorwurf, die *Blamability*,[79] oder, rechtlich(er) ausgedrückt, das Bedürfnis nach *strafrechtlicher* – oder, was ich hier aber nicht vertiefen will: demokratischer[80] – Verantwortungszuschreibung. Im englischen Diskurs wird dieser Aspekt sprachlich deutlicher: Software-Agenten können, in der Terminologie von *Luciano Floridi*, *accountable* für ihre Handlungen sein; sie können aber nicht in einem vollständigen Sinne *responsible* sein, schlicht weil sie konzeptionell nicht sinnvoll bestrafbar sind.[81] Das idealerweise normstabilisierende Unwerturteil, das in der Kri-

---

76 Statt vieler *Kroll et al.*, University of Pennsylvania Law Review 165 (2017), 633 (660ff.).

77 Speziell zur Kontrolle von KI durch KI-gestützte *impossibility structures* auch *Cornelius* (Fn. 9), S. 57; zum Begriff der *impossibility structures Rademacher* (Fn. 6), S. 703f, sowie unten, bei Fn. 123.

78 Zu der Gefahr, dass auch an sich (noch) nicht für eine automatisierte Gesetzesanwendung geeignete Materien für computergestützte Verarbeitung – und d. h. wahrscheinlich: bewusst vereinfachend – geregelt werden könnten, *Unger*, in: ders./Ungern-Sternberg (Hrsg.), Demokratie und künstliche Intelligenz, 2019, S. 113 (121), und dort bes. die Nachw. in Fn. 58.

79 Zum Begriff oben, bei Fn. 39.

80 Die Möglichkeit der Abwahl in demokratischen Herrschaftsstrukturen, die ebenfalls eine Vorwurfskomponente transportiert bzw. transportieren soll, lasse ich im Folgenden außer Betracht; zu Formen „digitaler Herrschaft als demokratischem Zurechnungsproblem“ mit zahlreichen weiteren Nachw. *Unger* (Fn. 78), bes. S. 118ff.

81 Siehe *Floridi*, in: Anderson/Leigh Anderson (Hrsg.), Machine Ethics, 2011, S. 184 (201-203, 205): „Recall that moral accountability is a necessary but insufficient condition for moral responsibility." Aus dem strafrechtlichen Schrifttum ebenso z. B. *Gless/Silverman/Weigend*, New Criminal Law Review 19 (2016), 412 (415ff.). Ob sich hieran etwas ändert, falls KI-Agenten einmal Gefühle haben oder simulieren können sollten (vgl. *van den Hoven van Genderen* (Fn. 60), S. 238; *Kuehn/Haddadin*, IEEE Robotics and Automation Letters (RA-L), 2 (2016), 72ff.) und wir dann beginnen, ihnen Bewusstsein und eventuell sogar Rechte zuzuschreiben, soll hier offen bleiben. Mit diesen Zukunftsüberlegungen ausf. *Gaede* (Fn. 40), S. 57ff., 66ff., der allerdings selbst für diesen Fall daran zweifelt, dass es ein geeignetes, gegenüber Robotern wirksames Strafübel im überkommenen Sinn gibt (S. 66f.).

minalstrafe enthalten ist,[82] ist ihnen gleich und ist damit wirkungslos.[83] Natürlich kann man den sanktionsrechtlichen Verantwortungs-Baustein für überflüssig halten,[84] wie es namentlich *Floridi* vorschwebt:

> „We can stop the regress of looking for the responsible individual when something evil happens, because we are now ready to acknowledge that sometimes the moral source of evil or good can be different from an individual or group of humans".[85]

Ich halte *Blamability* als Teil einer Verantwortungs-Gesamtrechnung für unverzichtbar.[86] Falls das stimmt, dann erfordert das – entgegen der be-

---

82 *Fateh-Moghadam* (Fn. 3), S. 877ff., mit weiteren ausf. Überlegungen zur Dysfunktionalität eines anthropomorphisierenden „Roboterstrafrechts".

83 Ähnlich *Fateh-Moghadam* (Fn. 3), S. 876ff., dort, Fn. 76, auch zur teilweise vertretenen Gegenauffassung. Wenn demgegenüber in der philosophischen Diskussion argumentiert wird, dass *blamability* sich vom *punishment* dahingehend unterscheide, dass ein Adressat von *blame* dadurch zwar häufig einen Nachteil (*punishment*) empfinde, das aber nicht zu den Essentialia von *blame/blamability* gehöre, wird dem hier – jedenfalls in Übertragung auf KI – nicht gefolgt: Ein Vorwurf (*blame*), der strukturell, d. h. strukturbedingt stets und notwendig, auf emotionale Gleichgültigkeit beim Adressaten stößt, verfehlt die damit vom und beim Sender intendierte Befriedigungswirkung zwangsläufig, sodass jedenfalls nicht von *sinnvoller blamability* gesprochen werden kann. Anders, freilich aus Prä-KI-Tagen stammend, z. B. *Smith*, Proceedings of the Aristotelian Society, New Series 109 (2009), 31 (55); ähnlich wohl auch *Sankowski* (Fn. 39), S. 51, 59 (mit der Frage, ob fiktionale literarische Charaktere sinnvoll *blamable* sind; *Sankowski* beantwortet die Frage positiv).

84 Vgl. hierzu auch *Burchard*, Normative Orders Working Paper 2/2019 – Künstliche Intelligenz als Ende des Strafrechts? Zur algorithmischen Transformation der Gesellschaft, 2019, S. 24ff., der darauf hinweist, dass unter einer wohlfahrtsstaatlich-sicherheitsrechtlichen Strafrechtstheorie (i. S. v.: „Verunmöglichung oder zumindest die substantielle Minimierung von Rechtsgutsverletzung") die „Verheißungen von KI" im Falle ihrer Realisierung den Zweck des Strafrechts erfüllen und es damit gleichsam überflüssig machen könnten.

85 *Floridi* (Fn. 81), S. 210.

86 In diesem Sinne auch *Beck* (Fn. 40), S. 48: „Die dargestellten Veränderungen [= Diffusion von Verantwortung durch Digitalisierung] könnten zur Folge haben, dass in der digitalen Welt [...] kaum noch Strafen verhängt werden. Das kann jedoch zu Problemen führen, wenn die Gesellschaft durch die fehlende Übernahme persönlicher Verantwortung beunruhigt und die Normgeltung bezweifelt wird. [...] Die Zuschreibung individueller Verantwortung des Staates zum Bürger bzw. der Bürger untereinander ist grundlegend für unsere gegenseitige Wahrnehmung sowie unsere Selbstwahrnehmung." Ferner ebendort, S. 49: „Insofern [wäre] der umfassende Verzicht auf das Strafrecht nicht unproblematisch." Vgl. auch, aus dem zivilrechtlichen Schrifttum, *Schirmer* (Fn. 72), Rn. 11.

kannten systemtheoretisch fundierten Annahme, das „soziale Substrat [einer Organisation] sei [mehr als] eine Vielheit konkreter Menschen“[87] – doch wieder eine Zergliederung der system-theoretisch zusammengefügten kommunikativen Entscheidungsketten in einzelne Entscheidungsträger. Und wenn man *dann* nur auf digitale Agenten als „eigenverantwortliche“ Entscheidungsträger stößt,[88] dann steht die Verantwortungslücke, die durch die Analogie zum Unternehmen geschlossen schien, doch wieder offen. Das gesellschaftliche Akzeptanzreservoir, das auch und gerade im Bedürfnis bzw. in der Fähigkeit zum nachträglichen Schuldvorwurf liegt, kann eben nicht gehoben werden gegenüber einer „anonymen Matrix“[89] aus miteinander verwobenen digitalen Aktanten und menschlichen Akteuren mit angehängter Haftungs- oder Versicherungsmasse, sondern nur gegenüber individualisierten Menschen.[90] Die strafrechtswissenschaftliche Diskussion ist deshalb darum bemüht, vor allem im Rahmen der Fahrlässigkeitsdelikte *menschliche* Verantwortungsbeiträge beim Inverkehrbringen und Nutzen von KI-Agenten identifizierbar zu halten.[91]

Aufbauend auf der soeben referierten Einschätzung sei hier das Plädoyer erlaubt, dass wir als Rechtswissenschaft insgesamt vorsichtig sein sollten, analoge Vorbilder als Blaupausen für Verantwortungsarchitekturen – also als Vorbilder mit einem scheinbaren gesamtheitlichen Anspruch – auszuweisen, ohne dabei zugleich auch eine *Verantwortungs-Gesamtrechnung* aufzumachen, die dann alle drei großen Rechtsgebiete mindestens mit bedenkt.

2. *Bürgerverantwortung?*

Das nächste Schlaglicht – Bürgerverantwortung? – soll zunächst mit einem ausländischen Beispiel eingeleitet werden: Finnland zwingt seine Bürger bzw. genauer gesagt: deren Mobilitätsdienstleister seit 2018, unter ande-

87 *Teubner* (Fn. 3), S. 164.

88 Das wäre m. E. auch der Unterschied zum Unternehmensstrafrecht, wie es in anderen Staaten existiert; vgl. mit diesem Einwand gegen die hier vertretene Auffassung schon *Simmler/Markwalder*, ZStW 129 (2017), 20 (44); wie hier *Wohlers*, BJM 2016, 113 (123f.).

89 Ebd., S. 202.

90 Jedenfalls nach der noch g. h. M. in der strafrechtlichen Lit., Nachw. bei *Fateh-Moghadam* (Fn. 3), S. 876ff.; u. bestimmten U. aufgeschlossener aber z. B. *Cornelius* (Fn. 9), S. 60ff.

91 Dazu schon die Nachw. oben, in Fn. 40.

rem Bewegungs- und Zahlungsdaten mit anderen Mobilitätsdienstleistern zu teilen – im Interesse eines reibungsloseren, plattform- und KI-gestützten intermodalen Verkehrs der Zukunft.[92] Das Stichwort hierfür lautet: *Mobility as a Service*. Das finnische Gesetz ist derzeit freilich so konzipiert, dass der Austausch aggregierter Daten ausreicht, jedenfalls soweit es um die besonders sensiblen Standortdaten geht. Der europäische Rechtsrahmen, der für diese Verkehrs-Anwendungen gilt, lässt aber bereits jetzt zu, dass auch nationale Vorschriften zum zwingenden Austausch personenbezogener Daten gemacht werden.[93] *Data sharing* wird quasi zur Bürgerpflicht, zu einer neuen Verantwortung des einzelnen Datensubjekts, durch Nicht-Mehr-Zurückhaltung „seiner" Daten zum IT- und KI-Fortschritt beizutragen.

In diese Richtung weisen auch die neue Datenstrategie der EU[94] und das *White Paper* zur geplanten KI-Regulierung, die beide am 19. Februar 2020 vorgestellt wurden. So heißt es im *White Paper* zu den *Gefahren* künstlicher Intelligenz:

> „For example, as a result of a flaw in the object recognition technology, an autonomous car can wrongly identify an object on the road and cause an *accident* […]. [T]hese risks can […] *be related to problems with the availability and quality of data* or to other problems stemming from machine learning".[95]

Die noch unausgesprochene Konsequenz, die im hervorgehobenen Teil des Zitats verborgen ist, scheint eindeutig: Wer „seine" Daten nicht für die neuen EU-weit geplanten *data pools* zur Verfügung stellt,[96] der gefährdet

---

92 Vgl. dazu Part III, Chap. 1, Sect. 1, und Chap. 2 des finnischen *Act on Transportation Services*, in Kraft seit 1.7.2018.

93 Vgl. Art. 10 RL 2010/40/EU, Erwägungsgrund 5 der VO 217/1926.

94 COM(2020) 66 final, z. B. S. 5f.: "The infrastructures should support the creation of data pools enabling Big Data analytics and machine leaning, in a manner compliant with data protection legislation and competition law, allowing the emergence of data-driven ecosystems. […] Currently there is not enough data available for innovative re-use, including for the development of artificial intelligence."

95 COM(2020) 65 final, S. 12. Hervorhebung hier.

96 Vgl. EU-Kommission, A European strategy for data, COM(2020) 66 final, S. 14, 16ff., 21, 22f. Zur Diskussion aus kartellrechtlicher Perspektive *Schweitzer*, GRUR 2019, 569.

nicht nur den Fortschritt oder den reibungslosen Verkehr, sondern vielleicht, unter Umständen, je nach Sachbereich sogar Menschenleben.[97]

Fortgeschritten ist die Diskussion um individuelle Pflichten zum *data sharing* schon im Antidiskriminierungsrecht: Um zu verhindern, dass KI-Systeme diskriminierende Wirkungen haben,[98] bedarf es grundsätzlich Datensätze, die die diskriminierenden Eigenschaften enthalten, und zwar in möglichst repräsentativer Form.[99] Diese Erkenntnis läutet im Antidiskriminierungsrecht schon einen Paradigmenwechsel ein, weg vom Grundsatz des „Es geht niemanden etwas an, welche Hautfarbe ich habe“ hin zu einem Grundsatz der Wissensgenerierung als Gemeinwohlaufgabe.[100] Nur noch kurz erwähnt sei hier schließlich das neue Digitale-Versorgung-Gesetz, welches das Bundesversicherungsamt im Interesse der Forschung zur zentralisierten Sammlung – Stichwort *data pools* – bestimmter Patientendaten berechtigt.[101] Damit sind wir schon sehr nah an den Schutz von Menschenleben durch *data sharing* herangerückt (zur aktuellen Corona-Krise siehe sogleich, bei Fn. 106).[102]

Meine These zu dieser neuen Bürgerverantwortung: *Data sharing* darf keine verhaltenssteuernden Konsequenzen haben, und darf deshalb auch grundsätzlich nicht mit verhaltenssteuernden Anreizen verknüpft werden. Dabei habe ich weniger Sorge vor einem potentiell gläsernen Bürger – ich denke nicht, dass der noch zu verhindern ist – oder Sorge um die Datensicherheit – wobei dies sicherlich das vordringlichste *technische* Forschungsfeld der nächsten Jahre sein dürfte. Die Dystopie, die mir realistischer er-

---

97 Die EU-Kommission (Fn. 96), S. 13 sieht „compulsory data access rights“ als sektorspezifisch zu bestimmende Ausnahme an, vorranging bzw. allgemein soll mit Anreizen für einen Datenaustausch B2B gearbeitet werden.

98 Hierzu statt vieler *Hacker*, CMLR 55 (2018), 1143 (1146ff.).

99 *Kroll et al.* (Fn. 76), S. 685ff., dort auch, S. 688f., zu alternativen, datenschutzfreundlicheren Methoden wie „synthetischen“ Trainingsdaten.

100 *Tischbirek*, in: Wischmeyer/Rademacher (Hrsg.), Regulating Artificial Intelligence, 2020, S. 103 (115ff.).

101 Einschlägig sind die novellierten §§ 303a ff. SGB V; dazu, auch zum Verhältnis zur DSGVO, *Kühling/Schildbach*, NZS 2020, 41. Zur Notwendigkeit/Sinnhaftigkeit des data sharing speziell im medizinischen Bereich siehe auch die Plädoyers von *Johnson*, BBC News v. 7.2.2014, abrufbar unter www.bbc.com/news/health-25988534 <27.3.2020> und – bes. nachdrücklich – *Moore-Colyer*, Silicon.co.uk v. 5.7.2017, abrufbar unter www.silicon.co.uk/e-regulation/data-sharing-privacy-216521 <27.3.2020>.

102 Bes. deutlich *Moore-Colyer* (Fn. 101).

scheint, ist das neue Ideal eines Gemeinwohl-optimierten Bürgers.[103] Die Vereinnahmung des Bürgers als Wissensgenerator oder, noch deutlicher: als Trainingsdatenlieferant für KI-Systeme liegt dabei sicherlich im Gemeinwohlinteresse und die EU-Kommission hat ohne Zweifel recht, dass es *ohne* eine solche Vereinnahmung keine gute KI geben wird. Es geht nicht ohne Daten, und auch wenn die Kommission vor allem auf Industriedaten abstellt: Es geht eben auch nicht ohne personenbezogene Daten.[104] Die Gefahr, an die Datenlieferung im nächsten Schritt quasi beiläufig gemeinwohlorientierte Verhaltensanreize zu setzen, folgt dem aber auf dem Fuß. Hier bedarf es m. E. früher und klarer Grenzen, die zu ziehen zum Beispiel im Bereich des Umweltschutzes angesichts der Herkulesaufgabe „Klimaerwärmung“ extrem schwerfallen wird.

Die vorgenannten Überlegungen, das sei ergänzt, waren Teil des Manuskripts dieses Beitrags, bevor in der 12. Kalenderwoche 2020 wegen der rasanten Ausbreitung des SARS-CoV-2-Viruses („Corona“) das öffentliche Leben in Europa zum Stillstand gebracht wurde. Damit stand die Frage – um im Bild zu bleiben – im gleißend hellen Schlaglicht, ob nicht ein massenhaftes, auf die frühzeitige Erkennung und Isolierung von individuellen Infizierten gerichtetes *data sharing* zwischen Telekom-Unternehmen, Kreditkartendienstleistern, Plattform- und Social-Media-Betreibern usw. hin zu den staatlichen Gesundheitsbehörden – zum Zwecke des sog. *contact trackings* bzw. *tracings* mit anschließenden, individuellen Folgemaßnahmen – ein alternatives Mittel zur Eindämmung der Pandemie hätte sein können.[105] Asiatische Staaten – darunter durchaus auch demokratisch-rechtsstaatlich organisierte wie Südkorea – hatten mit entsprechenden

---

103 Die KI-Diskussion kann hier an die bereits konsolidiertere *Nudging*-Debatte (dazu jüngst der Überblick von *Hufen*, JuS 2020, 193ff.) anschließen, z. B. unter dem Stichwort *hypernudging Yeung*, in: Yeung/Lodge (Hrsg.), Algorithmic Regulation, 2019, S. 21 (34f.), sowie *Danaher* (Fn. 20), S. 107f., der in der Kombination von verhaltenspsychologisch informierten *nudges* mit algorithmischer Personalisierung die größte Gefahr für menschliche Unabhängigkeit und damit Autonomie ausmacht. Literarisch ferner *Zeh*, Corpus Delicti, 2010.

104 Vgl. hierfür, wenn auch nicht in dieser Deutlichkeit, COM(2020) 65 final, S. 18f.

105 Siehe den – zurückgezogenen – Vorschlag für einen § 5 Abs. 12 IfSG v. 20.3.2020, Bearbeitungsstand 23:23 Uhr: „(12) [1]Für den Fall einer epidemischen Lage von nationaler Tragweite kann die zuständige Behörde zum Zwecke der Nachverfolgung von Kontaktpersonen technische Mittel einsetzen, um Kontaktpersonen von erkrankten Personen zu ermitteln, sofern aufgrund epidemiologischer Erkenntnisse gesichert ist, dass dies zum Schutz der Bevölkerung vor einer Gefährdung durch schwerwiegende übertragbare Krankheiten erforderlich ist. [2]Unter den Voraussetzungen nach Satz 1 kann die zuständige Behörde von jedem, der geschäftsmäßig Telekommunikationsdienste erbringt oder daran mit-

tracking- und *tracing-*Methoden zumindest anfangs gute Erfolge erzielt.[106] Das Thema ist im Schnittfeld von Forschungs-, Steuerungs- und Überwachungszwecken angesiedelt[107] und ihm sollte aufgrund der notstandsähnlichen Lage keine maßstabsbildende Funktion zugebilligt werden.[108] Auch geht es dem Grundrechte beschränkenden Staat hier nicht um die oben als Dystopie bezeichnete Optimierung des Einzelnen im Gemeinwohlinteres-

---

wirkt (Diensteanbieter) die Herausgabe der vorhandenen Telekommunikationsverkehrsdaten, der für die Ermittlung des Standortes eines Mobilfunkgerätes erforderlichen spezifischen Kennungen und die zur Durchführung von Maßnahmen nach Satz 4 erforderlichen Daten der möglichen Kontaktpersonen von erkrankten Personen verlangen. [3]Erforderlichkeit und Zweck der Maßnahme sind durch die zuständige Behörde zu dokumentieren. [4]Die zuständige Behörde kann die nach Satz 1 und 2 ermittelten Kontaktpersonen von dem Verdacht einer Erkrankung informieren. [5]Die zuständige Behörde darf zu diesem Zweck personenbezogene Daten verarbeiten. [6]Nach Beendigung der Maßnahmen ist die Löschung der Daten zu dokumentieren.", abrufbar unter https://fragdenstaat.de/dokumente/4075-anderung-des-infektionsschutzgesetzes-und-weiterer-gesetze/ <1.4.2020>. Verwiesen wird a.a.O., S. 21f., zur Rechtfertigung der angedachten Ermächtigung auf die positiven Erfahrungen des *trackings* in Südkorea. Richtig ist der Einwand des BfDI, dass ein solches Instrument angesichts der Eingriffstiefe einige Gewähr für seine Geeignetheit zur Zweckerreichung bieten muss, um eingesetzt werden zu dürfen, siehe Stellungnahme des BfDI v. 23.3.2020 zum Entwurf eines Gesetzes zum Schutz der Bevölkerung bei einer epidemischen Lage von nationaler Tragweite, S. 4. Für plausible Bedenken an der Geeignetheit der zunächst angedachten Regelung *Abeler/Bäcker/Buermeyer*, Netzpolitik.org v. 29.3.2020, abrufbar unter https://netzpolitik.org/2020/corona-tracking-datenschutz-kein-notwendiger-widerspruch/ <1.4.2020>. Dort auch der Vorschlag für ein freiwilliges und dank des Einsatzes der Bluetooth-Technologie datensparsames Alternativmodell zu den asiatischen Vorbildern.

106 Siehe mit knappen Berichten zu Singapur, Südkorea und Taiwan *M. Müller et al.*, Wie Behörden ihre Bürger in der Corona-Krise mittels Smartphone-Daten überwachen, NZZ v. 14.3.2020, abrufbar unter www.nzz.ch/digital/coronavirus-wie-behoerden-die-buerger-in-der-krise-ueberwachen-ld.1546033?utm_source=pocket-newtab <27.3.2020>. Speziell Singapur scheint allerdings nicht nur auf die diskussionsbeherrschenden *tracking-*Apps gesetzt zu haben, sondern auf klassische Methoden der Durchsetzung von Hausarresten bzw. Quarantäne-Maßnahmen, siehe den Selbstbericht von *Hein*, F.A.Z. v. 26.3.2020, abrufbar unter https://www.faz.net/aktuell/wirtschaft/digitec/high-tech-gegen-coronavirus-kontrolle-in-singapur-16697321.html.

107 Zu letzterem auch noch unten, bei Fn. 123.

108 Vgl. zu den Gefahren der Argumentation in und mit Notstandslagen *Kingreen*, Whatever it Takes? Der demokratische Rechtsstaat in Zeiten von Corona, VerfBlog v. 20.3.2020, abrufbar unter https://verfassungsblog.de/whatever-it-takes/ <27.3.2020>: „Die krisentypische Einigkeits- und Entschlossenheitsrhetorik ist diskursfeindlich".

se, sondern um elementaren Lebens- und Systemschutz. Allerdings ist der Fall auch vorliegend von Interesse, illustriert er doch in höchstmöglicher Klarheit, wie wenig das seiner Natur nach abstrakte Datenschutzrecht[109] in konkreten Abwägungslagen mit akut bedrohten Rechtsgütern *jenseits prozeduraler Sicherungen* befriedigende *materielle* Leit- und damit auch Grenzlinien für den Einsatz von KI bzw. von neuen, datenintensiven Technologien generell vorgeben kann.[110] Es bleibt nur, diese materiellen Grenzen (wie in den vergangenen Jahren vielfach eingeübt) aus den abstrakten Missbrauchsgefahren von *data sharing* bzw. *tracking/tracing* zu gewinnen, also den Vergleich mit China zu bemühen, was angesichts der aktuellen Verfasstheit des deutschen demokratischen Rechtsstaats – vorsichtig ausgedrückt – hochspekulativ erscheint. Nur das grundrechtliche Wägen unter Heranziehung solcher Spekulationen kann dann zu der Einschätzung führen, dass generelle Ausgangs- und/oder Kontaktsperren, wie sie im März 2020 Realität wurden, gegenüber einem anlassbezogenen[111] *data sharing* bzw. *tracking* mit individuell zugeschnittenen Folgemaßnahmen einen *weniger* „tiefgreifenden Einschnitt“ in Freiheits- und Bürgerrechte darstellen,[112] so dass das staatlich verordnete *tracking* zu unterbleiben habe.[113] Nach Überwindung der krisenhaften Lage muss nochmals mit Nachdruck gefragt werden, ob dem Schutz vor *hypothetisch-abstrakten* Gefahren staatli-

109 Im Fall des *trackings* von Corona-Verdachtsfällen einschlägig sind, vorbehaltlich der Verwendung ausschließlich anonymisierter/aggregierter Daten, Art. 6 Abs. 1 lit. c, d und/oder e, Art. 9 Abs. 2 lit. c, g und/oder h DSGVO, Art. 15 *ePrivacy*-Richtlinie 2002/58/EG.

110 Vgl. hierzu das klare *Statement on the processing of personal data in the context of the COVID-19 outbreak* v. 19.3.2020 des European Data Protection Board, abrufbar unter https://edpb.europa.eu/sites/edpb/files/files/news/edpb_statement_2020_processingpersonaldataandcovid-19_en.pdf <27.3.2020>, wo es auf S. 3 heißt: "Invasive measures, such as the 'tracking' of individuals (i.e. processing of historical non-anonymised location data) could be considered proportional under exceptional circumstances and depending on the concrete modalities of the processing." Grenzen ergeben sich dann nur noch aus dem Gebot der Zweckbindung (S. 3), sowie prozedural in Form von "adequate safeguards, such as providing individuals of electronic communication services the right to a judicial remedy" (ebenda, S. 2).

111 Zum grundrechtlich bes. wichtigen Kriterium des Anlasses siehe die *Kennzeichenkontrollen-2*-Entscheiung in BVerfGE 15, 244 Rn. 51, 93f.

112 Dieses Bundesjustizministerin *Christine Lambrecht* zugeschriebene Einschätzung zu verpflichtenden Tracking-Methoden wird zitiert bei *Grunert*, F.A.Z. v. 28.3.2020, S. 6.

113 So ausdr. *Kugelmann*, F.A.Z. v. 9.4.2020, abrufbar unter https://www.faz.net/aktuell/politik/staat-und-recht/was-juristen-und-datenschuetzer-ueber-die-corona-app-sagen-16718015.html <24.4.2020>.

chen Missbrauchs in Abwägung mit *konkreten* staatlich auferlegten Belastungen weiterhin ein bestimmendes Gewicht zugewiesen werden darf,[114] oder ob das Datenschutzrecht seinen eigentlichen Zweck damit nicht verfehlt, der nicht sein kann, die Vertrauenswürdigkeit demokratischer Institutionen einfach zu negieren, sondern dessen Aufgabe es sein sollte, diese Vertrauenswürdigkeit zu wahren.

3. *Eigenverantwortung. Oder: disruptives Recht i. e. S.*

Der dritte Punkt lässt sich vielleicht am besten mit der sehr abstrakten Frage einleiten: Was „soll“ künstliche Intelligenz eigentlich?

Nach meinem Verständnis, und wiederum auf hoher Abstraktionsebene gesprochen, soll KI vor allem eines: Sie soll Menschen Verantwortung abnehmen; *Verantwortung* hier sehr weit verstanden als *Entscheidungs- und Handlungslast*. KI verspricht in diesem Sinne ein Mehr an Bequemlichkeit, etwa, wenn der digitale *personal assistant* uns nicht nur den schnellsten Reiseweg in den Urlaub vorschlägt, sondern dazu auch das am „besten“ zu uns passende Hotel (nach welchem Bewertungsmaßstab auch immer); oder, wenn dieser *assistant* aus unseren Bank- und sonstigen Finanzdaten uns vollautomatisiert die Einkommenssteuererklärung erstellt. Alternativ soll KI ein Mehr an Lebensqualität schaffen, indem eine Medizin-KI personalisierte Therapien vorschlägt, die genauer zu unserer Erkrankung passen, Nebenwirkungen reduzieren usw.;[115] oder KI verspricht ein Mehr an Sicherheit und Regelbefolgung, indem sie Grenzbeamten hilft, genau die

---

114 Manche DiskussionsteilnehmerInnen scheinen das Mittel realer (physischer) Freiheitsbeschränkungen den mit Datenverarbeitungen potentiell (nämlich im Fall staatlichen Missbrauchs nach dem Vorbild einiger asiatischer Staaten) verbundenen Belastungen tatsächlich vorzuziehen. Es ist bedenkenswert zu fragen, ob hinter dem damit krass teuer (rechtlich und wirtschaftlich) erkauften Widerstand, von diesen asiatischen Staaten bewusst *selektiv* zu lernen, eine Form „zivilisatorischer Kränkung“ stecken könnte. Mit dieser These *Siemons*, F.A.S. v. 29.3.2020, S. 41. Dahinter könnte freilich auch stehen, dass die verordneten Kontaktsperren zwar *rechtlich* real und auf physische Wirksamkeit angelegt waren, die *faktische* Möglichkeit zur Devianz aber sehr weitgehend unberührt gelassen haben; bei *tracking*-Apps wäre das vermutlich anders, die *tatsächliche* Freiheit wäre der rechtlichen Freiheit angepasst. Gedanken dazu auch bei *Rademacher* (Fn. 6).

115 Zu medizinischen Einsatzfeldern von KI siehe, jeweils mit m. w. N., *Jabri*, in: Wischmeyer/Rademacher (Hrsg.), Regulating Artificial Intelligence, 2020, S. 307ff., sowie *Molnár-Gábor*, ebendort, S. 337ff.

Personen herauszuwinken, die tatsächlich Drogen schmuggeln;[116] oder indem der digitale Steuerberater dafür sorgt, dass wir nicht – natürlich nur leichtfertig – ein Arbeitszimmer an- und absetzen, obwohl wir eine Einraumwohnung haben.

Unbeschadet des frühen technologischen Entwicklungsstadiums, will heißen: unbeschadet des Bewusstseins, dass viele der soeben angedeuteten Technologien (noch) nicht gut funktionieren, scheint es mir gewinnbringend, um des Arguments willen anzunehmen, *dass* die eben genannten Technologien perspektivisch gut funktionieren werden. Dass „die KI" also verlässlich und menschlich nachvollziehbar arbeitet, und auch für strafrechtliche Zwecke noch hinreichend klar wäre, welcher Mensch wie und wo intervenieren müsste und könnte, um wahrgenommene Fehlleistungen der KI zu verhindern oder zumindest rasch zu korrigieren.[117] Wäre die Architektur dann fertig, vollständig?[118]

Hier sind Zweifel angezeigt: Denn diese „schöne neue KI-Welt" würde immer noch drei Fragen, oder vielleicht besser formuliert: drei zentrale Wünsche offenlassen bzw. überhaupt erst aufwerfen:

- *Erstens*: Wie schaffen wir es, dass der Mensch analoge Fähigkeiten behält, z. B. in der medizinischen Diagnostik? Ich setze voraus, dass wir eine solche Fähigkeitserhaltungs-Architektur wollen.[119] Frei nach *Marietta Auer* zitiert sollte tatsächlich überlegt werden, ob es Bereiche

116 Hier sei etwa auf das Projekt *iBorderCtrl* verwiesen, dazu in diesem Band → *Wischmeyer*, bei S. 75. Fn. 15.

117 Natürlich sind wir davon derzeit noch weit entfernt. Allerdings wäre es verfehlt, die Diskussion auf die – derzeit noch deutlich sichtbaren – Defizite von KI (*false positives*, *black box*-Phänomen, Diskriminierungspotential etc.) zu beschränken; „[d]enn je mehr man strafrechtstheoretisch die Blößen von KI betont, desto mehr Anreize setzt man, dass solche Schwachstellen durch technologischen Fortschritt geschlossen werden." Dieses strafrechtswissenschaftliche Zitat von *Burchard* (Fn. 84), S. 19, dürfte *mutatis mutandis* für alle Rechtsdisziplinen gelten.

118 Das literarische Vorbild einer derartigen KI unter demokratisch-grundrechtlichen Prämissen wäre dann nicht mehr *George Orwells* „1984", sondern eher die paternalistisch-umsorgende KI aus *Bijan Moinis* „Der Würfel", 2. Aufl. 2019.

119 *Herrmann/Stock*, Kompetenzverlust in Zeiten von KI: Wie bewahren wir Menschen wichtige Fähigkeiten, in Ausgabe 2/2020 der Schriftenreihe *#Verantwortung KI – Künstliche Intelligenz und Gesellschaftliche Folgen* der IAG Verantwortung an der Berlin-Brandenburgischen Akademie der Wissenschaften, S. 24ff. Vgl. auch schon *Mayer-Schönberger/Ramge*, Das Digital, 2017, S. 260: „Daraus entstehen eine Reihe neuer Fragen, oft mit ethischer Dimension: Welche Entscheidungen wollen wir in jedem Fall selbst treffen, und welche können wir problemlos delegieren?".

gibt, wo wir als Gesellschaft in der Lage sein wollen, wieder „den Stecker ziehen“[120] zu können.[121]

- *Zweitens*: Wie schaffen wir es, dass der Mensch nicht auf eigenen/selbst- und biologisch festgelegten Pfaden „festhängt“, z. B. bei der Partnersuche mittels digitaler Apps, beim Medienkonsum[122] oder bei der Studienwahl anhand digitaler Studieneignungstests?
- *Zuletzt*: Wie schaffen wir es, dass der Mensch demokratisches Herrschaftssubjekt bleibt und sich als Herrschaftssubjekt wahrnimmt, statt von den ihn umgebenden digitalen Infrastrukturen physisch gesteuert zu werden (das Stichwort hierzu lautet *impossibility structures*)?[123] Sollen wir zum Beispiel, *in Maßen*,[124] die Freiheit zu zivilem Ungehorsam erhalten,[125] oder generell zu rechtlich deviantem Verhalten?[126] Rechtsverstöße müssen dafür in einer digitalisierten Zukunft vielleicht tatsächlich, *in Maßen*, als „Kritik am *status quo* anerkannt“[127] und damit ihre

120 *Auer*, Interview mit *Maximilian Steinbeis* v. 29.1.2020, abrufbar unter https://verfassungsblog.de/was-mich-eigentlich-interessiert-ist-das-gesellschaftliche/ <12.2.2020>.

121 Vgl. auch *Gaede* (Fn. 40), S. 76ff., mit der plausiblen Forderung, jedenfalls für die Rechtsdurchsetzung *gegen starke* intelligente Agenten analoge Reservekapazitäten vorzuhalten.

122 Die Frage hat auch überindividuell Bedeutung für den demokratischen Prozess, siehe *Sunstein*, #Republic, 2017, passim; *Schemmel*, Der Staat 57 (2018), 501ff.

123 Dazu m. w. N. *Rademacher* (Fn. 6), S. 707ff., und *ders.* (Fn. 50), S. 397f. Aus der strafrechtlichen Perspektive zudem *Fateh-Moghadam* (Fn. 3), S. 870ff., und – krit. – *Rostalski*, GA 2019, 481ff., bes. 485, die freiheitsphilosophisch argumentierend die Freiheit zum Bekenntnis *„für* das Recht“ (womit als andere Seite derselben Medaille freilich die Freiheit zum Handeln *gegen* das Recht verbunden ist), für eine rechtsstaatlich-freiheits(grund)rechtliche Fundierung der Diskussion plädiert. Für eine rechtsstaatliche Fundierung der Möglichkeit der Devianz tendenziell auch *Möllers* (Fn. 126), S. 478. Das erscheint mir zweifelhaft, jedenfalls wenn man rechtsstaatlich-dogmatisch argumentierend rechtliche Freiheit als Freiheit zum Handeln *innerhalb* von Rechtsbindungen konzipiert; hier ist es daher m. E. überlegenswert, ob die faktische Freiheit zum Handeln *außerhalb* von Rechtsbindungen nicht *demokratie-*, also herrschaftsrechtlich rekonstruiert werden müsste, dazu *Rademacher*, Vom rechtlichen Wert des Zufalls in der KI-Gesellschaft, Recht im Kontext-Vortrag an der Humboldt-Universität zu Berlin, 18.11.2019, S. 25ff., Manuskript beim Verfasser erhältlich.

124 Die Schwierigkeiten dürften darin bestehen, dieses Maß festzulegen, dazu *Rademacher* (Fn. 6), S. 709f.

125 *Becker*, ZUM 2019, 636.

126 *Möllers*, Die Möglichkeit der Normen, 2018, S. 476ff.

127 Zitat sowie sehr überzeugende Fragen hierzu bei *Burchard* (Fn. 84), S. 29 bzw. 24f.: „Die eigentliche Herausforderung für die Strafrechtstheorie liegt darin, dass

faktische Möglichkeit positiv konnotiert[128] oder gar verfassungsrechtlich geschützt[129] werden.[130]

Diese Fragen können in diesem Beitrag nicht vertieft werden, und es sei auch sofort eingeräumt, dass diese Fragen ganz unterschiedliche Rechts- und Schutzgüter adressieren[131] und vor allem nach Rechts- und Sachgebiet differenzierend feinjustiert werden müssen. Relativ naheliegend und schon jetzt diskutiert ist zum Beispiel ein Vorschlag für den Bereich der Medizin-KI, in digitale Diagnostiksysteme bewusst randomisierte Falsch-Diagnosen einzubauen, um den behandelnden Arzt weiter aufmerksam zu halten, ihm weiterhin ein Gefühl von Verantwortung zu erhalten.[132] In diesem und anderen Bereichen wäre zudem denkbar, Mensch und Maschine gezielt redundant und „im Wettbewerb" arbeiten zu lassen, wo dies ohne Effizienzverluste möglich ist.

Was den Antworten auf alle drei Fragen immerhin gemein sein könnte, ist Folgendes: Die neue KI-Verantwortungsarchitektur erfordert Bausteine, die die menschlichen Nutzerinnen und Nutzer – bei allem vielleicht ja einmal eingelösten Optimierungspotential der Technologie – in einem untechnischen Sinne *wach* und aufmerksam halten, sodass sie auf das Unerwartete, Unberechnete und Kontingente nicht nur reagieren können (wie

---

sich KI prima facie die zentralen Versprechungen des Strafrechts zu eigen macht – und sie optimiert. […] Eine grundsätzliche strafrechtstheoretische Kritik am Einzug von KI in die Strafrechtspflege müsste also nicht nur deren ‚fremde', sondern vielmehr die ‚eigenen', von KI ja vermeintlich nur übernommene Zielsetzungen kritisch in den Blick nehmen."

128 I. S. eines rechtspolitischen Petitums, die Rechtsvollzugsphase als Ort einer – dann v. a. vor Gericht und nicht qua Selbsthilfe auszutragenden – Kommunikation über das im konkreten Fall „richtige" Recht zu erhalten.

129 I. S. eines rechtsstaatlich und/oder demokratisch begründeten Gebots, dem Einzelnen eine Mitentscheidungsmöglichkeit über die Beachtung des Rechts zu geben (siehe die Nachw. hierzu in Fn. 123). Zu auf den ersten Blick parallel laufenden Überlegungen gegen „digitale Eigenmacht" im Internet der Dinge durch Anwendung des possessorischen Besitzschutzrechts auf vernetzte Geräte siehe *Kuschel*, AcP 220 (2020), 98, bes. S. 109ff., 116ff.; ob hier auch die Wertungen von Zivil- und öffentlichem Recht parallel laufen, wäre näher zu untersuchen.

130 Es entbehrt nicht einer gewissen Ironie, dass gerade das Datenschutzrecht, dem es ja gerade um die Sicherung von Selbstbestimmtheit und Autonomie geht, mit Art. 25 DSGVO und dem darin normierten *privacy-by-desing*-Ansatz die weitgehende Einführung von *impossibility structures* fördert und fordert; vgl. hierzu auch *Cornelius* (Fn. 9), S. 57ff.

131 Für im Ansatz ähnliche Überlegungen siehe auch *Danaher* (Fn. 20), S. 112ff.

132 Natürlich muss gewährleistet sein, dass das System den Fehler aufdeckt, bevor ein Arzt/eine Ärztin danach handelt.

im Medizindiagnostikbeispiel), sondern dem Unerwarteten einen positiven, eben *weil* Eigenverantwortung erhaltenden Mehrwert zuschreiben.[133] Denn andernfalls droht eine immer weiter getriebene Optimierung einer technologischen Verantwortungs*entlastung* des Menschen in seine Verantwortungs*unfähigkeit* und *-unmündigkeit* abzugleiten. Anders gewendet: Es gilt, der Optimierung dort Grenzen zu setzen, wo ein Umschlagen vom *gut genug* in ein *zu gut* droht.[134] Man könnte dann von disruptiven Bausteinen oder disruptivem Recht im engeren Sinne sprechen. Bewusste Zufallsarrangements, in je nach Sachbereich unterschiedlich gewählten „Einstellungen", könnten damit in der Zukunft – nach der überkommenen Dogmatik[135] durchaus überraschende – rechtliche Legitimität erlangen.[136]

III. Fazit

Dieser Beitrag schließt mit einem sehr offenen Fazit in Form eines Appells: Die mit KI und Verantwortung befasste Rechtswissenschaft sollte perspektivisch ihre Überlegungen *mindestens auch* daran ausrichten, dass die *technologisch* begründeten Verantwortungsprobleme bzw. -herausforderungen rund um KI gelöst werden könn(t)en; jedenfalls wird von den technologisch-ingenieurswissenschaftlichen Disziplinen hart an Lösungen gearbeitet.[137] Viele der dafür notwendigen Bausteine sind bekannt, erkannt und werden nun auch langsam zusammengesetzt (→ I.2). Eine Maschinenverantwortlichkeit in einem anspruchsvollen, oben referierten Sinn (→ II.1.) brauchen wir dafür im Zweifel nicht; eine Verantwortung der Bürgerinnen und Bürger und Unternehmen als – äußerst unvornehm ausgedrückt – Datenlieferanten werden wir hingegen wohl brauchen und auch bekommen (→ II.2). Bei alledem sollte darauf geachtet werden, dass wir bei aller KI-gestützten Optimierung unserer Gesellschaft – wozu mit hoher Sicherheit auch die für KI-Anwendungen geschaffenen Verantwortungsstruktu-

---

133 Vgl. literarisch *Hermann*, in: Fecher (Hrsg.), Twentyforty – Utopias for a Digital Society, 2020, S. 211ff.

134 Mit Blick auf die Funktionslogik des Strafrechts in diesem Sinne schon *Burchard*, zitiert in Fn. 127.

135 Zum Zufall als Rechtsprinzip immer noch aktuell *Depenheuer*, JZ 1993, 171ff.

136 So auch *Möllers* (Fn. 126), S. 478; *Rademacher*, Vom rechtlichen Wert des Zufalls in der KI-Gesellschaft (Fn. 123).

137 Treffend *Burchard* (Fn. 84), S. 30: „[I]nterne informationstechnologische Zweifel an der Leistungsfähigkeit von KI [befördern] nur weitere Entwicklungsspiralen […]." Siehe im Einzelnen zu technologischen Fortschritten mit spezifischem Verantwortungsbezug oben, bei Fn. 75.

ren zählen werden[138] –, dass wir also bei aller technischen Verantwortungs*entlastung*, auch Bausteine verbauen, die unsere rein analogen, menschlichen Fähigkeiten zu eigenverantwortlichem Handeln fordern und damit erhalten (→ II.3).

138 Dazu oben, bei Fn. 73ff.

Künstliche Intelligenz und neue Begründungsarchitektur*

Thomas Wischmeyer

I. Einführung

Zu den Grundbausteinen der rechtswissenschaftlichen Diskussion über Methode gehört die Unterscheidung von Herstellung und Darstellung einer Entscheidung.[1] Letztere erfolgt üblicherweise in Form einer Begründung, die, wie § 39 Abs. 1 Satz 2 VwVfG für den Verwaltungsakt formuliert, die für die Entscheidung „wesentlichen tatsächlichen und rechtlichen Gründe" mitteilt. Nun kommt den Modalitäten der Herstellung gerade aus steuerungswissenschaftlicher Sicht große Bedeutung für die Sicherung der Rechtsstaatlichkeit des Verwaltungshandelns zu.[2] Dennoch gilt, wie *Wolfgang Hoffmann-Riem* in seinem Einleitungsbeitrag zum Reform-Band „Methoden der Verwaltungsrechtswissenschaft" vermerkt hat: „Rechtswissenschaft definiert sich in erster Linie über die Anforderungen an die argumentative Rechtfertigung von Entscheidungen".[3] Und weiter – nicht mehr nur auf die Wissenschaft beschränkt: „Die argumentative Begründbarkeit und Begründung der Entscheidung sind Garanten ihrer normativen Richtigkeit."[4]

---

* Mit Nachweisen versehene Fassung des Vortrags auf dem Symposium „Digitale Disruption und Recht" in Hamburg am 5. März 2020. Die Vortragsform wurde beibehalten. Die Fußnoten streben keine Vollständigkeit an. Der Verfasser dankt *Christian Bumke* für den Austausch über das Thema.

1 Populär wurde diese Unterscheidung wohl nicht zufällig im Zuge der ersten Diskussion um die Automatisierung der Verwaltung, vgl. *N. Luhmann*, Recht und Automation in der öffentlichen Verwaltung, Berlin 1966, S. 51 ff.

2 Dazu methodenhistorisch *C. Bumke*, Die Entwicklung der verwaltungsrechtswissenschaftlichen Methodik in der Bundesrepublik Deutschland, in: Schmidt-Aßmann/Hoffmann-Riem (Hrsg.), Methoden der Verwaltungsrechtswissenschaft, Baden-Baden 2004, S. 73 (105 ff.).

3 *W. Hoffmann-Riem*, Methoden einer anwendungsorientierten Verwaltungsrechtswissenschaft, in: Schmidt-Aßmann/Hoffmann-Riem (Fn. 2.), S. 9 (21).

4 *Hoffmann-Riem* (Fn. 3), S. 21.

Im Rechtsinstitut der Begründung kreuzen sich gleich mehrere verfassungsrechtliche Kraftlinien.[5] Die Begründung verkörpert *erstens* den Anspruch der rechtsstaatlichen Entscheidung auf Rationalität, präziser auf eine Rationalität, die Richtigkeit argumentativ, durch den Austausch von Gründen und Gegengründen ermittelt.[6] Durch die Begründung wird *zweitens* die Bindung der Verwaltung an das demokratische Gesetz gesichert. Die offene Textur des positiven Rechts, die jeden Akt der Normanwendung auch zur konkretisierenden Normerzeugung macht, muss „lege artis" so gefüllt werden, dass eine „möglichst richtige" Entscheidung entsteht.[7] Das Begründungserfordernis erinnert die handelnde Verwaltungsbeamtin an ihre Pflicht zur handwerksgerechten Argumentation. Die Begründung darf daher nicht zur „Fassadenlegitimation" (*Alf Ross*) genutzt werden.[8] Und *drittens* ermöglicht die Begründung den Adressaten des Rechtsakts zu prüfen, ob es aussichtsreich ist, sich gegen die Entscheidung „sachgemäß zu verteidigen".[9] Begründungen treffen also immer auch Vorsorge für die Kontrollierbarkeit von Entscheidungen und weisen voraus auf die differenzierte Kontrollarchitektur des Rechtsstaats.[10] Das gilt im Übrigen nicht nur für das deutsche Recht. Auch der EuGH verlangt, dass die Begründung einer Einzelfallentscheidung „die Überlegungen des Gemeinschaftsorgans, das den Rechtsakt erlassen hat, so klar und eindeutig zum Ausdruck bringen muß, daß die Betroffenen ihr die Gründe für die erlassene Maßnahme entnehmen können und der Gerichtshof seine Kontrollaufgabe wahrnehmen kann".[11]

Wie verhält sich nun der Einsatz algorithmischer Systeme bzw. künstlicher Intelligenz (KI)[12] in der Verwaltung zum rechtstaatlichen Begründungserfordernis? Lässt sich die neue Technik in den tradierten Rahmen

---

5 Zum Folgenden *T. Wischmeyer*, Regulierung intelligenter Systeme, AöR 143 (2018), S. 1 (56 ff.) m.w.N.

6 Dazu weiter *R. Poscher*, Wozu Juristen streiten, JZ 2013, S. 1 ff.

7 *W. Hoffmann-Riem*, Die Klugheit der Entscheidung ruht in ihrer Herstellung, in: Scherzberg (Hrsg.), Kluges entscheiden, Tübingen 2006, S. 3 f.

8 *A. Ross*, Om ret og retfaedighed, Kopenhagen 1953, S. 179 (zit. bei *S. Strömholm*, Zur Frage nach der juristischen Argumentationstechnik, ARSP 58 (1972), S. 337).

9 Zu dieser Funktion der Begründung BVerwG, DVBl 1982, 198 (199).

10 Zum Zusammenhang von Begründung und Kontrolle bereits *Hoffmann-Riem* (Fn. 3), S. 22. Damit Kontrolle wirksam werden kann, gehen mit Begründungs- immer auch Dokumentationspflichten einher: BVerfGE 103, 142/159 f.

11 EuGH, Urt. v. 2. April 1998 – C-367/95 P, Rn. 63 (st. Rspr.).

12 Differenzierend zur den Begriffen „Maschinelles Lernen", „Künstliche Intelligenz" und „Algorithmisches System": *Datenethikkommission*, Gutachten, 2019, S. 57 ff., 160.

einpassen oder wird, wie der mir zugedachte Vortragstitel suggeriert, ein neuer Rahmen bzw. eine neue Begründungsarchitektur notwendig? Und wie könnte eine solche aussehen? Diesen Fragen will ich im Folgenden nachgehen.

II. Künstliche Intelligenz in der rechtsstaatlichen Begründungsarchitektur

Man muss *Armin Nassehis* Überzeugung, dass die digitale Technik nur die logische Konsequenz einer in ihrer Grundstruktur bereits digital gebauten Gesellschaft ist, nicht teilen, um seiner Diagnose zuzustimmen, dass die heutige Gesellschaft einen großen Bedarf an der spezifischen Leistung algorithmischer Systeme hat, namentlich deren Fähigkeit, in großen Datenmengen zuvor latente Regelmäßigkeiten, Muster und Cluster zu erkennen.[13] Dies gilt natürlich auch für den Staat und seine Verwaltung, die diese Technik insbesondere für Kontrollzwecke vermehrt nutzbar machen wollen.[14] Zu den zahlreichen, derzeit in der Erprobung befindlichen algorithmischen Systemen gehört iBorderCtrl, ein von der EU-Kommission finanziell gefördertes und derzeit von den Behörden verschiedener EU-Mitgliedstaaten getestetes Programm, das in Zukunft beim Grenzübertritt durch Drittstaatsangehörige eingesetzt werden soll.[15] iBorderCtrl beinhaltet ein sog. Automatic Deception Detection System (ADDS). Dieses besteht aus einem Avatar, der den Einreisewilligen Fragen stellt und sie bei der Antwort filmt. Ein KI-basiertes System analysiert Mimik und Aussagen auf charakteristische Muster einer Täuschung.

Die Nutzung eines solchen Systems durch staatliche Stellen wirft zahlreiche Rechtsfragen auf. Geprüft werden muss, was mit den personenbezogenen Daten geschieht, wie Diskriminierungen vermieden werden – sofern überhaupt hinreichend stabile Muster bestehen, sind diese vermutlich kaum kulturinvariant – , ob hinreichende organisations- und verfahrensrechtliche Schutzmaßnahmen getroffen wurden, ob es ergänzender Vorga-

---

13 *A. Nassehi*, Muster. Theorie der digitalen Gesellschaft, München 2019, S. 8, 50 ff.

14 Zur Kontrolle als charakteristischem Moment der „Computergesellschaft" *D. Baecker*, Studien zur nächsten Gesellschaft, Berlin 2007.

15 Siehe die Darstellung des Programms unter https://www.iborderctrl.eu/Technical-Framework.

ben zur Sicherheit der Systeme und zur Qualität der Daten bedarf etc.[16] Das alles soll hier außer Betracht bleiben.

Stattdessen konzentriere ich mich auf die Frage nach der Begründung einer durch ein solches System mitverursachten Verwaltungsentscheidung. Diese Frage wird in erster Linie deswegen relevant, weil zumindest einige intelligente Systeme – das ist mittlerweile allgemein bekannt – weitgehend „opak" sind, d.h. selbst für Expert:innen ist ein intuitives Verstehen der einzelnen Systemprozesse schwierig bis unmöglich.[17] Wohlgemerkt: Undurchschaubar ist (nur) der einzelne Rechenvorgang; die angewendeten Methoden und auch die jeweilige Programm- und Systemarchitektur sind für Fachleute hingegen durchaus verständlich – diese erstellen dafür ja auch die Baupläne und führen Audits durch. KI-basierte Systeme entziehen sich daher auch nicht generell einer Kontrolle. Im Gegenteil: Die Tatsache, dass sie sich für ganz spezifische Aufgabenstellungen programmieren und in ihrer Leistungsfähigkeit exakt messen lassen, macht die Technologie regelmäßig überhaupt erst interessant.[18] Sofern sich der Staat diese „kontrollierte Autonomie" der Technik zu Nutze macht und mit ihrer Hilfe kognitive Prozesse der einzelnen Sachbearbeiter:innen externalisiert, also auf technische Systeme auslagert, internalisiert er allerdings die durch die Systeme erzeugte Intransparenz des *konkreten* Entscheidungsvorgangs.

Auf das Begründungserfordernis wirkt sich das insbesondere dann aus, wenn derartige Systeme im Zuge einer (voll-)automatisierten Verwaltungsentscheidung im Sinne von § 35a VwVfG zum Einsatz kommen. Denn das Begründungserfordernis knüpft traditionell an das Vorliegen einer Ent-

---

16 Für einen Überblick über die relevanten Rechtsfragen siehe *T. Wischmeyer*, Regierungs- und Verwaltungshandeln durch KI, in: Ebers u.a. (Hrsg.), Künstliche Intelligenz und Robotik, München 2020, § 20.

17 Die einzelnen Methoden unterscheiden sich im Grad ihrer Intransparenz, vgl. näher *T. Wischmeyer*, Artificial Intelligence and Transparency, in: Wischmeyer/Rademacher (Hrsg.), Regulating Artificial Intelligence, Cham 2020, S. 80 ff. Hinzu kommt, dass „Verständlichkeit" ein relativer Begriff ist. Es ist durchaus denkbar, dass in Zukunft technische und mathematische Verfahren entwickelt werden, die eine leichte Übersetzung zwischen menschlicher und maschineller Mustererkennung ermöglichen.

18 Konzise *European Commission*, White Paper on Artificial Intelligence, 19.2.2020, COM(2020) 65 final, S. 16: „While AI-based products can act autonomously by perceiving their environment and without following a pre-determined set of instructions, their behaviour is largely defined and constrained by its developers. Humans determine and programme the goals, which an AI system should optimise for."

scheidung an.[19] Soweit in der deutschen öffentlichen Verwaltung allerdings bisher überhaupt intelligente Techniksysteme zum Einsatz kommen, geschieht dies üblicherweise im Vorfeld außenwirksamen Verwaltungshandels, etwa bei Entscheidungen über die Verteilung administrativer Ressourcen oder in Form von Assistenzsystemen. Beispiele sind das sogenannte Predictive Policing, die intelligente Videoüberwachung oder die KI-basierte Auswertung von Anhörungsprotokollen Geflüchteter durch das Bundesamt für Migration und Flüchtlinge, deren Erkenntnisse dann zur weiteren Veranlassung an die Sicherheitsbehörden übermittelt werden. Die existierenden vollautomatisierten Verwaltungsverfahren, etwa in der Steuerverwaltung (§§ 88 Abs. 5, 155 Abs. 4 AO) oder in bestimmten Konstellationen der Fahrzeugzulassung (§ 6g StVG), nutzen demgegenüber, soweit mir bekannt, konventionelle regelbasierte algorithmische Systeme (deterministische Systeme).[20] Und auch bei iBorderCtrl ist keineswegs geplant, dass das technische System selbst eine Falschaussage sanktionieren soll, also etwa ohne menschliche Supervision den Grenzübertritt verweigern kann.

Glaubt man den diversen KI-Strategien der öffentlichen Hand, ist es zwar nur eine Frage der Zeit, bis sich dies ändert. Wir müssen aber für die Zwecke dieses Vortrags gar nicht übermäßig optimistisch – wahlweise: naiv – sein, was den Fortschritt der Verwaltungsdigitalisierung betrifft. Denn auch dort, wo KI der menschlichen Entscheiderin nur „assistiert", stellt sich die Frage, wie diese den ihr unverständlichen Entscheidungsbeitrag einer KI in ihrer Begründung verarbeiten soll. Auch auf teil-automatisierten Entscheidungsprozessen wirkt sich die Intransparenz von KI daher aus. Ohnehin müssen wir uns die Übergänge zwischen algorithmenbasierten, algorithmengetriebenen und algorithmendeterminierten Entscheidungen aufgrund von Automation Bias und Default-Effekten als fließend vorstel-

---

19 § 39 Abs. 2 Nr. 3 VwVfG soll hier vorübergehend außer Betracht bleiben. Dazu unten Fn. 65.

20 Zur Regelbasiertheit der Risikomanagementsysteme, die bei der ausschließlich automationsgestützten Bearbeitung von dazu geeigneten Steuererklärungen eingesetzt werden (§§ 88 Abs. 5, 155 Abs. 4 AO), vgl. *N. Braun Binder*, Artificial Intelligence and Taxation, in: Wischmeyer/Rademacher (Fn. 17), S. 295 (300 f.).

len.[21] Der Einfachheit halber spreche ich im Folgenden pauschal von „KI-basierten“ (Verwaltungs-)Entscheidungen.[22]

Wir können also festhalten: Nutzen Entscheidungssysteme bestimmte KI-basierte Komponenten, dann lässt sich das Zustandekommen konkreter Entscheidungen nicht mehr vollständig rekonstruieren, d.h. selbst bei offensichtlichen Fehlentscheidungen kann im Einzelfall nicht sicher angeben werden, wo genau der Fehler liegt.[23] Schlägt nun die Tatsache, dass bei solchen Entscheidungen die „Herstellung“ der Entscheidung nicht im Detail nachvollziehbar ist, auf die Darstellungsebene durch? Ist, wenn die Entscheidungsfindung uns unverständlich bleibt, die Entscheidung gar nicht mehr eigentlich *begründbar*? Und gilt im Umkehrschluss: Die Grenzen der Begründbarkeit markieren die Grenzen rechtsstaatlichen Verwaltungshandelns?

III. Begründbarkeit KI-basierter Verwaltungsentscheidungen

1. Begründung zwischen Einzelfall- und Systemkontrolle

Oft übersehen wird, dass eine Begründung keine naturwissenschaftliche Erklärung aller für die Entscheidung kausal gewordenen Faktoren ist. Begründungen schweigen sich daher üblicherweise auch über zahlreiche Modalitäten der Entstehungsherstellung aus, etwa über versteckte Motive der Entscheider:innen. Stattdessen erläutern sie – und das genügt –, weshalb aus Sicht der Behörde der Tatbestand einer Norm erfüllt, die Entscheidungsherstellung also im Rechtssinne richtig ist.[24] Dort allerdings, wo KI genutzt wird, um das Vorliegen eines Tatbestandsmerkmals zu prüfen –

---

21 Zu dieser Differenzierung *Datenethikkommission*, Gutachten (Fn. 12), S. 161 ff. Zur Problematik „teilautomatisierter“ Entscheidungen bereits *W. Hoffmann-Riem*, Verhaltenssteuerung durch Algorithmen – Eine Herausforderung für das Recht, AöR 142 (2017), S. 1 (36).

22 Aus eben diesem Grund ist daher nicht richtig, wenn teilweise behauptet wird, KI sei aktuell noch keine Fragestellung für das Verwaltungsrecht. In diese Richtung aber *U. Stelkens*, in: Stelkens/Bonk/Sachs (Hrsg.) VwVfG, 9. Aufl. München 2018, § 35a Rn. 47.

23 Vgl. das Beispiel *Datenethikkommission*, Gutachten (Fn. 12), S. 61.

24 Zur Differenzierung zwischen „Entstehung“ und „Herstellung“ *H.-J. Koch*, Die Begründung von Grundrechtsinterpretationen, EuGRZ 1986, S. 345 ff. Die Notwendigkeit, zwischen den Umständen der innerbehördlichen Entscheidungsfindung, die Gegenstand der Verwaltungstransparenz ist, und der am Gesetz orientierten Begründung zu unterscheiden, betont auch *H. Kube*, E-Government: Ein

ich konzentriere mich hier zunächst auf sog. deskriptive Tatbestandsmerkmale –, kann das technische Erklärungsproblem zum rechtlichen Begründungsproblem werden. Denn bleibt unverständlich, anhand welcher Faktoren bspw. iBorderCtrl eine „Täuschung" detektiert haben will, mithin ein Tatbestandselement der (fiktiven) Ermächtigungsgrundlage für die Zurückweisung erfüllt sieht, begrenzt dies notwendig den argumentativen Sättigungsgrad der mit der Entscheidung gelieferten „Gründe". Die Technik führt uns also erneut vor Augen, dass die analytische Unterscheidbarkeit die tatsächlich bestehenden Wechselbezüge zwischen Herstellung und Darstellung nicht aufhebt.[25]

Allerdings muss es im vorliegenden Fall für die Einreisewilligen, die Grenzbeamt:innen oder die Kontrollstellen nicht bei einem „Computer says no" sein Bewenden haben. Das System ist ja nicht stumm. Vielmehr kann es bzw. die Behörde als sein Betreiber in einem sehr präzise skalierbaren Maße Auskunft erteilen: Das reicht von der bloßen Angabe, *dass* eine KI-basierte Entscheidung erfolgt ist, über die Nennung typischer Entscheidungsfaktoren und eine mehr oder weniger präzise Beschreibung der Systemarchitektur bis hin zur Bereitstellung von Daten, die ein umfassendes System-Audit ermöglichen. Die Frage aber bleibt: Reicht es für eine Begründung aus, dass wir Informationen erhalten, die uns das System und sein *allgemeines* Entscheidungsverhalten verstehen und überprüfen lassen, auch wenn der *einzelne* Entscheidungsprozess im Dunkeln bleibt? Zugespitzt: Darf die Verwaltung Systeme nutzen, deren Wirkungsweise sie zwar allgemein einschätzen, aber im Einzelfall nicht vollständig durchschauen kann?

Nun liegt die Antwort nahe, dass die Begründung nicht auf eine System-, sondern auf eine Einzelfallkontrolle zielt und dementsprechend auch den Einzelfall vollständig erläutern muss. Materiell-rechtliche Normen wie Art. 103 Abs. 1 GG oder Art. 22 DSGVO stützen diese Position. Umgekehrt wird darauf verwiesen, dass es mit einer Nachvollziehbarkeit im Einzelfall schon bisher, d.h. auch ohne KI nicht allzu weit her ist. Denn auch das Handeln der menschlichen Verwaltungsbeamtin mit ihrer versteckten Agenda, ihrer Trägheit und ihren Diskriminierungsneigungen entzieht sich aus verschiedenen Gründen einer vollständigen Rekonstruktion im Einzelfall.

Paradigmenwechsel in Verwaltung und Verwaltungsrecht?, VVDStRL Bd. 78 (2019), S. 289 (319).

25 *H.-H. Trute*, Methodik der Herstellung und Darstellung verwaltungsrechtlicher Entscheidungen, in: Schmidt-Aßmann/Hoffmann-Riem (Fn. 2.), S. 293 (294).

Freilich trägt die Mensch-Maschine-Parallele nur bedingt, kann ich die Verwaltungsbeamtin doch zum mich interessierenden Einzelfall befragen und im Rahmen des epistemisch Möglichen um Aufklärung nachsuchen. Auch muss ihr eine prinzipiell mit der meinigen kommensurable Logik unterstellt werden; dass wir uns als Menschen prinzipiell verstehen können, ist als Grundbedingung einer jeden menschlichen Gemeinschaft zu setzen. Genau daran fehlt es jedoch im Verhältnis zur KI, die ich als Mensch jedenfalls gegenwärtig in ihrem konkreten „Handeln“ und „Denken“ nicht verstehen *kann*.

Allerdings dürfte dieser theoretisch durchaus überzeugende Unterschied in der Praxis eher graduell als kategorial wahrgenommen werden. Denn auch wenn die Verwaltungsbeamtin befragt wird, dürfte in aller Regel nur ein kleiner Ausschnitt der sie tatsächlich bewegenden Gründe ans Licht kommen: Wie sollte ohnehin die „vollständige“ Begründung einer Grenzbeamtin aussehen, weshalb sie die Aussage einer einreisewilligen Person für eine Täuschung gehalten hätte? Vielfach wird eine Befragung schon deswegen nichts Brauchbares zu Tage bringen, weil die Beamtin selbst ihre Urteilsbildung nur in begrenztem Maße rationalisieren und verbalisieren kann – hier helfen auch Regeln über die Aktenführungspflicht, das Akteneinsichtsrecht oder sonstige Transparenzvorgaben nur sehr bedingt weiter.[26] Zudem müssen wir die menschliche Fähigkeit zur Lüge in Rechnung stellen, die gewissermaßen das funktionale Äquivalent zur Inkommensurabilität der Maschine bildet. Eventuell vorhandene Diskriminierungsneigungen der Beamtin können daher typischerweise nur durch die Dokumentation und Analyse einer größeren Zahl von Fällen, aus denen sich ein Muster rekonstruieren lässt, aufgedeckt werden – auf dieselbe Art und Weise also, wie auch bei KI-basierten Systemen heute bereits deren sog. „Bias“ festgestellt werden kann.[27]

---

26 Dies gilt im Übrigen bereits dann, wenn die Beamtin deterministische technische Systeme, etwa ein Alkoholtestgerät, nutzt. Denn die Kognitionsforschung lehrt, dass wir selbst triviale technische Dinge, die im Alltag selbstverständlich genutzt werden, in aller Regel nicht erklären können (*S. Sloman/P. Fernbach*, Wir denken, also bin ich – Über Wissen und Wissensillusionen, Weinheim 2019). Auch hier verlassen wir uns darauf, dass andere das Gerät allgemein auf sein Funktionieren hin überprüft haben.

27 Ähnlich ist die Situation im Übrigen dort, wo die Verwaltungsentscheidung durch ein Kollegium getroffen wird. Auch dort stößt der Versuch einer Rekonstruktion der „eigentlichen“ Ursachen rasch an Grenzen, entwickeln diese Prozesse doch regelmäßig eine von kontingenten Faktoren abhängige Eigendynamik.

2. *Nachvollziehbarkeit im Einzelfall als regulative Idee für die Regulierung intelligenter Systeme („neue Begründungsarchitektur“)*

All das spricht dafür, dass unser Verständnis der Begründungspflicht als Anspruch auf Nachvollziehbarkeit des Einzelfalls schon bisher eher regulative Idee als strikte Regel war. Nun haben regulative Ideen ihre Funktion im Rechtssystem, schon weil sie uns die Richtung vorgeben, in die sich die Praxis entwickeln soll. Sie dürfen daher keineswegs vorschnell als bloße Illusion abgetan werden. Allerdings zwingt der Einsatz intelligenter Technik keineswegs dazu, von der Nachvollziehbarkeit als regulativer Idee abzugehen. Vielmehr lässt sich auch für technische Systeme der Anspruch formulieren, dass diese möglichst nachvollziehbar gestalten werden *sollten*. Und Regulierung kann einen Beitrag dazu leisten, dass dieser Anspruch besser als bisher realisiert wird.

In eben diese Richtung gehen jene Vorschläge zur Regulierung algorithmischer Systeme, die meist unter dem Leitbegriff „Transparenz“ darauf zielen, den Betroffenen mehr und bessere Informationen über die Systeme und deren Entscheidungsverhalten zur Verfügung zu stellen. Diese sind Teil der gegenwärtig intensiv geführten Debatte zur Regulierung von KI bzw. von algorithmischen Systemen.[28] In diesem Zusammenhang vielfach und zu Recht vor überzogenen Erwartungen an Transparenzvorgaben gewarnt wird. Soweit jedoch teilweise vorgebracht wird, dass Transparenzregulierung immer nur eine „Illusion“ von Kontrolle schaffe, aber nie eigentliche Handlungsfähigkeit (agency) verleihe, gilt das nur dann, wenn sich die Regulierung ganz auf Maßnahmen zur Transparenzherstellung beschränken würde.[29]

Nun gibt es nicht den einen Mechanismus, der aus der „Black Box“ eine „White Box“ macht. Ohnehin lässt sich das Thema nur sinnvoll adressieren, wenn man eine umfassendere Governance-Perspektive auf die Techno-

---

28 Diese breitere Debatte, die etwa auch Fragen der Sicherheit, der Diskriminierungsneigung oder der Haftung einschließt, orientieren sich im Ansatz an dem aus dem Technikrecht vertrauten Modell risikobasierter Regulierung. In den Details bestehen hier noch zahlreiche Unsicherheiten, etwa, ob ein primär sektoraler oder ein horizontaler Ansatz sinnvoller ist, wie genau sich einzelne Systeme in ihrer Risikoneigung bewerten lassen, in welchen Umfang auf Maßnahmen der Selbstregulierung gesetzt werden sollte etc. Vorgaben zur Transparenz der Systeme sind aber in jedem Fall ein festes Element aller entsprechender Regulierungspläne. Dazu umfassend *Datenethikkommission*, Gutachten (Fn. 12), S. 173 ff. Die Europäische Kommission hat sich den dort angestellten Überlegungen in ihrem White Paper von Februar 2020 (vgl. Fn. 18) im Grundsatz angeschlossen.

29 Zu dieser Diskussion näher *Wischmeyer* (Fn. 17), S. 77, 86.

logie einnimmt.[30] Hier müssen einige knappe Bemerkungen zu möglichen Inhalten entsprechender Transparenz-Regulierung genügen:

Innovationsermöglichende Regulierung kann und muss zunächst Impulse für die Entwicklung neuer technischer Verfahren und Standards setzen, die eine Offenlegung von Informationen rechtlich und tatsächlich einfacher machen.[31] Dies umfasst auch die bereits erwähnten Bemühungen zur Verbesserung der Verständlichkeit KI-basierter Systeme (XAI).[32] Jedenfalls langfristig erscheint es zudem nicht ausgeschlossen, dass technische und mathematische Verfahren entwickelt werden, die eine leichte Übersetzung zwischen menschlicher und maschineller Objekt- und Mustererkennung ermöglichen und so die jetzt noch fehlende Kommensurabilität herstellen.

Darüber hinaus kennt die Rechtsordnung zahlreiche weitere skalierbare Instrumente, um Transparenz zu fördern. Diese können auch gegenüber den Betreibern algorithmischer Systeme in Stellung gebracht werden. Stichworte sind: Kennzeichnungspflichten, individuelle Informationspflichten und Auskunftsrechte, Pflichten zur Publikumsinformation, Berichtspflichten an Behörden sowie speziell gegenüber staatlichen Stellen, Informationszugangsrechte und Akteneinsichtsrechte.[33] Wenig invasiv sind zunächst Kennzeichnungspflichten für den Betrieb algorithmischer Systeme, die Wissen darüber vermitteln, wann und in welchem Umfang („ob") algorithmische Systeme zum Einsatz kommen. Informationspflichten und Auskunftsrechte können je nach Ausgestaltung eher zur allgemeinen Wissensgenerierung beitragen oder spezieller eine Form der Erklärung einzelner Entscheidungen bieten.[34] Auch die Bedeutung entsprechender

30 Vgl. *W. Hoffmann-Riem*, Die Governance-Perspektive in der rechtswissenschaftlichen Innovationsforschung, Baden-Baden 2011.

31 Zum Zusammenspiel von Recht und Innovation umfassend *W. Hoffmann-Riem*, Innovation und Recht – Recht und Innovation, Tübingen 2016, sowie speziell zum Einfluss des Rechts auf den technischen Innovationsprozess ebd., S. 389 ff. Zu den dabei leitenden Parametern siehe auch *ders.*, Innovationsoffenheit und Innovationsverantwortung durch Recht, AöR 131 (2006), S. 255 ff.

32 Siehe zum aktuellen Forschungsstand *W. Samek/G. Montavon/A. Vedaldi/L. Hansen/K.-R. Müller* (Hrsg.) Explainable AI. Interpreting, Explaining and Visualizing Deep Learning, Cham 2019.

33 Zum Folgenden weiter *Datenethikkommission*, Gutachten (Fn. 12), S. 185 ff.; *A. Guckelberger*, E-Government: Ein Paradigmenwechsel in Verwaltung und Verwaltungsrecht?, VVDStRL Bd. 78 (2019), S. 235 (269 ff.).

34 Vgl. bereits Art. 15 Abs. 1 lit. h) i.V.m. Art. 22 DSGVO, der den betroffenen Personen einen Anspruch auf „aussagekräftige" Informationen über die „involvierte Logik", die „Tragweite" und die „angestrebte Auswirkung" der Verarbeitung verleiht. Zur (beschränkten) Reichweite der Norm *Wischmeyer* (Fn. 17), S. 83 m.w.N.

Publikumsinformationen durch die Verwaltung, also einer allgemeinen Aufklärung durch Beauftragte, Öffentlichkeitsarbeit, Dokumentationen, per Apps etc. ist nicht zu unterschätzen[35] Transparenz lässt sich ferner auch durch Informationszugangsrechte gewährleisten. Soweit die Informationsfreiheits- bzw. Transparenzgesetze die Konstellationen nicht greifen, lassen sie sich gegebenenfalls ausbauen.[36] Offene Fragen wirft noch die Gestaltung des Akteneinsichtsrechts auf.[37] Die etwa in § 4 Abs. 3 FlugDaG vorgesehenen Berichtspflichten sind hingegen ein etabliertes Element der Verwaltungskontrolle.

Parallel dazu bedarf es des Aufbaus bzw. der Stärkung entsprechender objektiver Kontrollstrukturen, d.h. konkret etwa sachkundige Aufsichtsbehörden sowie für die Materie entsprechend geschulter Gerichte.[38] Auskunftsrechte und Transparenzpflichten sind also immer nur als Elemente einer breit angelegten Reform sinnvoll. Hier verbindet sich der Diskurs um eine neue Begründungsarchitektur mit dem allgemeinen KI-Regulierungsdiskurs, der den Aufbau bzw. die Stärkung spezialisierter Fach- und Rechtsaufsichtsbehörden vorsieht. Darauf kann ich an dieser Stelle nicht näher eingehen. Stattdessen ist noch darauf hinzuweisen, dass auch Präzisierungen im materiellen Recht zur Steigerung der Transparenz beitragen können: „Je dunkler das Verwaltungsverfahren bleibt, desto stärker muss sich die Verwaltungsentscheidung aus dem materiellen Gesetz ergeben."[39].

Soweit die auf diese Weise zur Steigerung der Transparenz in Stellung gebrachten Instrumente die bisher mit dem Institut der Begründung verbundenen rechtsstaatlichen und demokratischen Funktionen – Rationalisierung, Selbstkontrolle, Fremdkontrolle – übernehmen, können sie womöglich als Elemente einer „neuen Begründungsarchitektur" verstanden werden. Diese stellt sicherlich eine Verbesserung gegenüber dem status quo dar, gewährleistet allerdings auf dem aktuellen Stand der Technik nach wie vor nur, dass Betroffene und Kontrollstellen bessere Informationen über die Verlässlichkeit des algorithmischen Systems im Allgemein er-

---

35 Vgl. die Überlegungen bei *L. Beining*, Wie Algorithmen verständlich werden. Ideen für Nachvollziehbarkeit von algorithmischen Entscheidungsprozessen für Betroffene, Stiftung Neue Verantwortung/BertelsmannStiftung, November 2019, S. 22.

36 Ob eine Einstufung der Algorithmen als Verwaltungsvorschriften in Frage kommt, so dass sich die Frage nach einer Veröffentlichungspflicht bzw. um Informationszugangsrechte nach den etablierten Grundsätzen richtet, hängt von der Systemarchitektur ab, vgl. *Guckelberger* (Fn. 33) S. 270 f. m.w.N.

37 Vgl. *Guckelberger* (Fn. 33), S. 274 f.

38 Hierzu ausführlich *Wischmeyer* (Fn. 17), S. 95 ff.

39 *Kube* (Fn. 24), S. 319.

halten. Dass der Einzelfall nicht nachvollziehbar ist, daran ändern die skizzierten Maßnahmen nichts. Wir müssen daher an dieser Stelle noch einmal einen Schritt zurücktreten und fragen, ob eine Steigerung der Systemtransparenz überhaupt die fehlende Nachvollziehbarkeit im Einzelfall kompensieren kann. Oder ist jedenfalls dort, wo technische Systeme statt menschlicher Amtswalter tätig werden, die Forderung nach Nachvollziehbarkeit im Einzelfall nicht nur regulative Idee, sondern doch strikte Regel?

3. Ein Gebot umfassender Techniktransparenz?

Viel Aufsehen hat in diesem Zusammenhang eine Entscheidung des Verfassungsgerichtshof des Saarlandes (VerfGH) vom vergangenen Jahr erregt. Diese galt der Rechtmäßigkeit des Einsatzes eines bestimmten Typus von Geschwindigkeitsmessanlagen.[40] Diese Anlagen waren durch die Physikalisch-Technische Bundesanstalt (PTB) gemäß § 6 Abs. 2 MessEG i.V.m. der Anlage 2 der Mess- und Eichverordnung getestet, für allgemein zuverlässig erklärt und zugelassen worden. Im Zuge dieser Prüfung war nicht beanstandet worden, dass die Anlagen bestimmte Rohmessdaten nicht speicherten, sondern direkt nach ihrer Auswertung löschten.[41] Anders als die Vorinstanzen hielt es der VerfGH nun nicht für ausreichend, dass die Systeme, wie von der PTB bestätigt, allgemein verlässlich waren. Vielmehr verlangte er aus rechtsstaatlichen Gründen die „grundsätzliche Möglichkeit der Nachprüfbarkeit einer auf technischen Abläufen und Algorithmen beruhenden" Entscheidung in jedem Einzelfall.[42] Diese Entscheidung ent-

---

40 Verfassungsgerichtshof des Saarlandes Lv 7/17, Urt. v. 5. Juli 2019, S. 20.

41 Die „Erklärungslücke" entstand im vorliegende Fall also nicht durch intelligente Algorithmen, sondern durch das Fehlen bestimmter Daten. Für unsere Zwecke macht das jedoch keinen wesentlichen Unterschied.

42 Vgl. Verfassungsgerichtshof des Saarlandes Lv 7/17, Urt. v. 5. Juli 2019, S. 19: „Zu den grundlegenden rechtsstaatlichen Anforderungen an die Verurteilung einer Bürgerin oder eines Bürgers gehört, dass er die tatsächlichen Grundlagen seiner Verurteilung zur Kenntnis nehmen, sie in Zweifel ziehen und sie nachprüfen darf. Das gilt nicht nur in Fällen strafrechtlicher Sanktionen, sondern stets. Staatliches Handeln darf, so gering belastend es im Einzelfall sein mag, und so sehr ein Bedarf an routinisierten Entscheidungsprozessen besteht, in einem freiheitlichen Rechtsstaat für die Bürgerin und den Bürger nicht undurchschaubar sein; eine Verweisung darauf, dass alles schon seine Richtigkeit habe, würde ihn zum unmündigen Objekt staatlicher Verfügbarkeit machen. Daher gehören auch die grundsätzliche Nachvollziehbarkeit technischer Prozesse, die zu belastenden Erkenntnissen über eine Bürgerin oder einen Bürger führen, und ihre staatsferne

faltet, jedenfalls im Saarland, Folgen auch für den Einsatz KI-basierter Systeme in der Verwaltung.

Doch überzeugt sie? Der VerfGH verweist in seiner selbst eher schlanken Begründung tragend auf die Entscheidung des BVerfG zum Einsatz elektronischer Wahlgeräte.[43] Darin habe das BVerfG ebenfalls eine Vorab-Kontrolle technischer Systeme für nicht ausreichend erachtet, sondern verlangt, dass „alle wesentlichen Schritte der Wahl öffentlicher Überprüfbarkeit unterliegen".[44] Die Entscheidung des BVerfG von 2008 kann angesichts der seither gewonnenen Erfahrungen mit der Sicherheit staatlicher IT-Systeme als überaus vorausschauend gelten. Sie betrifft allerdings mit dem Wahlakt einen herausgehobenen und hochsensiblen Bereich des Staatshandelns. Auf den ersten Blick spricht nicht viel dafür, dass sich hieraus allgemeingültige Maßstäbe für den IT-Einsatz in der Verwaltung ableiten lassen.

Näher liegt hingegen an dieser Stelle der Seitenblick auf die typisierende und pauschalierende (Massen-)Verwaltung. Die Konstellationen unterscheiden sich zwar im Ausgangspunkt: Die Typisierung entbindet die Verwaltung von der Pflicht zur „umfangreichen Einzelfallprüfung", senkt also den Standard für das erforderliche Beweismaß.[45] Verwaltungsverfahrensrechtlich gesprochen ist die Typisierung im Umfeld von § 24 VwVfG verortet, nicht von § 39 VwVfG. Dort wie hier stellt sich jedoch die Frage, inwieweit Betroffene bestimmte nicht widerlegbare bzw. nicht aufklärbare Verallgemeinerungen zu ihren Lasten hinnehmen und damit ertragen müssen, nicht nur als Individuum, sondern auch als Teil eines Kollektivs behandelt zu werden. Im Falle der typisierenden Verwaltung werden insoweit kategoriale Lösungen vermieden. Vielmehr wird zunächst der Gesetzgeber in die Pflicht genommen. Dieser darf zudem nur in bestimmten Grenzen typisieren, nicht etwa dort, wo es sich um besonders grundrechtssensible Materien handelt.[46] Grob gesagt kommen im Strafrecht Typisierungen weniger in Frage als im Sozialrecht.[47]

Prüfbarkeit zu den Grundvoraussetzungen freiheitlich-rechtsstaatlichen Verfahrens."

43 BVerfGE 123, 39.

44 BVerfGE 123, 39 (LS 1).

45 BVerfGE 129, 49/72.

46 Vgl. BVerfGE 133, 377/413; 142, 353 Rn. 69.

47 Vgl. entsprechend *Kube* (Fn. 24), S. 322: „Das zahlennahe und von gebundenen Entscheidungen geprägte, schon deshalb algorithmenoffene Steuerrecht wird in diesem Zusammenhang anders zu beurteilen sein als das menschennahe, stark ermessensgeprägte und grundrechtserhebliche Polizeirecht."

Vergleichbares muss meines Erachtens auch für den Einsatz algorithmischer Systeme durch die „programmierende" Verwaltung gelten. Ob eine systembezogene Prüfung der Verlässlichkeit des Systems ausreichen soll oder ob das Zustandekommen einer konkreten Entscheidung bis auf den letzten Bit nachvollziehbar dargelegt werden muss – hier ist der Gesetzgeber gefordert, hat aber je nach Einsatzkontext Gestaltungsspielräume. Zuzugeben ist allerdings, dass für deren Ausfüllung bislang klare Maßstäbe fehlen. Mit dieser Konkretisierungsarbeit werden sich Rechtsprechung und Rechtswissenschaft in Zukunft intensiv befassen müssen.

Ohnehin bedürfte es, bevor man der Verwaltung die Nutzung intelligenter Systeme untersagen wollte, der Gegenprobe: Was geben wir auf, wenn wir für den Technikeinsatz der Verwaltung stets auf einer „Nachvollziehbarkeit im Einzelfall" bestehen? Dass wir im Rahmen der Entscheidungsvorbereitung auf einzelne Systeme wie die intelligente Videoüberwachung verzichten müssten, erscheint verschmerzbar. Aber sollte sich die Verwaltung tatsächlich gänzlich von einer Zukunftstechnologie verabschieden und diese dem Privatsektor überlassen?[48] Das scheint mir eher eine Kapitulation vor der Technik als ein verantwortungsvoller Umgang mit deren Risiken.

Ich fasse zusammen: Aus meiner Sicht hat der Verfassungsgerichtshof des Saarlandes eine regulative Idee vorschnell in eine Regel verwandelt. Statt intelligente Systeme wegen ihrer Opazität gänzlich aus der Verwaltung zu verbannen, bedarf es mit Blick auf das konkrete System der Prü-

---

48 Zwar hat sich die zeitweise populäre Idee, dass das Konzept der Erklärung im Zeitalter von KI und Big Data insgesamt überholt sei und dass das mühsame Geschäft der Hypothesen- und Theoriebildung bald durch simple *brute force*-Analysen ersetzt werden könne, zu Recht nicht durchgesetzt (dazu näher *W. Hoffmann-Riem*, Rechtliche Rahmenbedingungen für und regulative Herausforderungen durch Big Data, in: ders. (Hrsg.), Big Data – Regulative Herausforderungen, Baden-Baden 2018, S. 11 (19 f.)). Allerdings muss man anerkennen, dass KI-basierte Datenanalysen in zahlreichen Feldern durchaus wichtige Erkenntnisse liefern, ohne dass dafür stets kausale Erklärungen im Einzelfall bereit stehen. Umgekehrt muss wiederum berücksichtigt werden, dass der Verzicht auf Erklärungen Folgewirkungen haben kann, für die der U.S.-Rechtswissenschaftler *Jonathan Zittrain* jüngst die Formulierung der „intellectual debts" geprägt hat (*J. Zittran*, The Hidden Costs of Automated Thinking, The New Yorker, 23. Juli 2019, https://www.newyorker.com/tech/annals-of-technology/the-hidden-costs-of-automated-thinking). Damit ist gemeint, dass sich ohne Kenntnis der Kausalverläufe mögliche Wechselwirkungen und dadurch bedingte Nebenwirkungen nicht überschauen lassen. Je mehr intelligente Systeme in der Gesellschaft solche „intellektuelle Schulden" anhäufen, desto komplexer sind die möglichen Wechselwirkungen und die damit verbundenen Nebenfolgen.

fung, inwieweit durch die Nichtaufklärbarkeit individuelle Rechtspositionen beeinträchtigt werden einschließlich möglicher nicht-intendierter Nebenfolgen, inwieweit durch den Einsatz der Systeme Individualinteressen und Gemeinwohlbelange gefördert werden und inwieweit durch die Instrumente der „neuen Begründungsarchitektur“ die fehlende Nachvollziehbarkeit im Einzelfall kompensiert und eine Kontrolle der Systeme hinreichend gesichert werden können.[49]

IV. Begründungsfähigkeit KI-basierter Systeme: Möglichkeiten und Grenzen maschinengenerierter Argumentation

Bis hierhin haben wir die Konstellation betrachtet, dass ein algorithmisches System einen Output generiert, der für die Bewertung einer rechtserheblichen „Tatsache“ bedeutsam ist: Liegt eine Täuschungshandlung vor oder nicht? Nun wollen wir uns der Frage zuwenden, wie es sich verhält, wenn eine Entscheidung eine argumentative Auseinandersetzung mit Rechtsfragen erfordert.[50] Können KI-basierte Systeme auch diesen durchaus zentralen Teil einer Begründung übernehmen und – in der Terminologie von § 39 VwVfG – die für die Entscheidung „wesentlichen rechtlichen Gründe“ mitteilen oder scheitern sie jedenfalls an dieser Hürde?[51] Beide Konstellationen – die tatsächliche und die rechtliche Seite der Begründung – werden in der Diskussion um Verwaltungsautomatisierung oft vermengt, auch wenn sich hier im Ausgangspunkt ganz unterschiedliche Fragen stellen.

49 Diese Flexibilität lässt auch – soweit der Anwendungsbereich der Norm überhaupt eröffnet ist (dazu *Wischmeyer* (Fn. 5), S. 48 ff.) – Art. 22 Abs. 2 lit. b DSGVO zu, der zur Wahrung der berechtigten Interessen des Betroffenen gemäß des (unverbindlichen) ErwGr 71 UAbs. 1 S. 4 einen Anspruch auf „Erläuterung der nach einer entsprechenden Bewertung getroffenen Entscheidung“ gewährt.

50 Die Frage nach der Begründungs- bzw. Argumentationsfähigkeit stellt sich in erster Linie für vollautomatisierte Systeme, da in teilautomatisierten Systemen in vielen Fällen der Mensch gerade den Part der rechtlichen Begründung übernehmen wird.

51 Analoge Fragen stellen sich mit Blick auf die Automatisierung von Gerichtsverfahren und werden dort viel diskutiert, vgl. die Nachweise bei *Guckelberger* (Fn. 33), S. 241. Aufgrund der speziellen verfassungsrechtlichen Vorgaben für die Justiz (Art. 97 Abs. 1, 101 Abs. 1 S. 2 und Art. 103 Abs. 1 GG) lassen sich die dortigen Wertungen jedoch nur zum Teil auf die Nutzung technischer Systeme in der Verwaltung übertragen.

1. Begründung zwischen praktischer Vernunft und juristischem Handwerk

Gründe-geben-Können zeichnet nach klassischem Verständnis den Menschen als autonomes Subjekt aus. Maschinen wird hingegen bisher ganz überwiegend eine im Reich der Gründe operierende praktische Vernunft abgesprochen. Dass Maschinen strikt logisch operieren (auch wenn sich diese Logik unserem Verständnis entzieht), hilft nicht, denn praktische Rationalität geht ebenso wenig wie juristische Rationalität in Logik auf.[52] Schon aus diesen Gründen könnten Zweifel daran entstehen, dass Automaten eine genuin rechtliche Begründung liefern können.[53]

Wir müssen an dieser Stelle allerdings nicht den Subjekt-Status „autonomer Systeme" klären. Denn das philosophische Konzept eines allgemeinen praktischen Diskurses mag zwar als Leitbild hinter dem rechtlichen Institut der Begründung stehen. Doch beschränkt sich das rechtliche Begründungserfordernis profan darauf, dass die entscheidende Stelle die relevanten Elemente des Tatbestands sowie die aus ihrer Sicht entscheidenden Auslegungsfragen lege artis unter Rückgriff auf die anerkannten Methoden darlegen muss. Zwar genügen dafür – wie erwähnt –juristisches Blendwerk und argumentative Fassadenarchitektur nicht.[54] Gefordert ist aber auch nicht mehr und nicht weniger als eine vertretbare, d.h. den methodischen Standards genügende Begründung. Der ethisch-moralische Status der diese Leistung erbringenden Entität ist hingegen nicht relevant.

Dass Maschinen nun prinzipiell nicht in der Lage sind, durch eine geschickte Auswertung und Aufbereitung des bestehenden Rechtsstoffs eine solchermaßen detranszendentalisierte Begründung im Rechtssinne zu präsentieren – dafür spricht im Prinzip nichts. Hergebrachte deterministische algorithmische Systemen können zwar nur mitprogrammierte Textbausteine liefern.[55] Anders verhält es sich jedoch bei KI-basierten Systemen, die – ein entsprechendes Training und hinreichend präparierte Datenbanken vorausgesetzt – ad hoc Argumente identifizieren, klassifizieren und mittels

---

52 Zur Komplexität des juristischen „Wissens" *W. Hoffmann-Riem*, Außerjuridisches Wissen, Alltagstheorien und Heuristiken im Verwaltungsrecht, in: Die Verwaltung 2016, S. 1 ff.

53 Vgl. etwa *K. Kotsoglou*, Subsumtionsautomat 2.0, JZ 2014, S. 451 ff.

54 *Hoffmann-Riem* (Fn. 3), S. 21 f.: „Insofern wäre es verfehlt, das Darstellungserfordernis vor dem Hintergrund einer Gegenüberstellung von »wahren Gründen« und einer argumentativen Fassade zu sehen und sich mit einer Rechtswissenschaft zu begnügen, die (fast) alles für begründbar hält und die von den Rechtsanwendern in erster Linie erwartet, Meister für Darstellungsfassaden zu sein."

55 Instruktiv hierzu bereits die Beiträge in D. Suhr (Hrsg.), Computer als juristische Gesprächspartner, Arbeitspapiere Rechtsinformatik Heft 2, 1970.

probabilistischer Verfahren arrangieren können. Was sich in der Vergangenheit in vergleichbaren Kontexten als verlässlicher Grund erwiesen hat, wird so auf ähnlich erscheinende Sachverhalte angewendet.[56] Die intelligente Technik mag darin einem schlechten Sachbearbeiter gleichen, der die Rechtsmaterie nicht „verstanden" hat und sich daher mit der Lektüre ähnlicher Bescheide behilft, um daraus mit einer gewissen Trefferquote die zutreffenden Textbausteine zu kopieren. Das ist gewiss nicht ideal, soll aber vorkommen und ist kein Anlass, das Vorliegen einer Begründung zu verneinen, wenn die auf diese Weise gelieferte juristische Argumentation im Ansatz tragfähig ist.[57]

2. *Begründung zwischen Norm und Kontext*

Allerdings stößt der schlechte Sachbearbeiter ebenso wie das technische System mit dieser Methode schnell an Grenzen. Denn eine kompetente „Simulation" juristischer Argumentationen erweist sich bei näherer Betrachtung als durchaus schwierig. Grund dafür ist nicht in erster Linie, dass die Technik so schwach ist. Wie erwähnt erzielt KI vielmehr heute bereits respektable Ergebnisse beim Umgang mit Texten und Argumenten. Zumindest unter Laborbedingungen gelingt die Analyse von Standardvertragsklauseln Software teils schon schneller und präziser als Anwälten. Grund ist vielmehr, dass juristisches Argumentieren in gewisser Weise selbst Elemente einer „black box" aufweist. Die dafür verantwortlichen Punkte, die letztlich an den Kern der juristischen Methode rühren, hat die Diskussion um „legal tech" intensiv aufgearbeitet, so dass ich mich hier kurz halten kann.[58]

Probleme bereiten der Technik insbesondere solche Fälle, in denen die Strukturen, an denen sich die Argumentation orientieren muss, derart offen gehalten sind, dass im Rahmen der Begründung weitere Entscheidun-

56 *A. Kaminski*, Gründe geben. Maschinelles Lernen als Problem der Moralfähigkeit von Entscheidungen in: Wiegerling/Nerurkar/Wadephul (Hrsg.), Datafizierung und Big Data, Wiesbaden 2020, S. 151 ff., spricht von „Verlässlichkeitsgründen", die nicht nur Maschinen, sondern auch Menschen nutzen, etwa wenn sie anhand von Statistiken Urteile fällen.

57 Nach herrschendem Verständnis lässt § 39 VwVfG sogar die Angabe subjektiv bestimmender, aber objektiv unrichtiger Gründe genügen, vgl. *Stelkens*, in: Stelkens/Bonk/Sachs (Fn. 22), § 39 Rn. 47; *Sachs*, in: ebd., § 45 Rn. 46 ff.

58 Vgl. nur *Kotsoglou* (Fn. 53); *S. Hähnchen/R. Bommel*, Digitalisierung und Rechtsanwendung, JZ 2018, S. 336 ff.

gen getroffen werden müssen. Hier verschränken sich erneut Herstellung und Darstellung einer Entscheidung.[59] Ganz allgemein ist die Offenheit von Rechtsnormen eine zentrale Eigenschaft demokratischen Rechts: Sie kann und muss daher zwar im Einzelfall reduziert, kann und darf aber nicht im Sinne einer automationsgerechten Gesetzgebung umfassend „wegoptimiert" werden.[60]

Erschwert wird eine Automatisierung weiterhin dadurch, dass sich Rechtsanwendung immer zwischen Norm und Sachverhalt bewegt: „Die im Kontext des lösungsbedürftigen Problems entscheidungserhebliche Rechtsnorm muss im Rechtsanwendungsakt gesucht und gefunden und im Hinblick auf die anstehende Entscheidung so konkretisiert (konstruiert) werden, dass sie auf den konkreten Sachverhalt beziehbar und zur Problemlösung einsetzbar ist".[61] Was alles zu dem in die Rechtsanwendung einzubeziehenden Entscheidungskontext gehört, darüber gibt es unterschiedliche Auffassungen. Gerade die steuerungsorientierte Methodenlehre hat hier anspruchsvolle Konzepte vorgelegt und die Rechtsanwendung auf die Berücksichtigung von „Problem(lösungs)bereich, Normprogrammbereich, Entscheidungsbereich, Vollzugsbereich, Kontrollbereich sowie Lernbereich" verpflichtet.[62] Dies zeigt, vor welchen Herausforderungen jeder Versuch einer technischen Abbildung des Prozesses der Rechtsanwendung steht. Zumindest bislang gilt: Die Technik endet ziemlich genau dort, wo die juristische Methode im eigentlichen Sinne beginnt.

3. *Triviale und nicht-triviale Fälle*

Die entscheidende Frage ist, wie wir mit der begrenzten Leistungsfähigkeit maschinengenerierter Argumentationen umgehen. Auch hier scheint mir eine Differenzierung erforderlich. Nicht jede rechtliche Argumentation ist so komplex, dass jedenfalls auf mittlere Sicht kompetente Maschinen da-

---

59 Dazu *Hoffmann-Riem*, Innovation und Recht (Fn. 31), S. 80 ff.

60 Zu den Funktionen der „offenen Textur" des Rechts mit Blick auf die Grenzen der Automatisierung bereits *Luhmann* (Fn. 1), S. 52 f. Siehe insbes. auch BVerfGE 34, 269, 286 f. – Soraya.

61 *Hoffmann-Riem* (Fn. 3), S. 34.

62 *Hoffmann-Riem* (Fn. 3), S. 32. Vgl. weiter *ders.* (Fn. 21), S. 17: „Vorausgesetzt ist über die Maschinenlesbarkeit des Textes von Normen hinaus die Abbildung weiterer die Auslegung und Anwendung prägenden Faktoren – etwa der durch Organisation, Verfahren und Personal im Prozess der Herstellung von Entscheidungen aktivierbaren Einflussfaktoren."

mit überfordert wären. Gerade in der Massenverwaltung gibt es einfache Wenn-Dann-Entscheidungen, wie sie auch § 35a VwVfG in Sinn hat.[63] Zudem kennt das Verwaltungsrecht verschiedene Instrumente, um den rechtlichen Begründungsaufwand durch „Stoppregeln" zu erden.[64] In derartigen Fällen besteht daher durchaus Raum für maschinengenerierte Begründungen, die auch jene eingangs genannten Funktionen erfüllen können, die wir bisher der rechtlichen Seite der Begründung zuschreiben.

In komplexeren Fällen, die gesellschaftliche Verwerfungslinien berühren und daher einen höheren Argumentationsaufwand verlangen, sieht das jedoch anders aus. Hier ist die Technik (noch) überfordert. Damit stellt sich die Frage, ob hier gleichfalls kompensatorische Strategien der Art verfolgt werden können, die oben für die tatsächliche Seite der Begründung in Form einer verschärften Systemkontrolle diskutiert wurden. Insoweit ließe sich überlegen, ob die „neue Begründungsarchitektur", wie sie im Zuge der Regulierung algorithmischer Systeme diskutiert wird, auch an dieser Stelle eine Lösung bereitstellt. Das ist meines Erachtens jedoch nicht der Fall. Wenn wir in Fällen, in denen die Komplexität der Rechtslage an sich eine argumentative Auseinandersetzung mit Rechtsfragen erfordern würde, davon mit Rücksicht auf die begrenzten Möglichkeiten der Technik absehen wollen, letztlich also auf Begründungen verzichten, dann bringt uns ein mehr an Transparenz nichts. Denn wir haben hier kein Transparenzproblem, sondern ein Legitimationsproblem.[65] Effektiv wird in diesem Fall nämlich eine Entscheidung an ein technisches System bzw.

---

63 Freilich ist zu berücksichtigen, dass die in § 35a VwVfG unterstellte Parallelität der Unterscheidung von gebundenen und Ermessensakten mit der Unterscheidung von stark normativ vorstrukturierten (d.h. besser automatisierbaren) und weniger stark normativ vorstrukturierten (d.h. schlechter automatisierbaren) Entscheidungen nicht tragfähig ist. Konkret: Einzelne gebundene Entscheidungen können schwierige Abwägungen erfordern, während manche Ermessensentscheidungen durch Verwaltungsvorschriften o.ä. letztlich zu trivialen Subsumtionen werden, vgl. *Kube* (Fn. 24), S. 304 f., 324. Siehe auch *W. Hoffmann-Riem*, Die digitale Transformation als Herausforderung für die Legitimation rechtlicher Entscheidungen, in: Unger/von Ungern-Sternberg (Hrsg.), Demokratie und künstliche Intelligenz, Köln 2019, S. 129 (148 ff.).

64 *Hoffmann-Riem* (Fn. 3), S. 62 ff.

65 In diesem Sinne handhabt die Rechtsordnung das Begründungserfordernis differenziert und in Abhängigkeit von den einem Organ jeweils zur Verfügung stehenden Legitimationsressourcen und dem konkreten Legitimationsbedarf. So sind Parlamentsgesetze von der Begründungspflicht ausgenommen. Für Rechtsverordnungen ist der Verzicht auf eine Begründungspflicht seit jeher umstritten. Aber auch bei administrativen und justiziellen Einzelentscheidungen gilt das Erfordernis nicht absolut. Diese Ausnahmen beruhen auf unterschiedlichen Grün-

an dessen Gestalter:innen delegiert, ohne dass sofort klar ist, wie sich dies in die bisherigen *Legitimationsarchitektur* der Verwaltung einbauen lässt.[66] Es erscheint zwar nicht ausgeschlossen, dass die Entwicklung einer entsprechenden „neuen Legitimationsarchitektur" für KI-basierte Verwaltungstechnik gelingen kann. Auch sollte von der Vorstellung Abstand genommen werden, dass rechtlichen Lösungen *per se* gegenüber technischen Lösungen vorzugswürdig sind. Das ist aber, wie gesagt, keine Frage der Begründung mehr und sprengt daher das Thema dieses Vortrags.

V. Ausblick

Ich komme zum Schluss und fasse kurz zusammen: Das Begründungserfordernis führt nicht dazu, dass die Verwaltung am Einsatz KI-basierter Systeme generell gehindert ist. Was die Ermittlung von Tatsachen betrifft, die in Verwaltungsentscheidungen Eingang finden, stellt die Opazität der KI zwar eine Herausforderung dar. Doch lässt sich hier u.a. durch die Instrumente der „neuen Begründungsarchitektur" eine hinreichende Selbst- und Fremdkontrolle gewährleisten. Was die rechtliche, die eigentlich argumentative Seite der Begründung betrifft, reicht die Technik aktuell allenfalls für die Bewältigung trivialer Fälle aus. Wenn uns das nicht genügt, sondern wir auch komplexere Entscheidungen an Maschinen delegieren wollen, dann gibt uns das Institut der Begründung keine Orientierung mehr. Stattdessen müssen wir die Legitimationsfrage stellen.

---

den, etwa dass die Entscheidung trivial erscheint (vgl. § 39 Abs. 2 Nr. 2 VwVfG) oder dass die Begründung die betroffene Stelle übermäßig belasten würde (vgl. § 93d Abs. 1 S. 3 BVerfGG). Ob der Gesetzgeber die Verwaltung vom Begründungserfordernis bei KI-basierten Entscheidungen in bestimmten, nicht kritischen Fällen entbinden könnte, etwa durch Aktualisierung des § 39 Abs. 2 Nr. 3 VwVfG, der heute verbreitet als „totes Recht" gilt (*Stelkens* in: Stelkens/Bonk/Sachs (Fn. 22), § 35a Rn. 50 und § 39 Rn. 97), sei hier dahingestellt.

66 Zur Legitimationsfrage, die sich stets stellt, wenn staatliche Stellen auf (private) Technik zurückgreifen, vgl. *Hoffmann-Riem* (Fn. 21), S. 31 ff.; *Kube* (Fn. 24), S. 309 ff.; *Hoffmann-Riem* (Fn. 63), S. 145 ff.

Digitalisierung – Umbruch oder Fortentwicklung im Recht des geistigen Eigentums

Linda Kuschel

Die Digitalisierung scheint auf den ersten Blick der Antagonist des Rechts des geistigen Eigentums. Während durch die Anerkennung von subjektiven Rechten an immateriellen Gütern etwas grundsätzlich nicht-exklusives normativ einer bestimmten Person exklusiv zugewiesen wird, ist die tatsächliche Ausschließbarkeit Dritter von eben diesen Gütern durch die Digitalisierung, die Aufwand und Kosten für die Reproduktion und Verbreitung drastisch gesenkt hat, beinah aufgehoben worden. Treffend stellt *Wolfgang Hoffmann-Riem* fest, das Recht des geistigen Eigentums werde durch die fortschreitende Digitalisierung (insbesondere das Internet) „jetzt gehörig durchgeschüttelt".[1] Aber gab es auch einen „Umbruch"? Denkbar wäre ebenso, dass das Recht zwar durchgeschüttelt wurde, aber dennoch, wenn auch ein wenig derangiert, an seinem ursprünglichen Platz verweilt. Endgültig beurteilen lässt sich das erst, wenn das Beben vorüber ist; die von der Digitalisierung ausgelösten tektonischen Verschiebungen sind allerdings noch lange nicht vorüber. Um die Frage „Umbruch oder Fortentwicklung im Recht des geistigen Eigentums" beantworten zu können, muss das Blickfeld des „jetzt" in zwei Richtungen erweitert werden: in die Vergangenheit und in die Zukunft. Wo befand sich das Recht des geistigen Eigentums vor der Digitalisierung – was sind seine Ursprünge und Grundsätze? Und: Wie könnten die Technologien von morgen das Recht des geistigen Eigentums prägen; haben sie das Potential, zu einem Umbruch zu führen?

1 *Hoffmann-Riem*, JZ 2012, 1081, 1084.

A. Das Gestern: Ursprung und Grundsätze des Rechts am geistigen Eigentum

Für das Recht des geistigen Eigentums[2] sind technische Entwicklungen kein Fremdkörper.[3] Im Gegenteil: Sowohl Urheberrecht als auch Patentrecht verdanken ihre Existenz letztlich (auch) dem technischen Fortschritt.[4] Durch die Erfindung des Buchdrucks im 15. Jahrhundert wurde die Vervielfältigung und Verbreitung von Schriftwerken wesentlich schneller und kostengünstiger möglich.[5] Staatlich verliehene Privilegien, die einer Person die exklusive Erlaubnis gaben, in einem Hoheitsgebiet eine Druckpresse zu betreiben (Gewerbeprivileg) oder ein bestimmtes Werk zu drucken (Bücherprivileg), sicherten dabei in erster Linie nicht die Interessen der Autoren, sondern die Investitionen der Betreiber der Druckpresse, um diesen einen Anreiz zu bieten, sich in einem bestimmten Gebiet niederzulassen und die dortige Wirtschaft zu bereichern.[6] Auch für Er-

---

2 Der Aufsatz beschäftigt sich mit dem Urheberrecht und dem Patentrecht als den „paradigmatischen" (*Götting*, GRUR 2006, 353) Rechten des geistigen Eigentums. Der Schwerpunkt liegt dabei auf dem Urheberrecht als dem am stärksten von der Digitalisierung beeinflussten Immaterialgüterrecht. Zum (umstrittenen) Begriff des geistigen Eigentums vgl. nur *Götting*, GRUR 2006, 353; *Jänich*, Geistiges Eigentum – eine Komplementärerscheinung zum Sacheigentum?, 2002.

3 Vgl. *Goldhammer*, Geistiges Eigentum im Verfassungsstaat und darüber hinaus: öffentlich-rechtliche Skizzen aktueller Herausforderungen, in: Goldhammer/Grünberger/Klippel, Geistiges Eigentum im Verfassungsstaat, 2016, S. 1, 20, der das Rechtsgebiet als „technikaffin" bezeichnet. Vgl. auch *Schulte/Moufang*, PatG § 1 Rn. 16: der technische Charakter ist dem Erfindungsbegriff „bereits immanent".

4 Vgl. für das Urheberrecht *Hilty*, Sündenbock Urheberrecht?, in: Ohly/Klippel, Geistiges Eigentum und Gemeinfreiheit, 2007, S. 107; *Ohly*, Urheberrecht zwischen Innovationsstimulierung und -verhinderung, in: Eifert/Hoffmann-Riem, Geistiges Eigentum und Innovation, 2008, S. 279, 284; *Schricker*, Urheberrecht auf dem Weg zur Informationsgesellschaft, 1997, S. 5. Vgl. auch *Peukert*, Kritik der Ontologie des Immaterialgüterrechts, 2018, S. 74 ff., der neben dem technologischen Fortschritt auch den kulturellen Wandel von der „namenlosen Nachahmung zum genialen Werk" und die moderne Marktwirtschaft als Voraussetzungen der Entstehung des Immaterialgüterrechts sieht.

5 Siehe hierzu *P. Goldstein*, Copyright's Highway, 2019, S. 25 f.; *McLuhan*, The Gutenberg Galaxy: the making of typographic man, 1971, S. 237 ff. Zu früheren Schutzmechanismen für geistige Leistungen siehe etwa *Jänich*, Geistiges Eigentum – eine Komplementärerscheinung zum Sacheigentum?, 2002, S. 7 ff.; *Schickert*, Der Schutz literarischer Urheberschaft im Rom der klassischen Antike, 2005.

6 Zum Privilegienwesen siehe nur *Heymann*, Die zeitliche Begrenzung des Urheberrechts, Sitzungsberichte der Preußischen Akademie der Wissenschaften, 1927, XI, S. 65 ff.; *Seifert*, NJW 1992, 1270, 1273. Vgl. auch *Ann*, GRUR Int 2004, 597; Drei-

findungen konnte ein Privileg erteilt werden, das ein zeitlich begrenztes Monopol zur gewerblichen Benutzung gewährte.[7] Es stellte eine Belohnung für die Mühen und Kosten des Erfinders dar und sollte so als Anreiz zur Erfindertätigkeit fungieren.[8] Vom modernen Patent- und Urheberrecht, die ihrem Inhaber ein subjektives Recht gewähren, war das sich durch hoheitliche Erteilung auszeichnende Privilegienwesen allerdings noch recht weit entfernt.[9]

Das erste Patentgesetz, das „Statute of Monopolies", entstand 1624 in England.[10] Es legte die Gewerbefreiheit als Grundsatz fest, in den Patente als Monopole nur ausnahmsweise und mit entsprechender Rechtfertigung eingreifen durften.[11] Die Rechtfertigung für diese Ausnahme war der Nutzen von Erfindung und erfinderischer Tätigkeit für die Allgemeinheit.[12]

Ein Umdenken im theoretischen Fundament des Rechts am Geistigen Eigentum erfolgte im 17. und 18. Jahrhundert. Beeinflusst von der Philosophie der Aufklärung und von Naturrechtstheorien, allen voran der Labour Theory von John Locke,[13] entstand auch im Recht des geistigen Ei-

---

er/Schulze/*Dreier*, UrhG Vor Rn. 10; *Jänich*, Geistiges Eigentum – eine Komplementärerscheinung zum Sacheigentum?, 2002, S. 20 ff.

7 Vgl. Kraßer/Ann/*Ann*, Patentrecht, § 4 Rn. 12; *Osterrieth*, Patentrecht, 5. Aufl. 2015, Rn. 77; *Pohlmann* GRUR 1960, 272.

8 *Götting*, Gewerblicher Rechtsschutz, 10. Aufl. 2014, S. 16 Rn. 13; *Osterrieth*, PatR, Rn. 78.

9 Vgl. *Heymann*, Die zeitliche Begrenzung des Urheberrechts, Sitzungsberichte der Preußischen Akademie der Wissenschaften, 1927, XI, 97 (im Kontext der urheberrechtlichen Schutzdauer); *Runge* GRUR 1948, 155; *Seifert* NJW 1992, 1270, 1273 ff.; *Dölemeyer/Klippel*, Der Beitrag der deutschen Rechtswissenschaft zur Theorie des gewerblichen Rechtsschutzes und Urheberrechts, in: Beier et al., FS GRUR Bd. I, 1991, S. 185, 189 ff. („prinzipieller Gegensatz"); vgl. aber auch *Klippel*, ZGE 1 (2015), 49, 55 f., der feststellt, dass es sich bei den Privilegien zumindest ihrer Wirkung nach um subjektive Rechte handelte, und *Schack*, Urheber- und Urhebervertragsrecht, 9. Aufl. 2019, Rn. 110, der anmerkt, dass sich im Privilegienwesen bereits Andeutungen eines Urheberpersönlichkeitsschutzes finden.

10 *Silberstein*, Erfindungsschutz und merkantilistische Gewerbeprivilegien, 1961, S. 202 ff.

11 Kraßer/Ann/*Ann*, Patentrecht, § 4 Rn. 18 f.; *Ann* GRUR Int 2004, 597, 600.

12 *Götting*, Gewerblicher Rechtsschutz, S. 18 Rn. 18 f.

13 "Though the Earth, and all inferior Creatures be common to all Men, yet every Man has a Property in his own Person. This no Body has any Right to but himself. The Labour of his Body, and the Work of his Hands, we may say, are properly his. Whatsoever the he removes out of the State that Nature hath provided, and left in it, he hath mixed his Labour with it, and joined to it something that is his own, and thereby makes it his Property.", *Locke*, Two Treatises of Government, Second Treatise, V, Abschnitt 26, 1689.

gentums die Idee von einem „natürlichen“ Recht des Erfinders bzw. Autors, der – zwar nicht mit seinen Händen, aber mit seinem Geist – etwas Neues erschafft.[14] Das erste Gesetz, das dem Autor und nicht mehr allein dem Verleger ein Recht an seinem Werk zugestand, war das britische Statute of Anne von 1710.[15] In Frankreich vollzog sich der Wandel im Zuge der Revolution, die sämtliche Privilegien des *Ancien régimes* abschaffte.[16] 1791[17] und 1793[18] werden Gesetze zum Schutz der Rechte am *Propriété littéraire et artistique* erlassen.[19] Die von *Le Chapelier* in seinem Bericht von 1791 gebrauchte Formulierung, das Werk des Autors sei „la plus sacrée, la plus légitime, la plus inattaquable et [...] la plus personnelle de toutes les propriétés“[20] wird – obwohl *Le Chapelier* sehr wohl auch die Interessen der Allgemeinheit vor Augen hatte – zum prägenden Motiv des kontinentaleuropäischen Urheberrechts.[21] Parallel dazu rückte in der Epoche der Romantik das Individuum stärker in den Vordergrund und der sich in Musik, Literatur und bildender Kunst herauskristallisierende Geniegedanke beeinflusste vor allem das Urheberrecht maßgeblich.[22] In Deutschland entwickelte sich das Recht am geistigen Eigentum aufgrund der Zersplitterung

---

14 Vgl. *Dölemeyer/Klippel*, Der Beitrag der deutschen Rechtswissenschaft zur Theorie des gewerblichen Rechtsschutzes und Urheberrechts, in: Beier et al., FS GRUR Bd. I, 1991, S. 185, 198 ff.; *Kirchhof*, Der verfassungsrechtliche Gehalt des geistigen Eigentums, in: Fürst et al., FS Zeidler, 1987, Bd. 2, S. 1639, 1640; *Wadle*, Der Weg zum gesetzlichen Schutz des geistigen und gewerblichen Schaffens, in: Beier et al., FS GRUR Bd. I, S. 98.

15 An Act for the Encouragement of Learning, by Vesting the Copies of Printed Books in the Authors or Purchasers of such Copies, during the Times therein mentioned. 8 Ann. c. 21.

16 Vgl. *Osterrieth*, PatR, Rn. 81; *Ann*, GRUR Int 2004, 597, 600 f.

17 Lois du 13 janvier 1791 et 19 juillet 1791, relative aux théâtres et au droit de représentation et d'exécution des œuvres dramatiques et musicales.

18 Décret de la Convention Nationale du dix-neuf juillet 1793 relatif aux droits de propriété des Auteurs d'écrits en tout genre, des Compositeurs de musique, des Peintres et des Dessinateurs.

19 Zur Bedeutung dieser Gesetze für die Vorstellung vom abstrakten Immaterialgut siehe *Peukert*, Kritik der Ontologie des Immaterialgüterrechts, 2018, S. 105 ff.

20 *Le Chapelier's report*, 1791, S. 16, Bentley/Kretschmer, Primary Sources on Copyright (1450-1900), abrufbar unter: http://www.copyrighthistory.org/cam/tools/request/showRecord?id=record_f_1791.

21 Vgl. *Ginsburg*, A Tale of Two Copyrights: Literary Property in Revolutionary France and America, 64 Tul. L. Rev. 991, 1006 ff. (1990).

22 Vgl. *Bappert*, Wege zum Urheberrecht, 1962, S. 105 ff.; *Metzger*, Vom Einzelurheber zu Teams und Netzwerken, in: Leible/Ohly/Zech, Wissen – Märkte – Geistiges Eigentum, 2010, S. 79, 80 f.; *Peukert*, Kritik der Ontologie des Immaterialgüterrechts, 2018, S. 80 ff.; *Woodmansee*, The Genius and the Copyright. Economic

des Reiches nur langsam fort.[23] Letztlich bildeten sich für das Urheberrecht einerseits und die gewerblichen Schutzrechte andererseits unterschiedliche Schwerpunkte in der Begründung heraus:[24]

Im Urheberrecht setzt sich die maßgeblich von *Otto von Gierke*[25] geprägte Lehre vom Persönlichkeitsrecht durch.[26] Sie wird im Rahmen der monistischen Theorie fortentwickelt, die das Urheberrecht als einheitliches Recht begreift, bestehend aus vermögensrechtlichen und persönlichkeitsrechtlichen Bestandteilen.[27] Dieses theoretische Fundament spiegelt sich in den wichtigsten Regelungen und Grundsätzen des heutigen Urheberrechts wider: Urheberrechtsschutz wird nur für Werke als persönliche geistige Schöpfungen gewährt (§ 2 Abs. 2 UrhG), also insbesondere nur für von natürlichen Personen geschaffene Gegenstände. Der Urheberrechtsschutz bezieht sich auf die Form und den Ausdruck, nicht auf die dahinterliegende Idee.[28] Das Urheberrecht entsteht formlos unmittelbar durch den Schöpfungsakt, ohne dass es etwa einer Registrierung bedürfte.[29] Der Urheber wird sowohl in seinen persönlichen und geistigen Beziehungen zum Werk als auch in der wirtschaftlichen Nutzung des Werkes geschützt. Diese beiden Bestandteile des Urheberrechtsschutzes (Urheberpersönlichkeitsrechte und Verwertungsrechte) sind, entsprechend der monistischen Theorie, untrennbar miteinander verbunden. Daraus folgt, dass das Urheberrecht insgesamt unübertragbar ist (§ 29 Abs. 1 UrhG). Auch die Schutzdauer des Urheberrechts orientiert sich an der Person des Schöpfers und gewährt noch 70 Jahre über den Tod des Autors hinaus Schutz (§ 64 UrhG).

Im Patentrecht steht von Beginn an der Gedanke des Nutzens für die Allgemeinheit stärker im Vordergrund. Die gewerblichen Schutzrechte sind als staatlich verliehene Monopole auch daran zu messen, ob der volks-

---

and Legal Conditions of the Emergence of the 'Author', Eighteenth-Century Studies, 17 (1984), 424.

23 Vgl. *Götting*, Gewerblicher Rechtsschutz, S. 23 f. Rn. 34.

24 Vgl. zum Urheberrecht Schricker/Loewenheim/*Vogel*, UrhG Einl. Rn. 127 ff., zu den gewerblichen Schutzrechten *Götting*, Gewerblicher Rechtsschutz, S. 25 Rn. 39 ff.. Kritisch *Schricker*, GRUR 1992, 242, 245.

25 Siehe nur *v. Gierke*, Deutsches Privatrecht Bd. I, 1895, § 85, S. 748 ff., 764 ff., abgedruckt in UFITA 125 (1994), 103.

26 Vgl. *Schack*, UrhR, Rn. 120; *Vogel*, GRUR 1994, 587, 588.

27 Vgl. *Schack*, UrhR, Rn. 120; Schricker/Loewenheim/*Vogel*, UrhG Einl. Rn. 130.

28 Dreier/Schulze/*Schulze*, UrhG § 2 Rn. 37; Schricker/Loewenheim/*Loewenheim/Leistner*, UrhG § 2 Rn. 73.

29 Schricker/Loewenheim/*Loewenheim/Peifer*, UrhG § 7 Rn. 5; Wandtke/Bullinger/*Thum*, UrhG, § 7 Rn. 5 f.

wirtschaftliche Nutzen die Nachteile überwiegt.[30] Dementsprechend sind im Patentrecht, neben der naturrechtlichen Eigentumstheorie, nach der zuvörderst dem Erfinder das Recht an seiner geistigen Leistung zusteht, vor allem die Anreiztheorie und die Offenbarungstheorie von großer Bedeutung:[31] Die Gewährung eines ausschließlichen Rechts soll den Erfinder motivieren, geistig tätig zu werden und, im Rahmen der Patentanmeldung, seine Erfindung der Gesellschaft zu offenbaren.[32] Dementsprechend gewährt das Patentrecht Schutz für Erfindungen auf dem Gebiet der Technik (§ 1 Abs. 1 PatG) nur, wenn sie neu (§ 3 PatG) und für einen Fachmann nicht selbstverständlich sind, also eine gewisse „Erfindungshöhe“[33] aufweisen (§ 4 PatG). Es gilt das Erfinderprinzip,[34] wonach die Person, die durch ihre individuelle geistige Leistung die technische Erfindung gemacht hat, Inhaber des Erfinderrechts ist und Anspruch auf das Patent hat (§ 6 PatG). Die Erfindung ist bei der Anmeldung zu offenbaren (§ 34 Abs. 4 PatG) und wird nach 18 Monaten auch der Öffentlichkeit offengelegt (§ 31 Abs. 2 S. 1 Nr. 2 PatG).

B. Das Heute: Eine Bestandsaufnahme der Veränderungen durch die Digitalisierung

Die Digitalisierung hat die Anzahl potentieller Schutzgegenstände erweitert, neue Arten der (rechtmäßigen und unrechtmäßigen) Nutzung ermöglicht und die Art und Weise der Verfolgung von Schutzrechtsverletzungen verändert. Aber inwieweit ist hiermit auch eine qualitative Veränderung

---

30 *Ensthaler*, Gewerblicher Rechtsschutz und Urheberrecht, 3. Aufl. 2009, S. 115; *Klippel*, Die Idee des geistigen Eigentums, in: Wadle, Historische Studien zum Urheberrecht in Europa, 1993, S. 121, 137.

31 Zu den verschiedenen Patenttheorien siehe nur Kraßer/Ann/*Ann*, Patentrecht, § 3 Rn. 7 ff.

32 Vgl. Benkard/*Rogge/Melullis*, PatG Einl Rn. 1. Vgl. auch *Hoffmann-Riem*, Innovation und Recht, Recht und Innovation, 2016, S. 437 („Das Recht am geistigen Eigentum soll in dieser Sichtweise einen Anreiz zu innovativem Verhalten schaffen und einen Anreiz zur Geheimhaltung nehmen.“).

33 Benkard/*Schäfers/Schwarz* PatG § 59 Rn. 76; Mes/*Mes*, PatG § 4 Rn. 57 ff. Vgl. auch Benkard/*Assendorf/Schmidt*, PatG § 4 Rn. 17.

34 Im ersten deutschen Patentgesetz von 1877 galt hingegen noch das Anmelderprinzip (§ 3 Patentgesetz 1877), was sich erst mit der Patentrechts-Reform 1936 änderte. Vgl. hierzu *Schade*, GRUR 1977, 390.

des Rechts am geistigen Eigentum einhergegangen? Diese Frage soll die folgende überblicksartige Bestandsaufnahme[35] klären.

I. Schutzgegenstand

Weder Urheberrecht noch Patentrecht beschränken sich auf analoge Schutzgegenstände. Ein digitales Werk – etwa ein E-Book oder ein digitaler Film – ist in gleicher Weise urheberrechtlich geschützt wie eine auf einem materiellen Träger erzeugte Schöpfung.[36] Eine Erfindung auf dem Gebiet der Technik wiederum muss nicht rein mechanisch wirken, sondern kann sich auch elektrischer Energie, digitaler Funktionen oder des Internets bedienen.[37]

Ein originär digitaler Schutzgegenstand, der sowohl Urheberrecht als auch Patentrecht herausfordert, ist das Computerprogramm. Im Patentrecht werden weder mathematische Methoden noch Programme für Datenverarbeitungsanlagen als Erfindung angesehen (§ 1 Abs. 3 Nr. 1 und 3 PatG). Dieser Ausschluss gilt jedoch nur, soweit für diese Gegenstände „als solche" Schutz begehrt wird (vgl. § 1 Abs. 4 PatG). Damit sind zwar Computerprogramme für sich nicht patentierbar – Computerprogramme, die als Mittel zur Lösung eines konkreten technischen Problems eingesetzt werden, sog. computerimplementierte Erfindungen, hingegen schon.[38] Entscheidende Bedeutung kommt also der Frage zu, ob das Computerprogramm einen technischen Charakter hat;[39] die genauen Anforderungen an die technischen Merkmale des Computerprogramms sind allerdings unklar.[40]

---

35 Siehe hierzu auch *Becker/Dreier*, Urheberrecht und digitale Technologie, 1994 (im Kontext der digitalen Verwertung); *Depenheuer/Peifer*, Geistiges Eigentum: Schutzrecht oder Ausbeutungstitel?, 2008; *Dreier/Leistner*, GRUR-Beilage 2014, 13; *Schricker*, Urheberrecht auf dem Weg zur Informationsgesellschaft, 1997; *Wandtke*, UFITA 2011/III, S. 649.

36 Vgl. Schricker/Loewenheim/*Loewenheim/Leistner*, UrhG § 2 Rn. 48.

37 Vgl. Benkard/*Bacher*, PatG § 1 Rn. 46a; *Haedicke/Zech*, GRUR-Beilage 2014, 52; *Pesch* MMR 2019, 14; Vgl. auch *Zech*, GRUR 2017, 475, der von einer „Dematerialisierung des Patentrechts" spricht.

38 Vgl. *Götting*, Gewerblicher Rechtsschutz, S. 131 Rn. 21; Schulte/*Moufang*, PatG § 1 Rn. 111; *Pesch*, MMR 2019, 14.

39 Vgl. *Götting*, Gewerblicher Rechtsschutz, S. 131 Rn. 21; *Osterrieth*, PatR, Rn. 371 ff.; Schulte/*Moufang*, PatG § 1 Rn. 111.

40 Vgl. *Schwarz/Kruspig*, Computerimplementierte Erfindungen – Patentschutz von Software?, 2011, Kap. 3.5.8; *Witte/Auer-Reinsdorff/Baldus*, § 5 Rechtsschutz von

Das Urheberrecht ist – entsprechend seiner historischen Wurzeln – auf die individuelle Gestaltung eines (analogen oder digitalen) Gegenstands, also dessen Formgebung gerichtet.[41] Die in einem Gegenstand enthaltenen Ideen oder Methoden bleiben frei.[42] Gerade sie sind es allerdings, die in einem Computerprogramm von größtem Interesse sind, die konkrete Darstellung hingegen ist eher nebensächlich.[43] Zudem unterscheiden sich Computerprogramme von anderen Werkarten in ihrer Bestimmung. Während bei Literatur, Musik oder Filmen der rezeptive Werkgenuss im Vordergrund steht, sind Computerprogramme durch ihre Funktionalität gekennzeichnet. Den hieraus folgenden Bedenken[44] zum Trotz und anstatt eines *sui generis*-Schutzes,[45] sind Computerprogramme heute als Sprachwerke geschützt (§ 2 Abs. 1 Nr. 1 UrhG). In den §§ 69a ff. UrhG, die die Vorgaben der Computerprogramme-Richtlinie[46] umsetzen, finden sich zwar einige Sonderregelungen, die für Computerprogramme insofern *leges speciales* sind.[47] In seinen wesentlichen Grundzügen unterscheidet sich der Schutz für Computerprogramme aber nicht von dem anderer Werkarten: Entsprechend der Trennung zwischen Form und Idee[48] erstreckt sich der Schutz für ein Computerprogramm nur auf die Ausdrucksform und nicht auf die dem Programm zugrunde liegenden Ideen und Grundsätze (§ 69a Abs. 2 UrhG). Nach § 69b UrhG gehen bei Computerprogrammen, die in Arbeits- oder Dienstverhältnissen geschaffen wurden, alle vermögensrechtlichen Befugnisse automatisch auf den Arbeitgeber bzw. Dienstherren

---

Computerprogrammen und digitalen Inhalten, in: Auer-Reinsdorff/Conrad, IT-R-HdB, 3. Aufl. 2019, Rn. 112 f.

41 Vgl. Dreier/Schulze/*Schulze*, UrhG § 2 Rn. 37; *Schack*, UrhR, Rn. 187; Schricker/Loewenheim/*Loewenheim/Leistner*, UrhG § 2 Rn. 47; Wandtke/Bullinger/*Bullinger*, UrhG § 2 Rn. 33.

42 Vgl. *Schack*, UrhR, Rn. 194; Schricker/Loewenheim/*Loewenheim/Leistner*, UrhG § 2 Rn. 73; Wandtke/Bullinger/*Bullinger*, UrhG § 2 Rn. 19.

43 *Cohen Jehoram*, GRUR Int 1991, 687, 692.

44 Vgl. International Literary and Artistic Association (ALAI), 53. Kongress (Athen, 23-29 Mai 1976), Resolutionen in 1977 Industrial Property and Copyright, 197, 198. Vgl. auch *Ricketson*, The Berne Convention for the protection of literary and artistic works 1886 - 1986, 1987, S. 897 ff.

45 WIPO, Model Provisions on the Protection of Computer Software, 1977, in 1977 Industrial Property and Copyright, 259.

46 RL 91/250/EWG.

47 Vgl. Berger/Wündisch/*Frank/Schulz*, Urhebervertragsrecht, 2. Aufl. 2015, § 22 Rn. 12; Wandtke/Bullinger/*Grützmacher*, UrhG § 69a Rn. 1; Schricker/Loewenheim/*Spindler*, UrhG Vor §§ 69a ff. Rn. 4 und 7; *Rehbinder/Peukert*, Urheberrecht, 18. Aufl. 2018, Rn. 599.

48 S.o. Fn. 41, 42.

über; dennoch gilt auch für Computerprogramme das Schöpferprinzip, so dass die Erstrechtsinhaberschaft beim Urheber liegt.[49]

Diese Ausweitung des Urheberrechts durch den Schutz für Computerprogramme ist im Übrigen keine der Digitalisierung geschuldete Ausnahmeerscheinung, sondern fügt sich durchaus in eine lange Tradition der Schutzgegenstandserweiterung ein.[50] Zu nennen sind hier zum einen Auflockerungen des Werkbegriffs durch die Aufnahme von Werken der angewandten Kunst in den Begriff der bildenden Kunst[51] und die kontinuierliche Absenkung der erforderlichen Gestaltungshöhe,[52] zum anderen die Schaffung neuer Leistungsschutzrechte parallel zu Fortschritten auf technischem Gebiet, etwa zugunsten von Tonträgerherstellern,[53] Presseverlegern[54] und Datenbankherstellern.[55]

II. Ausschließlichkeitsrechte und Schranken

Aus der verfassungsrechtlichen Institutsgarantie folgt für das geistige Eigentum die Pflicht des Gesetzgebers, „den Schutz der durch geistige Leistung geschaffenen Werke angesichts neuer technologischer und wirtschaft-

---

49 Vgl. Dreier/Schulze/*Dreier*, UrhG § 69b Rn. 2; Schricker/Loewenheim/*Spindler*, UrhG § 69b Rn. 1; Wandtke/Bullinger/*Grützmacher*, UrhG § 69b Rn. 1.

50 Vgl. hierzu *Cohen Jehoram*, GRUR Int 1991, 687, 688.

51 Die Theorie der *l'unité de l'art* geht auf *Pouillet*, Traité théorique et pratique des dessins et modèles de fabrique, 5. Aufl. 1911, S. 52 (zitiert nach *Perot-Morel*, Les principes de protection des dessins et modèles dans les pays du Marché Commun, 1968, S. 39), zurück. Vgl. auch *Passa*, Droit de la propriété industrielle, 2009, Rn. 672.

52 Vgl. *Schack*, Weniger Urheberrecht ist mehr, in: Bullinger et al., FS Wandtke, 2013, S. 9, 12; Dreier/Schulze/*Schulze*, UrhG § 2 Rn. 22; Schricker/Loewenheim/*Loewenheim/Leistner*, UrhG § 2 Rn. 60. Diese geringen Anforderungen gelten seit Umsetzung der RL 91/250/EWG auch für Computerprogramme und seit der BGH-Entscheidung Geburtstagszug (BGH, Urt. v. 13.11.2013, Az. I ZR 143/12 = BGHZ 199, 52) auch für Werke der angewandten Kunst.

53 §§ 85 f. UrhG, geschaffen mit dem Gesetz über Urheberrecht und verwandte Schutzrechte vom 9. September 1965 (BGBl. I S. 1273).

54 §§ 87f ff. UrhG, eingefügt durch 8. Gesetz zur Änderung des Urheberrechtsgesetzes vom 7. Mai 2013 (BGBl. I S. 1161). Die DSM-Richtlinie (RL (EU) 2019/790) sieht nun in Art. 15 ebenfalls ein Schutzrecht für Presseverleger vor.

55 §§ 87a ff. UrhG, eingefügt durch Art. 7 Informations- und Kommunikationsdienste-Gesetz vom 22. Juli 1997 (BGBl. I S. 1870) in Umsetzung von Art. 7 Datenbank-RL des Europäischen Parlaments und des Rates vom 11.3.1996 über den rechtlichen Schutz von Datenbanken (ABl. 1996 L 77, 20 ff.).

licher Gegebenheiten durch geeignete Regelungen zugunsten des Urhebers oder Erfinders zu gewährleisten."[56] Dementsprechend fallen neue Nutzungsmöglichkeiten, insbesondere durch technische Entwicklungen, in der Regel unmittelbar dem Ausschließlichkeitsrecht des Urhebers bzw. Erfinders zu.[57]

Die Digitalisierung hat neue Nutzungsformen für urheberrechtlich geschützte Werke ermöglicht. Sie unterliegen dem Ausschließlichkeitsrecht des Urhebers, ohne dass es einer entsprechenden Normierung durch den Gesetzgeber bedurfte:[58] Das Vervielfältigungsrecht umfasst digitale Kopien;[59] zum Recht der öffentlichen Wiedergabe zählen Online-Übertragungen, und zwar auch bevor diese explizit als Recht der öffentlichen Zugänglichmachung in § 19a UrhG aufgenommen wurden.[60] Im Patentrecht spielen digitale Nutzungen keine vergleichbar große Rolle.[61] Dennoch erschöpfen sich auch hier die Benutzungsbefugnisse nicht allein in analogen Handlungen, sondern können auch durch digitale Benutzungen – etwa einem Anbieten der Erfindung im Internet oder die (gewerbliche) Herstel-

56 *Badura*, Privatnützigkeit und Sozialbindung des geistigen Eigentums, in: Ohly/Klippel, Geistiges Eigentum und Gemeinfreiheit, 2007, S. 45, 55. So auch st. Rspr. des BVerfG, vgl. zum Urheberrecht BVerfGE 31, 229, 238 ff. („Zu den konstituierenden Merkmalen des Urheberrechts als Eigentum im Sinne der Verfassung gehört die grundsätzliche Zuordnung des vermögenswerten Ergebnisses der schöpferischen Leistung an den Urheber im Wege privatrechtlicher Normierung und seine Freiheit, in eigener Verantwortung darüber verfügen zu können."); BVerfGE 49, 382; zum Patentrecht BVerfGE 36, 281, 290 f.

57 BGHZ 17, 266, 287 ff. Vgl. hierzu auch *Badura*, Privatnützigkeit und Sozialbindung des geistigen Eigentums, in: Ohly/Klippel, Geistiges Eigentum und Gemeinfreiheit, 2007, S. 45, 51.

58 Vgl. Dreier/Schulze/*Schulze*, UrhG § 15 Rn. 10 ff.; Spindler/Schuster/*Wiebe*, UrhG § 15 Rn. 1 f.; Wandtke/Bullinger/*Heerma*, UrhG § 15 Rn. 15 ff. Die Subsumtion neuer digitaler Nutzungswege unter die bestehenden Verwertungsrechte kann allerdings mitunter zu willkürlichen Ergebnissen führen, wenn etwa die Anzeige eines Programms auf einem analogen Fernseher urheberrechtlich nicht relevant ist, die Anzeige auf einem digitalen Fernseher, aufgrund der erforderlichen Vervielfältigungen, hingegen schon. Vgl. hierzu auch *Dreier/Leistner*, GRUR-Beilage 2014, 13, 18 f.

59 Vgl. *Schack*, UrhR, Rn. 417; Schricker/Loewenheim/*Loewenheim*, UrhG § 16 Rn. 16.

60 Dreier/Schulze/*Dreier*, UrhG § 19a Rn. 3; Spindler/Schuster/*Wiebe*, UrhG § 19a Rn. 1; Wandtke/Bullinger/*Bullinger*, UrhG § 19a Rn. 2.

61 Vgl. *Haedicke/Zech*, GRUR-Beilage 2014, 52.

lung patentrechtlich geschützter Gegenstände mithilfe von 3D-Druckern[62] – betroffen sein.[63]

Für den Bereich der Ausschließlichkeitsrechte hat die Digitalisierung also zu einer quantitativen Erweiterung (vor allem im Urheberrecht) geführt. Eine qualitative Veränderung des Rechts ging hiermit jedoch nicht einher, weil der Zufluss neuer Nutzungsarten bereits im verfassungsrechtlichen Fundament des Rechts am geistigen Eigentum angelegt ist.

Im Gegensatz zu den Ausschließlichkeitsrechten sind die immaterialgüterrechtlichen Schranken grundsätzlich enumerativ und abschließend.[64] Sie beziehen sich nicht automatisch auch auf neue, digitale Nutzungsarten, was dazu führt, dass die Schranken mit den Verwertungsrechten oft nicht Schritt halten können – auch wenn sie richtigerweise nach ihrem Sinn und Zweck zeitgemäß ausgelegt werden.[65] Handlungen, die der Förderung der geistigen und kulturellen Werte dienen[66] und folglich zugleich Grundlage für die Schöpfung neuer Werke sind, werden damit häufig erst nach (langwierigen) gesetzgeberischen Reformen legalisiert.[67] Zu den aufgrund der Digitalisierung neugeschaffenen Schranken im Urheberrecht zählen etwa die Erlaubnis vorübergehender Vervielfältigungen (§ 44a UrhG) und die Text und Data Mining-Schranke (§ 60d UrhG).[68] Beide Schranken setzen, obgleich technisch motiviert, einen vorbestehenden Interessenausgleich um:

Der reine Werkgenuss – das Lesen eines Buches, das Anhören eines Musikstücks – ist urheberrechtlich frei, unterfällt also nicht den urheberrechtlichen Ausschließlichkeitsrechten.[69] Der digitale Werkgenuss geht allerdings zwangsläufig mit Vervielfältigungen einher, weil die digitale Datei (zumindest kurzzeitig) im Arbeitsspeicher des Wiedergabegerätes gespei-

62 Vgl. hierzu *Blanke-Roeser*, GRUR 2017, 467; *Haedicke/Zech*, GRUR-Beilage 2014, 52, 55 f.; *J.B. Nordemann/Rüberg/Schaefer*, NJW 2015, 1265.

63 Vgl. *Götting*, Gewerblicher Rechtsschutz, S. 201 Rn. 9.

64 Vgl. Fromm/Nordemann/*Dustmann*, UrhG Vor § 44a Rn. 4; *Schack*, UrhR, Rn. 533.

65 Vgl. BGH, GRUR 2002, 963 – *Elektronischer Pressespiegel*; *Hilty*, GRUR 2005, 819, 823 f.; *Geiger*, Die Schranken des Urheberrechts im Lichte der Grundrechte – Zur Rechtsnatur der Beschränkungen des Urheberrechts, in: Hilty/Peukert, Interessenausgleich im Urheberrecht, 2004, S. 152 f.

66 Vgl. BT-Drucks. IV/270, S. 63.

67 Vgl. *Dreier/Leistner*, GRUR 2013, 881, 889; *dies*. GRUR-Beilage 2014, 13, 21.

68 Daneben umfassen manche Schranken, parallel zu analogen Befugnissen, digitale Nutzungsarten, so etwa die §§ 60a ff., vgl. Dreier/Schulze/*Dreier*, UrhG § 60a Rn. 1.

69 Vgl. Wandtke/Bullinger/*Heerma*, UrhG § 15 Rn. 10.

chert wird.[70] Eben diese, für sich genommen wirtschaftlich irrelevanten, kurzzeitigen Speicherungen stellt § 44a UrhG frei. Die Schranke übersetzt folglich die Werkgenussfreiheit ins Digitale.[71]

Die Schranke für Text und Data Mining in § 60d UrhG[72] ermöglicht eine softwaregestützte Auswertung großer Datenmengen.[73] Zwar ist die Auswertung als solche keine urheberrechtlich relevante Handlung.[74] Da die Werke zuvor aber in ein maschinenlesbares Format (Korpus) überführt werden müssen, gehen mit dem Text und Data Mining in der Regel auch Vervielfältigungen einher.[75] Diese technisch erforderlichen, wirtschaftlich aber irrelevanten Vervielfältigungen werden durch § 60d UrhG freigestellt und dadurch der Einsatz automatisierter Systeme erlaubt, der gegenüber einer manuellen Auswertung durch Personen wesentlich zeit- und kosteneffizienter ist und bestimmte Forschungsvorhaben überhaupt erst ermöglicht.[76] Dennoch stellt die Text und Data Mining-Schranke keine qualitativ neue Beschränkung des Urheberrechts dar. Denn eine wichtige inhaltliche Begrenzung des Urheberrechtsschutzes ist die Differenzierung zwischen (geschützter) Form und (nicht geschützter) Information. Allein letztere ist beim Text und Data Mining betroffen.[77] Zudem steht die Nutzung von

70 Vgl. *Marly*, EuZW 2014, 616; *Rehbinder/Peukert*, UrhR, Rn. 490.

71 Vgl. *Wagner*, GRUR 2016, 874, 878 f. Da § 44a UrhG allerdings zwischen rechtmäßigen und unrechtmäßigen Quellen differenziert, werden analoger und digitaler Werkgenuss im Ergebnis doch nicht vollkommen gleichbehandelt, vgl. hierzu eingehend *Sucker*, Der digitale Werkgenuss im Urheberrecht, 2014; *Kuschel*, Der Erwerb digitaler Werkexemplare zur privaten Nutzung, 2019, S. 32 f. Vgl. auch *Schack*, UrhR, Rn. 412, der die Werkgenussfreiheit lediglich als Reflex ansieht.

72 Auch in Art. 3 f. der DSM-RL (RL (EU) 2019/790 über Urheberrecht und verwandte Schutzrechte im digitalen Binnenmarkt) sehen die Einführung einer Text und Data Mining Schranke verpflichtend vor. Die hiernach von den Mitgliedstaaten einzuführende Schranke geht teilweise über die bereits existierende deutsche Regelung hinaus. Siehe hierzu *Hauk/Pflüger*, ZUM 2020, 383, 385; *Raue*, ZUM 2019, 684; *ders.*, ZUM 2020, 172.

73 Vgl. Amtl.Begr. BT-Drucks. 18/12329, S. 3. Siehe hierzu auch *de la Durantaye*, Allgemeine Bildungs- und Wissenschaftsschranke, 2014, S. 7 ff.

74 Vgl. *Raue*, ZUM 2019, 684, 685; Dreier/Schulze/*Dreier*, UrhG § 60d Rn. 1, 4; Schricker/Loewenheim/*Stieper*, UrhG § 60d Rn. 3; Dreyer/Kotthoff/Meckel/*Hentsch*, UrhG § 60d Rn. 3.

75 Vgl. *Raue*, CR 2017, 656; *Spindler*, GRUR 2016, 1112, 1113; *ders.*, ZGE 10 (2018), 273, 276.

76 Vgl. *Spindler*, GRUR 2016, 1112.

77 Vgl. *de la Durantaye*, Allgemeine Bildungs- und Wissenschaftsschranke, 2014, S. 239.

Text und Data Mining für die Zwecke wissenschaftlicher Forschung auch nicht in Konkurrenz zur normalen Werkverwertung.[78]

Dort, wo es an (rechtzeitig) neugeschaffenen Schranken fehlt, behilft sich die Rechtsprechung mit anderen Konstruktionen.[79] So etwa bei der Vervielfältigung und öffentlichen Zugänglichmachung von Vorschaubildern durch Suchmaschinen: Hat der Rechtsinhaber Bilder (ohne technische Schutzmaßnahmen) öffentlich zugänglich gemacht, stelle dies eine „schlichte Einwilligung" in die Nutzung dar, da damit gerechnet werden müsse, dass die Bilder von den automatisierten Systemen der Suchmaschinen aufgefunden und verwendet würden.[80]

III. Durchsetzung

Die Digitalisierung ermöglicht es, Informationen komprimiert zu speichern, schnell und verlustfrei zu kopieren und sie über das Internet potentiell weltweit zugänglich zu machen. Insbesondere im Urheberrecht revolutionierten Digitalisierung und Vernetzung daher hergebrachte Verwertungsstrukturen.[81] Vervielfältigung und öffentliche Wiedergabe liegen nicht mehr allein in den Händen klassischer Distributoren, wie etwa Verlagen, Fernseh- und Rundfunkanstalten, sondern können auch durch Priva-

---

78 Vgl. auch *de la Durantaye*, Allgemeine Bildungs- und Wissenschaftsschranke, 2014, S. 240; *Schack*, ZUM 2016, 266, 269. Dementsprechend sieht die DSM-RL – anders als die deutsche Regelung in § 60d UrhG – für die Text und Data Mining Schranke auch keinen Ausgleich für die Rechtsinhaber vor, vgl. ErwG 17 DSM-RL.

79 Vgl. hierzu *Dreier/Leistner*, GRUR-Beilage 2014, 13, 22; *Leistner/Stang*, CR 2008, 499, 503 ff.; *Senftleben*, 1 JIPITEC (2010), 67, 72 f.

80 BGH, GRUR 2010, 628 – *Vorschaubilder I*, und GRUR 2012, 602 – *Vorschaubilder II*. Eingehend hierzu *Tinnefeld*, Die Einwilligung in urheberrechtliche Nutzungen im Internet, 2012.

81 Vgl. nur *Dreier/Leistner*, GRUR-Beilage 2014, 13; *Ernst*, Reaktionen des Gesetzgebers, in: Dreier/Hilty, Vom Magnettonband zu Social Media, FS 50 Jahre UrhG, 2015, S. 195; *Holzmüller/Staats*, Verwertungsgesellschaften und Digitalisierung, in: Dreier/Hilty, Vom Magnettonband zu Social Media, FS 50 Jahre UrhG, 2015, S. 207; *Harhoff/Hilty*, Urheberrecht und Innovation in digitalen Märkten, Studie im Auftrag des BMJV, 2016; *Lemley*, IP in a World Without Scarcity, 90 NYU L. Rev. 460, 468 ff. (2015); *Ohly*, Urheberrecht in der digitalen Welt – Brauchen wir neue Regelungen zum Urheberrecht und dessen Durchsetzung?, Gutachten Teil F, in DJT, 70. Deutscher Juristentag, 2014. Vgl. auch *Nagel*, Wiederkehrende Argumente in der urheberrechtlichen Debatte um neue Technologien, in: Specht/Lauber-Rönsberg/Becker, Medienrecht im Medienumbruch, 2017, S. 111.

te und von beliebigen Orten aus erfolgen. Dementsprechend ist die Werkverwertung für den Rechteinhaber schwieriger zu kontrollieren und sind Rechtsverletzungen mitunter nur eingeschränkt verfolgbar. Vor diesem Hintergrund hat die Digitalisierung zu zwei wichtigen Veränderungen bei der Rechtsdurchsetzung geführt: Dem Einsatz technischer Schutzmaßnahmen und einer deutlich gestiegenen Relevanz der Störerhaftung im Recht des geistigen Eigentums.

Technische Schutzmaßnahmen sind „Technologien, Vorrichtungen und Bestandteile, die im normalen Betrieb dazu bestimmt sind, geschützte Werke oder andere nach diesem Gesetz geschützte Schutzgegenstände betreffende Handlungen, die vom Rechtsinhaber nicht genehmigt sind, zu verhindern oder einzuschränken".[82] Die technische Wirksamkeit dieser „faktischen Zugangsschranken"[83] wird rechtlich verstärkt: Nach § 95a Abs. 1 UrhG dürfen technische Schutzmaßnahmen nicht ohne Zustimmung des Rechtsinhabers umgangen werden; entsprechende Vorbereitungshandlungen sind nach § 95a Abs. 3 UrhG verboten. Ein Verstoß kann sowohl zivilrechtliche als auch strafrechtliche Konsequenzen nach sich ziehen. Problematisch ist der Einsatz technischer Schutzmaßnahmen dann, wenn diese nicht nur unerlaubte Handlungen, sondern auch urheberrechtlich gar nicht relevante oder von einer urheberrechtlichen Schranke gedeckte Handlungen verunmöglichen.[84] Zwar gewährt § 95b UrhG dem zur Nutzung Berechtigten einen Anspruch zur Durchsetzung bestimmter Schrankenbestimmungen gegenüber dem Verwender technischer Schutzmaßnahmen. Allerdings wird hiermit zum einen noch keine Aussage zu Handlungen getroffen, die gar kein urheberrechtliches Ausschließlichkeitsrecht betreffen,[85] zum anderen werden längst nicht alle Schranken vollständig umfasst.[86] So ist etwa die Privatkopieschranke nach § 53 Abs. 1 UrhG genannt, der Anspruch jedoch auf analoge Kopien beschränkt.[87] Die Vorschrift steht zwar in der Kritik,[88] wird jedoch überwiegend als verfassungskonform eingeschätzt, weil aus der Sozialpflichtigkeit des Eigentums

---

82 Legaldefinition in § 95a Abs. 2 S. 1 UrhG.

83 *Wielsch*, Zugangsregeln, 2008, S. 15.

84 Vgl. hierzu *Hilty*, Sündenbock Urheberrecht?, in: Ohly/Klippel, Geistiges Eigentum und Gemeinfreiheit, 2007, S. 107, 116 f.; *Rehbinder/Peukert*, UrhR, Rn. 1004 ff.

85 Vgl. hierzu *Dreier/Leistner*, GRUR-Beilage 2014, 13, 20.

86 Vgl. Dreier/Schulze/*Specht*, UrhG § 95b Rn. 12; *Dreier*, ZUM 2002, 28, 36 ff.

87 Vgl. *Enders*, ZUM 2004, 593, 601; *Lauber-Rönsberg*, Urheberrecht und Privatgebrauch, 2011, S. 215; *Stickelbrock*, GRUR 2004, 736, 740.

88 *Holznagel/Brüggemann*, MMR 2003, 767; *Köcher/Kaufmann*, MMR 2005, 753; *Rigamonti*, GRUR Int. 2005, 1, 9 (§ 95b Nr. 6a UrhG sei völkerrechtswidrig); *Hohagen*,

kein Anspruch auf freien Zugang zu Werken folge und die Informationsfreiheitsrechte wiederum nicht vor Eingriffen durch Private schützten.[89] Im Übrigen wird den urheberrechtlichen Schranken ganz überwiegend lediglich rechtfertigender bzw. begrenzender Charakter beigemessen und ein korrespondierender Anspruch des Nutzers abgelehnt.[90]

Auch in der Rechtsverfolgung hat die Digitalisierung die Dynamik verändert. Insbesondere Urheberrechtsverletzungen im Internet stellen Rechteinhaber aufgrund der dezentralen Struktur des Netzwerks und der (potentiellen) Anonymität der Handelnden vor eine große Herausforderung.[91] Anstatt gegen eine Vielzahl von unmittelbar Handelnden vorzugehen, werden vor allem Vermittler – Host-Provider, Access-Provider, Suchmaschinen – mithilfe des Instruments der Störerhaftung in die Pflicht genommen.[92] Diese sind in der Regel einfacher zu erreichen als die unmittelbar Handelnden und können Rechtsverletzungen relativ kostengünstig un-

---

Überlegungen zur Rechtsnatur der Kopierfreiheit, in: *Ohly* et al., FS Schricker, 2005, S. 353, 366 („völlig unakzeptabel"); *Schweikart*, UFITA 2005/I, 7, 12 ff.; *Ulbricht*, CR 2004, 674; Wandtke/Bullinger/*Wandtke/Ohst*, UrhG § 95b Rn. 4 f.

89 *Arlt*, Digital Rights Management Systeme, 2006, S. 201; *v. Diemar*, GRUR 2002, 587, 592; *Stickelbrock*, GRUR 2004, 736, 741. Vgl. auch *Ohly*, Gesetzliche Schranken oder individueller Vertrag?, in: Dreier/Hilty, Vom Magnettonband zu Social Media, FS 50 Jahre UrhG, 2015, S. 379, 384, der sogar die Abschaffung der Privatkopie generell für verfassungskonform hält.

90 *Arlt*, Digital Rights Management Systeme, 2006, S. 203 (im Zusammenhang mit der Frage, ob sich aus § 53 UrhG ein Recht zur Umgehung technischer Schutzmaßnahmen ergibt); *Stieper*, Rechtfertigung, Rechtsnatur und Disponibilität der Schranken des Urheberrechts, 2009, S. 168 f.; *Zech*, Vertragliche Dispositionen über Schranken des geistigen Eigentums, in: Leible/Ohly/Zech, Wissen – Märkte – Geistiges Eigentum, 2010, S. 187, 188 f.

91 Vgl. nur *Hennemann*, Urheberrechtsdurchsetzung und Internet, 2011, S. 103; *Nietsch*, Anonymität und die Durchsetzung urheberrechtlicher Ansprüche im Internet, 2013, S. 68 ff.

92 Vgl. *Hennemann*, Urheberrechtsdurchsetzung und Internet, 2011, S. 108 ff.; *Kuschel*, Netzsperren im Privatrecht, in: Mittwoch et al., Netzwerke im Privatrecht, 2016, S. 261; *Leistner*, GRUR 2006, 801; *Spindler*, Rechtliche Verantwortlichkeit nach Maßgabe technischer Kontrollmöglichkeiten? Das Beispiel der Verantwortlichkeit von Internet-Providern, in: Eifert/Hoffmann-Riem, Innovation, Recht und öffentliche Kommunikation, 2011, S. 80 ff.; *G. Wagner*, GRUR 2020, 329, 333. Vgl. auch *Eifert*, Das Netzwerkdurchsetzungsgesetz und Plattformregulierung, in: Eifert/Gostomzyk, Netzwerkrecht, 2018, S. 9, 12 („zentrale Verantwortungsstruktur").

terbinden.[93] Allerdings führt das primäre Vorgehen gegen Intermediäre dazu, dass die Interessen der Handelnden, also etwa derjenigen, die einen bestimmten Inhalt erstellt und zugänglich gemacht haben, nicht hinreichend vertreten werden. Denn der Vermittler hat meist kein eigenes Interesse an einem konkreten Inhalt.[94] Aus seiner Perspektive ist es daher ökonomisch sinnvoll, im Zweifel lieber zu viel als zu wenig zu sperren, um einer Haftung zu entgehen.[95] Dies kann dazu führen, dass auch Inhalte, die urheberrechtlich unbedenklich sind, der Öffentlichkeit entzogen werden.[96]

IV. Zwischenbilanz

Obwohl die Digitalisierung zweifellos Auswirkungen auf das Recht des geistigen Eigentums – allen voran das Urheberrecht – hatte, zeigt eine Analyse der bisherigen rechtlichen Veränderungen doch, dass eine Disruption bislang ausgeblieben ist.[97] Der Kreis der Schutzgegenstände hat sich erwei-

93 Zu Intermediären als *cheapest cost avoider* vgl. *Leistner*, ZUM 2012, 722, 723; *Dreier/Leistner*, GRUR-Beilage 2014, 13, 26; *Ohly*, ZUM 2015, 308; *G. Wagner*, GRUR 2020, 329, 337 f. Ähnlich auch das BVerfG im Rahmen der Haftung von Suchmaschinenbetreibern für Drittinhalte (dies sei „effizienter"), s. BVerfG GRUR 2020, 88 Rn. 119 – *Recht auf Vergessen II*.

94 Vgl. *Magnus*, Dürfen schlaue Trolle das ganze Internet kaputtmachen? – Der Anspruch auf Wiederherstellung von Nutzerbeiträgen, in: Hetmank/Rechenberg, Kommunikation, Kreation und Innovation – Recht im Umbruch?, 2019, S. 99, 100; *Nolte*, ZUM 2017, 552, 556 („kein nennenswerter wirtschaftlicher Wert"); *Raue*, JZ 2018, 961, 963. Allerdings haben viele Plattformen zumindest ein Interesse, möglichst *viele* Inhalte bereitzustellen, vgl. *Gerpott*, MMR 2019, 420, 422; *Pravemann*, GRUR 2019, 783, 788.

95 Vgl. *F. Hofmann*, GRUR 2019, 1219, 1227; *D. Holznagel*, *Notice and Take-Down*-Verfahren als Teil der Providerhaftung, 2013, S. 206 ff.; *Kuschel*, Netzsperren im Privatrecht, in: Mittwoch et al., Netzwerke im Privatrecht, 2016, S. 261, 288 f.; *Raue*, JZ 2018, 961, 963. Differenzierend im Zusammenhang mit den Pflichten von Internetplattformen nach dem Netzwerkdurchsetzungsgesetz *Eifert*, Das Netzwerkdurchsetzungsgesetz und Plattformregulierung, in: Eifert/Gostomzyk, Netzwerkrecht, 2018, S. 9, 34 ff.; *Lang*, AöR 143 (2018), 220, 232 ff.

96 Vgl. *Hoffmann-Riem*, Kommunikationsfreiheiten, 2002, S. 145; *Kastl*, GRUR 2016, 671, 678; *Leistner/Grisse*, GRUR 2014, 105, 108 ff.; *Mantz*, GRUR 2017, 969; *Nolte/Wimmers*, GRUR 2014, 16.

97 So auch *Nagel*, Wiederkehrende Argumente in der urheberrechtlichen Debatte um neue Technologien, in: Specht/Lauber-Rönsberg/Becker, Medienrecht im Medienumbruch, 2017, S. 111. Für das Marken- und Lauterkeitsrecht (in Bezug auf die Herausforderungen durch das Internet) *Glöckner/Kur*, GRUR-Beilage 2014, 29.

tert, die Verwertungsrechte des Rechtsinhabers sind parallel zu neuen Nutzungsmöglichkeiten angewachsen, neugeschaffene Schrankenregelungen übersetzen Interessenabwägungen aus der analogen Welt ins Digitale und die Mittel zur Rechtsdurchsetzung folgen der gewandelten Realität der Nutzung und Verbreitung von Inhalten.

Die zu Anfang des 21. Jahrhunderts prophezeiten großen Revolutionen und anvisierten grundlegenden Reformen[98] sind aber im Wesentlichen ausgeblieben. Insbesondere hat der Schutz des geistigen Eigentums keineswegs an Relevanz verloren oder sich „aufgelöst".[99] Vorschläge für neue, pauschale Verwertungsmodelle, etwa im Rahmen einer Kultur-Flatrate,[100] wurden ebenso wenig umgesetzt wie ein Wechsel vom Katalog der Einzelschranken zu einer Generalklausel nach Vorbild des US-amerikanischen Fair Use-Systems.[101] Die Open-Content-Bewegung hat zwar hergebrachte

98 Vgl. etwa Schlussbericht der Enquete-Kommission Internet und digitale Gesellschaft, April 2013, BT-Drucks. 17/12550. *Hargreaves*, Digital Opportunity: A Review of Intellectual Property and Growth, Mai 2011, abrufbar unter www.gov.uk/government/publications/digital-opportunity-review-of-intellectual-property-and-growth. Auch auf europäischer und internationaler Ebene strebte man Reformen an: Die Vertragsstaaten des EPÜ verhandelten im Jahr 2000 über einen Basisvorschlag für die Revision des EPÜ (MR/2/00), der u.a. vorsah, die Ausnahme des Art. 52 Abs. 2 lit. c EPÜ („Programme für Datenverarbeitungsanlagen") zu entfernen. Die EU plante mit dem Vorschlag für eine Richtlinie des Europäischen Parlaments und des Rates über die Patentierbarkeit computerimplementierter Erfindungen (KOM/2002/0092 endg.) von 2002, computerimplementierte Erfindungen zu schützen, wenn sie „einen technischen Beitrag zum Stand der Technik" leisteten (Art. 4). Der Vorschlag scheiterte 2005 an der mangelnden Zustimmung des Parlaments.

99 Vgl. *Geller*, Dissolving Intellectual Property, 2006, abrufbar unter: https://pgeller.com/Paul_Geller-Dissolving_Intellectual_Property.pdf; *Smiers/van Schijndel*, Imagine there is no copyright and no cultural conglomerates too, 2009, abrufbar unter: https://networkcultures.org/_uploads/tod/TOD4_nocopyright.pdf.

100 BT-Drucks. 17/7899, S. 47 f.; *Spindler*, Rechtsprobleme und wirtschaftliche Vertretbarkeit einer Kulturflatrate, 2014, abrufbar unter: https://univerlag.uni-goettingen.de/bitstream/handle/3/isbn-978-3-86395-128-3/Spindler_Kulturflatrate.pdf?sequence=1&. Vgl. hierzu auch *Roßnagel/Jandt/Schnabel*, MMR 2010, 8. Kritisch *Schwartmann/Hentsch*, ZUM 2012, 759, 768 f.

101 BT-Drucks. 17/7899, S. 21. Vgl. hierzu auch *Förster*, Fair Use, 2008, S. 214 f.; *Hoeren*, GRUR 1997, 866, 871; *Metzger*, Urheberrechtsschranken in der Wissensgesellschaft: „Fair use" oder enge Einzeltatbestände?, in: Leistner, Europäische Perspektiven des Geistigen Eigentums, 2010, S. 101, 118 ff.; *Senftleben*, JIPITEC 1 (2010), S. 67 Rn. 43 ff. Kritisch *Schwartmann/Hentsch*, ZUM 2012, 759, 765 f.

Begründungsansätze in Frage gestellt.[102] Sie hat sich dabei aber das bestehende System zunutze gemacht und durch (lizenz-)vertragliche Regelungen an ihre Bedürfnisse angepasst;[103] eine Veränderung des Rechts hat sie nicht bewirkt.[104]

Die bisherigen Veränderungen des Rechts am geistigen Eigentum waren also eher Fortentwicklung als Umbruch. Obgleich durchgeschüttelt, ist das Recht des geistigen Eigentums recht beharrlich an seinem Platz geblieben; es steht allerdings ordentlich windschief. Denn während sich etwa der Schutzgegenstand deutlich erweitert und – insbesondere im Urheberrecht – vom ursprünglichen Kern weit entfernt hat, ist dessen theoretische Begründung weitestgehend unverändert geblieben. Noch heute spiegelt sich in den Grundsätzen des Urheberrechts – Schöpferprinzip, Unübertragbarkeit, Schutzdauer – vor allem die Persönlichkeitstheorie wieder,[105] auch wenn ökonomische Theorien zur Begründung des Rechts am geistigen Eigentum zunehmend an Boden gewinnen.[106] Sowohl im Urheberrecht als auch im Patentrecht bildet die Fokussierung auf die Person des (Einzel-)Schöpfers bzw. des (Einzel-)Erfinders die Realitäten des Entstehungsprozesses von vielen Werken und Erfindungen nicht mehr hinreichend ab.[107] Die lange Schutzdauer und umfassenden Ausschließlichkeitsrechte

---

102 Vgl. *Bechtold*, GRUR Int 2008, 484, 486; *Hoffmann-Riem*, Innovation und Recht, Recht und Innovation, 2016, S. 441; *Jaeger/Metzger*, Open Source Software: Rechtliche Rahmenbedingungen der Freien Software, 2. Aufl. 2006, S. 82 ff.; *Spindler*, Open Source Software: Offene Rechtsfragen, in: Taeger/Wiebe, Informatik – Wirtschaft – Recht, Regulierung der Wissensgesellschaft, FS Kilian, 2004, S. 353 ff.

103 Vgl. *Hoffmann-Riem*, JZ 2012, 1081, 1085 („geniale Um-Erfindung").

104 Vgl. hierzu *Ohly*, Urheberrecht zwischen Innovationsstimulierung und -verhinderung, in: Eifert/Hoffmann-Riem, Geistiges Eigentum und Innovation, 2008, S. 279, 282.

105 Vgl. *Lauber-Rönsberg*, GRUR 2019, 244, 250. Kritisch *Dornis*, GRUR 2019, 1252, 1258 f.; *Leistner/Hansen* GRUR 2008, 479, 480 f. Siehe aus rechtsvergleichender Sicht *Ginsburg*, The Concept of Authorship in Comparative Copyright Law, Columbia Law School Public Law and Legal Theory Research Paper Group, No. 03-51; *dies.*, A Tale of Two Copyrights: Literary Property in Revolutionary France and America, 64 Tul. L. Rev. 991 (1990).

106 Vgl. *Bechtold*, GRUR Int 2008, 484; *Grünberger/Jansen*, Perspektiven deutscher Privatrechtstheorie, in: Grünberger/Jansen, Privatrechtstheorie heute, 2017, S. 1, 32; *Leistner/Hansen*, GRUR 2008, 479, 481 ff.; *Nazari-Khanachayi*, Rechtfertigungsnarrative des Urheberrechts im Praxistest, S. 65 ff.; *Peukert*, Güterzuordnung als Rechtsprinzip?, 2008, S. 94 ff.; *ders.*, Kritik der Ontologie des Immaterialgüterrechts, 2018, S. 153 f.; *Wielsch*, Zugangsregeln, 2008, S. 13 ff.

107 Vgl. *Dreier/Leistner*, GRUR-Beilage 2014, 13, 17; *Dornis*, GRUR 2019, 1252, 1254 („geradezu romantische Vorstellung kreativen Schaffens"); *Hoffmann-Riem*, JZ

wiederum hemmen Kreativität und Innovation teilweise mehr als dass sie sie fördern.[108] Im Urheberrecht (und insbesondere bei den verwandten Schutzrechten)[109] wird der Tatsache, dass Schöpfungen immer auch auf Vorbestehendem aufbauen und mit steigender Zahl von Werken der Raum für Neuschöpfungen immer schmaler wird, zu wenig Beachtung geschenkt, was durch die „Demokratisierung der Kreativmittel“[110] im Zuge der Digitalisierung und die Zunahme an referentieller Kunst im Internet besonders deutlich wird.[111]

C. Das Morgen: Umbruch durch automatisierte und autonome Systeme?

Bisherige Entwicklungsstufen der Digitalisierung – insbesondere die Umwandlung von analogen Medien in digitale und die Vernetzung durch das

---

2012, 1081, 1084.; *W. Fisher*, Geistiges Eigentum - ein ausufernder Rechtsbereich, in: *Siegrist/Sugarman*, Eigentum im internationalen Vergleich, 2011, S. 265, 281; *Metzger*, Vom Einzelurheber zu Teams und Netzwerken, in: Leible/Ohly/Zech, Wissen – Märkte – Geistiges Eigentum, 2010, S. 79, 88, der von einem tatsächlichen „Veränderungsdruck auf das Schöpferprinzip“ spricht; *Peukert*, Der digitale Urheber, in: Bullinger et al., FS Wandtke, 2013, S. 459.

108 Vgl. *Hargreaves/Hugenholtz*, Copyright Reform for Growth and Jobs: Modernising the European Copyright Framework, Interactive Policy Brief 13/2013, S. 8 f.; *Hilty*, Sündenbock Urheberrecht?, in: Ohly/Klippel, Geistiges Eigentum und Gemeinfreiheit, 2007, S. 107, 130 ff.; *Hilty/Senftleben*, Rückschnitt durch Differenzierung? – Wege zur Reduktion dysfunktionaler Effekte des Urheberrechts auf Kreativ- und Angebotsmärkte, in: Dreier/Hilty, Vom Magnettonband zu Social Media, FS 50 Jahre UrhG, 2015, S. 317, 318; *Hoffmann-Riem*, Innovation und Recht, Recht und Innovation, 2016, S. 433; *Ohly*, Urheberrecht zwischen Innovationsstimulierung und -verhinderung, in: Eifert/Hoffmann-Riem, Geistiges Eigentum und Innovation, 2008, S. 279.

109 Nach Rechtsprechung des BGH ist etwa der Schutz von Laufbild- und Tonträgerherstellern bereits bei der Übernahme kleinster Bildausschnitte bzw. „Tonfetzen“ betroffen, vgl. BGH, GRUR 2008, 693 – *TV Total*; BGH, GRUR 2009, 403 Rn. 10 – *Metall auf Metall I*; BGH, GRUR 2017, 895 Rn. 16 – *Metall auf Metall III*; BGH, Urt. v. 30.04.2020, Az.: I ZR 115/16 – *Metall auf Metall IV* (noch nicht veröffentlicht). Vgl. hierzu *Dreier/Leistner*, GRUR-Beilage 2014, 13, 15.

110 *Dreier/Leistner*, GRUR-Beilage 2014, 13, 14.

111 Vgl. *Dreier/Leistner*, GRUR-Beilage 2014, 13, 14; *Hoffmann-Riem*, JZ 2012, 1081, 1084; *ders.*, Innovation und Recht, Recht und Innovation, 2016, S. 441; *Klass*, ZUM 2016, 801; *Lessig*, Remix: Making Art and Commerce Thrive in the Hybrid Economy, 2008, S. 253 ff.; *H. Maier*, Remixe auf Hosting-Plattformen, 2018, S. 1; *dies.*, GRUR-Prax 2016, 397; *Papastefanou*, WRP 2019, 171; *Pötzlberger*, Kreatives Remixing: Musik im Spannungsfeld von Urheberrecht und Kunstfreiheit, 2018, S. 26, 38.

Internet – haben das Recht des geistigen Eigentums zwar punktuell verändert, für wirklich große Umbrüche haben sie aber wohl ihr Momentum verloren. Damit stellt sich die Frage, ob Technologien von morgen (bzw. solche, die schon heute existieren, aber wahrscheinlich noch nicht ihr volles Potential entfaltet haben) zu einer Disruption im Recht des geistigen Eigentums führen könnten oder jedenfalls dazu Anlass bieten, alte Strukturen zu überdenken und gegebenenfalls Korrekturen vorzunehmen.[112] Hierzu gehört insbesondere der Einsatz Künstlicher Intelligenz,[113] also von Systemen, „die ihre Umgebung analysieren und mit einem gewissen Grad an Autonomie handeln, um bestimmte Ziele zu erreichen."[114] KI ist für das Recht des geistigen Eigentums in verschiedener Hinsicht eine Herausforderung: Zum einen, weil für die Systeme selbst ein immaterialgüterrechtlicher Schutz in Betracht kommt.[115] Zum anderen, weil die von KI generierten Ergebnisse potentielle Schutzgegenstände sind. Daneben können autonome und automatisierte Systeme zur Rechtsverfolgung herangezogen werden[116] und kommen, insbesondere in Form von Filtertechnologien, auch im Recht des geistigen Eigentums zum Einsatz.

---

112 Die im Folgenden angestellten Überlegungen sollen lediglich Denkanstöße sein, die im Rahmen der derzeit geltenden internationalen und europarechtlichen Vorgaben nicht unbedingt umsetzbar wären. In den Worten von *Dreier/Leistner*: „Denn Bindungen internationalen Rechts dürften wirklich innovativen Plänen beinahe stets entgegenstehen." (GRUR-Beilage 2014, 13, 21).

113 Zu Recht kritisch gegenüber der Weite des Begriffs der „Künstlichen Intelligenz" *Gesmann-Nuissl*, InTeR 2018, 105; *Hauck/Cevc*, ZGE 11 (2019), 135, 138 ff.; *Herberger*, NJW 2018, 2825.

114 Mitteilung der Kommission an das Europäische Parlament, den Rat, den Europäischen Wirtschafts- und Sozialausschuss und den Ausschuss der Regionen „Künstliche Intelligenz für Europa", Brüssel, 25.4.2018, COM(2018) 237 (final), abrufbar unter: https://ec.europa.eu/transparency/regdoc/rep/1/2018/DE/COM-2018-237-F1-DE-MAIN-PART-1.PDF. Für eine erweiterte und detailreichere Definition siehe Unabhängige Hochrangige Expertengruppe für Künstliche Intelligenz, Eine Definition der KI: Wichtigste Fähigkeiten und Wissenschaftsgebiete, April 2019, abrufbar unter: https://ec.europa.eu/newsroom/dae/document.cfm?doc_id=60664. Eine ausführliche Begriffsbestimmung nimmt auch *Linke*, Urheberrechtlicher Schutz von „KI" als Computerprogramme – Squeezing today's innovations into yesterday's system?, in: Hetmank/Rechenberg, Kommunikation, Kreation und Innovation – Recht im Umbruch?, 2019, S. 29, 31 ff. vor.

115 Daneben kommt auch ein Schutz als Geschäftsgeheimnis in Betracht, vgl. hierzu *Scheja*, CR 2018, 485.

116 Zur automatisierten Rechtsdurchsetzung im Privatrecht siehe etwa *Fries*, NJW 2016, 2860, 2861 ff.; *Kuschel*, AcP 220 (2020), 98; *Specht*, GRUR 2019, 253, 255; *Stiemerling*, CR 2015, 762.

I. Systeme Künstlicher Intelligenz

Die Fähigkeiten von KI beruhen auf der Zusammenführung verschiedener Komponenten: leistungsfähiger Hardware, Software, die auf mathematischen Modellen und Algorithmen basiert, und großer Mengen an Daten bzw. Datensätzen, mit denen die Software trainiert wird.[117]

Naheliegend erscheint ein Schutz für KI durch das Patentrecht.[118] Allerdings werden nach § 1 Abs. 3 Nr. 1 PatG (und Art. 52(2)(a) EPÜ) mathematische Methoden nicht als Erfindungen angesehen. Dementsprechend sind auch die KI-Systemen zugrundeliegenden mathematischen Modelle und Algorithmen nicht als solche patentfähig.[119] Die konkrete Anwendung von Algorithmen und mathematischen Modellen in einem KI-System kann aber durchaus technischen Gehalt haben und dementsprechend schutzfähig sein. Die Diskussion um die Schutzfähigkeit von KI-Systemen läuft letztlich, wie bei Computerprogrammen, die nur als computerimplementierte Erfindungen schutzfähig sind,[120] auf die Frage hinaus, ob das System ein technisches Problem mit technischen Mitteln löst.[121] Entscheidende Stellschraube ist dabei der Begriff der Technizität. Hier hat in den vergangenen Jahrzehnten bereits eine deutliche Auflockerung des ursprünglich recht strengen Technikverständnisses stattgefunden.[122] Durch

---

117 Vgl. hierzu *Fink*, ZGE 9 (2017), 288, 289 ff.; *Hauck/Cevc*, ZGE 11 (2019), 135, 144.

118 Siehe hierzu *Abbott*, I Think, Therefore I Invent: Creative Computers and the Future of Patent Law, 57 B. C. L. Rev. 1079 (2016); *Clifford*, Intellectual Property in the Era of the Creative Computer Program, 71 Tul. L. Rev. 1675, 1695 (1997); *Hauck/Cevc*, ZGE 11 (2019), 135; *Hetmank/Lauber-Rönsberg*, GRUR 2018, 574, 575; *Lederer*, GRUR-Prax 2019, 152; *Ménière/Pihlajamaa*, GRUR 2019, 332; *Nägerl/Neuburger/Steinbach*, GRUR 2019, 336; *Papastefanou*, „Machine Learning" im Patentrecht – Herausforderungen beim Erfinderbegriff und der Patentierfähigkeit von Algorithmen, in: Hetmank/Rechenberg, Kommunikation, Kreation und Innovation – Recht im Umbruch?, 2019, S. 9; *Zech/Lauber-Rönsberg/Hetmank*, GRUR Newsletter 02/2017, 17.

119 Vgl. *Hauck/Cevc*, ZGE 11 (2019), 135, 147; *Ménière/Pihlajamaa*, GRUR 2019, 332, 334; *Nägerl/Neuburger/Steinbach*, GRUR 2019, 336, 339; *Zech*, Technizität im Patentrecht – Eine intra- und interdisziplinäre Analyse des Technikbegriffs, Metzger, Methodenfragen des Patentrechts, FS Bodewig, 2018, S. 137, 151. Vgl. auch EPA, Richtlinien für die Prüfung im Europäischen Patentamt, November 2019, Teil G, Kap. II, 3.3.

120 So auch *Hauck/Cevc*, ZGE 11 (2019), 135, 148.

121 BGHZ 117, 144 – *Tauchcomputer*; BGH, GRUR 2010, 613 – *Dynamische Dokumentengenerierung*; BGH, GRUR 2011, 610 – *Webseitenanzeige*.

122 Vgl. BeckOK-PatR/*Einsele*, PatG § 1 Rn. 20 ff.; Benkard/*Asendorf/Schmidt*, PatG § 4 Rn. 59 ff.; Benkard/*Melullis*, EPÜ Art. 52 Rn. 275; *Pesch*, MMR 2019, 14, 15 f.

die stetig weiter zunehmende Relevanz digitaler, also unkörperlicher Gegenstände, ist perspektivisch eine noch stärkere „Bedeutungsverschiebung des Technikbegriffs“[123] denkbar. Daneben könnte die Thematik der Schutzfähigkeit von KI eine Gelegenheit bieten, das formale Technizitätserfordernis generell zu hinterfragen[124] und sich stärker auf die mit dem Patentschutz verfolgten Ziele – insbesondere die Innovationsförderung – zu konzentrieren. Neben dem Innovationsanreiz hätte die Patentierung von KI-Systemen im Übrigen noch einen weiteren wichtigen Vorteil: Entwicklern solcher Systeme würde ein Anreiz geboten, Algorithmen und Annahmen offenzulegen, so dass diese von Dritten überprüft und etwaige Fehlannahmen und Schwächen aufgedeckt werden könnten.[125]

Aus urheberrechtlicher Perspektive[126] kommt ein Schutz für KI als Computerprogramme in Betracht.[127] Algorithmen zählen zwar zu den einem Computerprogramm zugrundeliegenden Ideen und Grundsätzen, die gem. § 69a Abs. 2 S. 2 UrhG gerade nicht vom Schutz umfasst sind.[128] Ein Schutz für KI kann sich jedoch aus der konkreten Art und Weise der Einbindung von Algorithmen in ein Computerprogramm, also der Aus-

123 *Zech*, Technizität im Patentrecht – Eine intra- und interdisziplinäre Analyse des Technikbegriffs, Metzger, Methodenfragen des Patentrechts, FS Bodewig, 2018, S. 137, 158.

124 Kritisch auch *Götting*, Gewerblicher Rechtsschutz, S. 126 f. Rn. 6.

125 *M. Hildebrandt*, Preregistration of machine learning research design. Against P-hacking, in: Being Profiled: Cogitas Ergo Sum. 10 Years of Profiling the European Citizen, 2018, S. 102, 104, abrufbar unter: https://docs.wixstatic.com/ugd/99e4c5_63618b010fc64c8d9055e35513802ca4.pdf, schlägt daher eine Vor-Registrierung (preregistration) von machine learning-Programmen vor.

126 Siehe hierzu *Ehinger/Stiemerling*, CR 2018, 761; *Hartmann/Prinz*, WRP 2018, 1431; *Hetmank/Lauber-Rönsberg*, GRUR 2018, 574, 575; *Linke*, Urheberrechtlicher Schutz von „KI“ als Computerprogramme – Squeezing today's innovations into yesterday's system?, in: Hetmank/Rechenberg, Kommunikation, Kreation und Innovation – Recht im Umbruch?, 2019, S. 29; *Papastefanou*, CR 2019, 210, 212 f.; *Zech/Lauber-Rönsberg/Hetmank*, GRUR Newsletter 02/2017, 17.

127 Daneben wäre noch an einen Schutz durch das *sui generis* Recht des Datenbankherstellers zu denken, das aber daran scheitert, dass die einzelnen Bestandteile – die Algorithmen und mathematischen Modelle – keine „unabhängigen Elemente“ sind. Vgl. *Hauck/Cevc*, ZGE 11 (2019), 135, 161 ff.

128 Vgl. BGHZ 94, 276, 285; Dreier/Schulze/*Dreier*, UrhG § 69a Rn. 22; Fromm/Nordemann/*Czychowski*, UrhG § 69a Rn. 30; Schricker/Loewenheim/*Loewenheim*, UrhG § 69a Rn. 12; Wandtke/Bullinger/*Grützmacher*, UrhG § 69a Rn. 28; *Hauck/Cevc*, ZGE 11 (2019), 135, 160; *Scheja*, CR 2018, 485, 487; *Söbbing*, CR 2020, 223, 226 f.

drucksform des Programms ergeben.[129] Dieser Schutz erstreckt sich allerdings auch dann nicht auf die – aus technischer Perspektive entscheidenden – Algorithmen und mathematischen Modelle, sondern eben lediglich auf ihre Zuordnung zueinander. Hinzu tritt die Schwierigkeit, dass die Systeme in der Lage sind „zu lernen“, sich also selbsttätig zu verändern. Ihre genaue Funktion ist daher nicht eindeutig vorgegeben, sondern lediglich bestimmbar.[130]

Die Schwächen des Schutzes von Computerprogrammen spitzen sich durch den Bedeutungsgewinn von Systemen künstlicher Intelligenz zu. Nicht nur, dass die Beschränkung auf die konkrete Ausdrucksweise des Computerprogramms am eigentlichen Wert des Schutzgegenstands vorbeigeht – auch die Implikationen des Schöpferprinzips passen nicht zu der Interessenlage und dem Entstehungsprozess von Computerprogrammen. Bei der kostenintensiven Entwicklung höchstkomplexer Systeme Künstlicher Intelligenz wird dies noch einmal besonders deutlich: Hier wirkt kein Einzelschöpfer, sondern eine Vielzahl von (angestellten) Personen zusammen. Schutz wird letztlich nicht für eine kreative Leistung, sondern für die großen Investitionen begehrt, derer die Entwicklung bedarf. Gleichzeitig erfordern die Weiterentwicklung und Verbesserung von Systemen Künstlicher Intelligenz, auf bereits existierenden Systemen aufzubauen. Wie bei Computerprogrammen generell[131] besteht also im Sinne der Innovationsförderung ein besonders großes Freihaltebedürfnis. Sollte demnächst über einen adäquaten immaterialgüterrechtlichen Schutz für Systeme Künstlicher Intelligenz, etwa im Rahmen eines neuen Leistungsschutzrechts, diskutiert werden, könnte dies Anlass sein, auch das (urheberrechtliche) Schutzregime für Computerprogramme zu überprüfen.

---

129 Vgl. *Hauck/Cevc*, ZGE 11 (2019), 135, 161; *Linke*, Urheberrechtlicher Schutz von „KI“ als Computerprogramme – Squeezing today's innovations into yesterday's system?, in: Hetmank/Rechenberg, Kommunikation, Kreation und Innovation – Recht im Umbruch?, 2019, S. 29, 41. Für Computerprogramme BGH, GRUR 1991, 449, 453.

130 Vgl. hierzu *Papastefanou*, „Machine Learning“ im Patentrecht – Herausforderungen beim Erfinderbegriff und der Patentierfähigkeit von Algorithmen, in: Hetmank/Rechenberg, Kommunikation, Kreation und Innovation – Recht im Umbruch?, 2019, S. 9, 19 f.; *Linke*, Urheberrechtlicher Schutz von „KI“ als Computerprogramme – Squeezing today's innovations into yesterday's system?, in: Hetmank/Rechenberg, Kommunikation, Kreation und Innovation – Recht im Umbruch?, 2019, S. 29, 43 f.

131 Vgl. *Dreier/Leistner*, GRUR-Beilage 2014, 13, 14 f.

II. Von KI generierte Gegenstände

Auch für die Gegenstände, die eine KI generiert (ohne dass sich in dem Ergebnis noch ein gestalterischer menschlicher Wille verwirklicht),[132] stellt sich die Frage, ob bzw. inwieweit sie durch das Recht des geistigen Eigentums geschützt sind. Beispiele für solche autonom geschaffenen Erzeugnisse gibt es mittlerweile viele,[133] wie etwa das Gemälde *Portrait of Edmond de Belamy*, das durch einen Algorithmus des Kollektivs *Obvious* geschaffen wurde und im Oktober 2018 bei einer Auktion von *Christie's* für 432.500 US-Dollar versteigert wurde.[134] Oder die Warnleuchte und der Lebensmittelcontainer, die von der KI „DABUS" entworfen und beim EPA, beim UKIPO und beim USPTO zum Patent angemeldet wurden.[135] Beide Beispiele erfüllen zwar in Bezug auf den Gegenstand grundsätzlich die Anforderungen an ein Werk bzw. eine Erfindung. Sie wurden jedoch nicht durch eine natürliche Person geschaffen; es fehlt an einem Schöpfer bzw. einem Erfinder. Die Patentanmeldung von Warnleuchte und Lebensmittelcontainer scheiterten deshalb in allen Ämtern daran, dass keine (natürliche) Person als Erfinder benannt werden konnte.[136] Perspektivisch stellt sich aber die Frage, ob bzw. unter welchen Voraussetzungen Erzeugnisse Künstlicher Intelligenz immaterialgüterrechtlich geschützt werden sollten.[137]

---

132 Vgl. hierzu *Dornis*, GRUR 2019, 1252, 1253.

133 Für weitere Beispiele siehe *Dornis*, GRUR 2019, 1252, 1253; *Yanisky-Ravid*, Generating Rembrandt: Artificial Intelligence, Copyright, and Accountability in the 3A Era – The Human-Like Authors are Already Here – A New Model, Mich. St. L. Rev. 659, 668 (2017).

134 *Christie's*, "Is artificial intelligence set to become art's next medium?", abrufbar unter: www.christies.com/features/A-collaboration-between-two-artists-one-human-one-a-machine-9332-1.aspx.

135 Patentanmeldungen beim EPA EP 18 275 163 vom 17.10.2018, EP 18 275 174 vom 7.11.2018; Patentanmeldungen beim UKIPO Nrn. GB1816909.4 vom 17.10.2018 und GB1818161.0 vom 7.11.2018; Patentanmeldungen beim USPTO Nr. 16/524,350 vom 29.7.2019. Vgl. Hierzu *Chen*, "Can an AI be an inventor? Not yet.", MIT Technology Review, 8.1.2020, abrufbar unter: www.technologyreview.com/2020/01/08/102298/ai-inventor-patent-dabus-intellectual-property-uk-european-patent-office-law/.

136 Siehe EPA-Entscheidung vom 27. Januar 2020 zu EP 18 275 163, S. 4 ff.; EPA-Entscheidung vom 27. Januar 2020 zu EP 18 275 174, S. 4 ff.; UKIPO, Decision of 4.12.2019, BL O/741/19, S. 4 ff.; USPTO, Decision on petition in re application of application no.: 16/524,350, S. 4 ff.

137 Vgl. hierzu *Dornis*, GRUR 2019, 1252; *Hetmank/Lauber-Rönsberg*, GRUR 2018, 574; *Legner*, ZUM 2019, 807; *Nägerl/Neuburger/Steinbach*, GRUR 2019, 336. Auch

Das theoretische Fundament des geistigen Eigentums – vor allem die persönlichkeitsrechtliche Begründung des Urheberrechts in Kontinentaleuropa aber auch die Anreiztheorie des Patentrechts – vermag eine solche Ausdehnung auf Werke, hinter denen keine natürliche Person mehr steht, allerdings kaum zu tragen.[138] Aus diesem Grund wurde eine Regelung, wie sie der UK Copyright, Designs and Patents Act 1988 für computer-generated works vorsieht,[139] schon 1990 von der WIPO als „nicht von dem Begriff des Werkes der Literatur und Kunst gemäß der Berner Übereinkunft erfaßt" abgelehnt.[140]

Aus Sicht der Produzenten von Systemen Künstlicher Intelligenz ist ein immaterialgüterrechtlicher Schutz für die generierten Gegenstände offensichtlich wünschenswert. Auch wird befürchtet, der durch den (oben angesprochenen) Schutz für die Systeme als solche geschaffene Investitionsanreiz laufe leer, wenn die vom System hervorgebrachten Ergebnisse schutzlos sind.[141] Eine Gleichstellung „persönlicher" Schöpfungen und Erfindungen mit maschinellen erscheint aber aus verschiedenen Gründen bedenklich. Zum einen fällt die theoretische Begründung eines solchen Rechts äußerst schwer. Dies gilt nicht nur für Persönlichkeits- und Anreiztheorie, die unmittelbar an menschliche Attribute gebunden sind. Auch rechtsöko-

---

beim EPA stellt man sich bereits die Frage „Können KI und ML in Zukunft selbst ‚erfinden', oder handelt es sich beim Erfinder per Definition um einen Menschen, der ihm zur Verfügung stehendes Werkzeug benutzt?", *Volkmer/Theißing/Owens*, Entwicklungen im Bereich der Künstlichen Intelligenz und des Maschinellen Lernens aus Sicht des EPA, GRUR Newsletter 02/2017, S. 3, 6. *Yanisky-Ravid/Liu*, When Artificial Intelligence Systems Produce Inventions: The 3A Era and an Alternative Model for Patent Law, 39 Cardozo L. Rev. 2215 (2018), halten das traditionelle Patentrecht für KI-generierte Erfindungen hingegen für „irrelevant and inapplicable".

138 So auch *Dornis*, GRUR 2019, 1252, 1258; *Hetmank/Lauber-Rönsberg*, GRUR 2018, 574, 576 f.; *Lauber-Rönsberg*, GRUR 2019, 244, 251 f.; *Legner*, ZUM 2019, 807, 809; *Yanisky-Ravid*, Generating Rembrandt: Artificial Intelligence, Copyright, and Accountability in the 3A Era – The Human-Like Authors are Already Here – A New Model, 2017 Mich. St. L. Rev. 659, 706 (2017); *Yanisky-Ravid/Liu*, When Artificial Intelligence Systems Produce Inventions: The 3A Era and an Alternative Model for Patent Law, 39 Cardozo L. Rev. 2215, 2243 f., 2245 f. (2018).

139 UK Copyright, Designs and Patents Act 1988, Sec. 9 III: "In the case of a literary, dramatic, musical or artistic work which is computer-generated, the author shall be taken to be the person by whom the arrangements necessary for the creation of the work are undertaken."

140 WIPO, Draft Model Law on Copyright, 30 März 1990, Ziffer 127, in 1990 Industrial Property and Copyright, 241, 259.

141 Vgl. *Hetmank/Lauber-Rönsberg*, GRUR 2018, 574, 579 f.; *Legner*, ZUM 2019, 807, 812.

nomische Theorien des geistigen Eigentums könnten an ihre Grenzen stoßen, denn sie basieren auf der Annahme, dass die Entstehung von Immaterialgütern einer Investition bedarf, die häufig nicht getätigt würde, wenn das Immaterialgut anschließend keinen rechtlichen Schutz genösse.[142] Nun bedürfen Systeme künstlicher Intelligenz zwar in der Regel einer großen Anfangsinvestition. Sie können dann aber eine potentiell unbegrenzte Anzahl von Ergebnissen produzieren, so dass die Grenzkosten für ein einzelnes autonom geschaffenes „Werk" oder eine „Erfindung" gen Null tendieren. Folglich lassen sich diese Gegenstände zwar noch kausal auf die Anfangsinvestition zurückführen, aber ab dem Zeitpunkt, in dem die Investition amortisiert ist, bedarf es für die weitere Produktion eigentlich keines immaterialgüterrechtlichen Schutzversprechens mehr.[143] Jedenfalls ein – im Hinblick auf Schutzdauer und Schutzumfang – vollumfänglicher immaterialgüterrechtlicher Schutz scheint daher nicht angemessen.[144]

Auch der verfassungsrechtliche Rahmen des geistigen Eigentums spricht gegen eine Ausdehnung auf autonom geschaffene Gegenstände. Vor allem Urheber können sich nicht nur auf die Eigentumsfreiheit (Art. 14 Abs. 1 GG) berufen, sondern auch auf das Recht auf freie Entfaltung der Persönlichkeit (Art. 1 Abs. 1 i.V.m. Art. 2 Abs. 1 GG), die Kunst- und Berufsfreiheit (Art. 5 Abs. 3 und Art. 12 Abs. 1 GG).[145] Daraus lässt sich ableiten, dass den Gesetzgeber auch die Pflicht trifft, einen gesetzlichen Rahmen zu schaffen, der Urhebern und Erfindern noch Raum für ihre kreative und erfinderische Tätigkeit lässt. Dieser Freiraum darf durch die exklusiven Rech-

142 Vgl. *Boldrin/Levine*, Review of Economic Research on Copyright Issues, 2 (2005), 45, 46 f.; *Landes/Posner*, The Economic Structure of Intellectual Property Law, 2003, S. 11 ff., 20; *Lemley*, The Economics of Improvement in Intellectual Property Law, 75 Tex. L. Rev. 989, 993 ff. (1997).

143 Vgl. auch *Yanisky-Ravid*, Generating Rembrandt: Artificial Intelligence, Copyright, and Accountability in the 3A Era – The Human-Like Authors are Already Here – A New Model, 2017 Mich. St. L. Rev. 659, 702 (2017). Kritisch *Dornis*, GRUR 2019, 1252, 1258 f.

144 Ähnlich *Dornis*, GRUR 2019, 1252, 1259 ff., der einen immaterialgüterrechtlichen Schutz für von KI generierte Erzeugnisse aber prinzipiell befürwortet. Vgl. auch *Legner*, ZUM 2019, 807, 809 f., die sich für ein in Schutzumfang und Schutzdauer beschränktes „Nutzerrecht" ausspricht.

145 Vgl. *Dahm*, Der Schutz des Urhebers durch die Kunstfreiheit, 2012, S. 140 ff.; *P. Kirchhof*, Der verfassungsrechtliche Gehalt des geistigen Eigentums, in: Fürst et al., FS Zeidler, 1987, Bd. 2, S. 1639, 1653 f.; Dreier/Schulze/*Dreier*, UrhG Einl. Rn. 39; *Schack*, UrhR, Rn. 90, 96; *Schwartmann/Hentsch*, ZUM 2012, 759, 761.

te Anderer nicht unangemessen eingeschränkt werden.[146] Genau das droht aber, wenn autonom geschaffene Gegenstände (vollen) Urheberrechts- bzw. Patentschutz beanspruchen könnten.[147] Denn Algorithmen produzieren wesentlich schneller als Menschen. Dies zeigen etwa Projekte wie *All Prior Art*[148] oder *All the Music*:[149] Mithilfe von Algorithmen werden alle denkbaren Patentansprüche (*All Prior Art*) bzw. Melodien (*All the Music*) abgearbeitet. Ziel dieser Projekte ist es allerdings nicht, zu allmächtigen Patent- bzw. Urheberrechtsinhabern zu avancieren, sondern – im Gegenteil – die Schwächen des Systems aufzuzeigen und Erfindern und Urhebern Freiräume zu sichern. Vor dem Hintergrund, dass – insbesondere in der (Pop-)Musik – die Möglichkeiten denkbarer Kombinationen physikalisch begrenzt sind, wollen die Initiatoren möglichst viel Material einer Monopolisierung entziehen. Im Fall von *All Prior Art* soll dies dadurch geschehen, dass die veröffentlichten Kombinationen zu einer Vorbekanntheit und damit zum Scheitern etwaiger neuer Patente führen. *All the Music* wiederum speichert sämtliche mathematisch denkbaren Tonkombinationen digital und stellt sie unter Creative-Commons-Lizenzen zum freien Abruf ins Internet.

Auch wenn die von *All the Music* beabsichtigte Wirkung – zumindest nach geltendem deutschen Recht[150] – daran scheitert, dass die produzierten Melodien nicht Ergebnis eines menschlichen Schöpfungsprozesses sind, legen die Projekte doch den Finger in eine offene Wunde des Immaterialgüterrechts: Die Befürchtung, dass es Kreativität und Innovation

146 Vgl. Auch *Lemley*, IP in a World Without Scarcity, 90 NYU L. Rev. 460, 510 (2015): „IP law needs to protect inventors, not just by offering them exclusive rights, but by shielding them from exclusive rights claimed by others."

147 Vgl. hierzu *Dornis*, GRUR 2019, 1252, 1259 f.

148 https://allpriorart.com/. "All Prior Art is a project attempting to algorithmically create and publicly publish all possible new prior art, thereby making the published concepts not patent-able. The concept is to democratize ideas, provide an impetus for change in the patent system, and to preempt patent trolls."

149 http://allthemusic.info/. "We've created an application to generate by brute force all mathematically possible melodies and write them to MIDI files. The application accepts various parameters (e.g., pitch, rhythm, length) to mathematically exhaust all melodies that have ever been — and are mathematically possible."

150 Zur Einordnung im US-amerikanischen Copyright Law siehe *Boyden*, Emergent Works, 39 Colum. J. L. & Arts 377 (2016); *Ramalho*, Will Robots Rule the (Artistic) World? A Proposed Model for the Legal Status of Creations by Artificial Intelligence Systems, 21 J. Internet L. 11 (2017); *Yanisky-Ravid*, Generating Rembrandt: Artificial Intelligence, Copyright, and Accountability in the 3A Era – The Human-Like Authors are Already Here – A New Model, 2017 Mich. St. L. Rev. 659 (2017).

mehr behindert als fördert, weil Erfinder und Urheber übermäßig von potentiellen Verletzungsklagen bedroht sind. Die Diskussion um einen etwaigen immaterialgüterrechtlichen Schutz autonom generierter Gegenstände könnte Gelegenheit bieten, sich diesem Problem zu stellen und die geltenden Regelungen daraufhin zu überprüfen, ob sie Kreativität und Erfindungsgeist tatsächlich noch angemessen fördern.

III. Filtertechnologien

Technisch eng verwandt mit dem Voranschreiten von KI-Systemen sind Filtertechnologien, also Programme zur Bild-, Audio- oder Text-Erkennung. Auch hier kommen Algorithmen zum Einsatz, die mithilfe umfangreicher Datensätze erlernen, Inhalte zu „erkennen“. Sie können dann eingesetzt werden, um bestimmtes Material, etwa ein Bild oder ein Musikstück im Internet, zu identifizieren. Obwohl solche Programme bereits einen hohen Grad an Genauigkeit aufweisen und etwa in der Lage sind, Bilder, Audio-Dateien und Videos auch dann zu erkennen, wenn sie leicht modifiziert sind, sind Fehlentscheidungen – sowohl *False Positives* als auch *False Negatives* – kaum zu vermeiden.[151] Zudem mangelt es den Systemen an Kontextverständnis.[152] Sie können etwa die emotionale Botschaft eines Bildes oder den Humor einer Parodie nicht verstehen. Dies wird sich in absehbarer Zeit voraussichtlich auch nicht ändern.[153]

Diese Defizite der Technik werden dann zu einem Problem des Rechts, wenn automatisierte Entscheidungen an die Stelle menschlicher Einschätzung treten. Das ist etwa der Fall, wenn Internetplattformen Filtertechnologien einsetzen, um einer immaterialgüterrechtlichen Haftung zu entgehen. Bereits nach geltendem Recht können Host-Provider als Störer für Immaterialgüterrechtsverletzungen haften, wenn sie zumutbare Prüfungs-

---

151 Vgl. EuGH, Urt. v. 16.2.2012 – C-360/10 (*Sabam/Netlog*), CR 2012, 265 Rz. 50; *Katyal/Schultz*, The unending search for the optimal infringement filter, 112 Colum. L. Rev. Sidebar 83, 103 (2012); *Kastl*, GRUR 2016, 671, 673; *Raue/Steinbach*, ZUM 2020, 355, 363.

152 Vgl. *Fink*, ZGE 9 (2017), 288, 297 f.; *Daskal*, Speech Across Borders, 105 Va. L. Rev. 1605, 1625 (2019); *Fremuth/Friedrich*, EuZW 2019, 942, 945; *Paal*, JZ 2020, 91, 93 f.; *Schröder*, K&R 2019, 722, 723.

153 Vgl. *Daskal*, Speech Across Borders, 105 Va. L. Rev. 1605, 1624 (2019); *Fremuth/Friedrich*, EuZW 2019, 942, 945; *Kettemann/Tiedeke*, Welche Regeln, welches Recht?: Glawischnig-Piesczek und die Gefahren nationaler Jurisdiktionskonflikte im Internet, VerfBlog, 10.10.2019, abrufbar unter: https://verfassungsblog.de/welche-regeln-welches-recht/; *Paal*, JZ 2020, 91, 93; *Spindler*, NJW 2019, 3274, 3275.

pflichten verletzen.[154] Diese Prüfungspflichten können auch erfordern, Filtertechnologien einzusetzen.[155] Die Richtlinie über das Urheberrecht und die verwandten Schutzrechte im digitalen Binnenmarkt (DSM-RL)[156] sieht nun für „Diensteanbieter für das Teilen von Online-Inhalten" sogar eine Eigenhaftung vor (Art. 17).[157] Um einer solchen zu entgehen, müssen die Plattformen u.a. „alle Anstrengungen unternommen [haben], um sicherzustellen, dass bestimmte Werke und sonstige Schutzgegenstände, zu denen die Rechteinhaber den Anbietern dieser Dienste einschlägige und notwendige Informationen bereitgestellt haben, nicht verfügbar sind" (Art. 17 Abs. 4 lit. b DSM-RL). Diese Voraussetzung macht, in Anbetracht der großen Mengen von Materialien, die auf den betroffenen Plattformen hochgeladen und geteilt werden, den Einsatz von Filtertechnologien fast unumgänglich.[158]

Die Regelung des Art. 17 DSM-RL stand massiv in öffentlicher Kritik[159] und wirft in der Tat eine Vielzahl von Fragen auf.[160] Hier sollen lediglich

---

154 BGH, GRUR 2002, 618, 619 – *Meißner Dekor*; BGH, GRUR 2008, 702 Rn. 51 – *Internetversteigerung III*; BGH, GRUR 2010, 633, 634 f. – *Störerhaftung des WLAN-Inhabers*; BGH, GRUR 2011, 152 Rn. 145 – *Kinderhochstühle im Internet*; BGH, GRUR 2011, 1038 Rn. 26 – *Stiftparfüm*; BGH, GRUR 2013, 370 Rn. 28 – *Alone in the Dark*; BGH, GRUR 2013, 1229 Rn. 36 – *Kinderhochstühle im Internet II*; BGH, GRUR 2013, 1030 Rn. 46 – *Rapidshare*.

155 *Kastl*, GRUR 2016, 671, 674.

156 Richtlinie (EU) 2019/790.

157 Vgl. *Dreier*, GRUR 2019, 771, 775; *Gielen/Tiessen*, EuZW 2019, 639, 643 ff.; *F. Hofmann*, GRUR 2019, 1219; *Peifer*, GRUR-Prax 2019, 403, 404 f.; *Pravemann*, GRUR 2019, 783, 784; *G. Wagner*, GRUR 2020, 447, 448 ff.; *Wandtke/Hauck*, ZUM 2019, 627, 632 ff.

158 Vgl. *Dreier*, GRUR 2019, 771, 776; *Klass*, ZUM 2020, 353; *Kreutzer*, Wie Artikel 17 der EU-Urheberrechtsrichtlinie die Let's Play-und Walkthrough-Kultur bedroht, iRights.info, 23.08.2019, abrufbar unter: https://irights.info/?p=29650; *Pravemann*, GRUR 2019, 783, 786; *Raue/Steinbach*, ZUM 2020, 355, 356; *Spindler*, CR 2019, 277, 285; *F. Hofmann*, ZUM 2019, 617, 621.

159 Vgl. *Der Tagesspiegel*, „Europaweiter Protest gegen neues Urheberrecht", 23.3.2019, abrufbar unter: www.tagesspiegel.de/politik/artikel-13-europaweiter-protest-gegen-neues-urheberrecht/24136870.html; *Zeit Online*, „Sie sind keine Bots", 23.3.2019, abrufbar unter: www.zeit.de/digital/internet/2019-03/eu-urheberrecht-artikel-13-demonstration-berlin-uploadfilter-youtube-save-your-internet; *taz*, „160.000 Bots auf deutschen Straßen", 24.3.2019, abrufbar unter: https://taz.de/Protest-gegen-Uploadfilter/!5582669/. Nach Verabschiedung der umstrittenen Regelung reichte Polen am 24.5.2019 Klage gegen Art. 17 Abs. 4 Buchst. b und c beim EuGH ein, da diese gegen das in Art. 11 der Charta der Grundrechte der Europäischen Union verankerte Recht auf freie Meinungsäußerung und Informationsfreiheit verstießen (Rs. C-401/19, Verfahren anhängig. Vgl. Verfahrensmitteilung des EuGH, Abl. 2019, L 130, S. 92).

zwei Aspekte von Filtertechnologien herausgegriffen werden, die mittelbar zu fundamentalen Veränderungen im Urheberrecht führen könnten: Zum einen die Schwierigkeit, den Wertungen der urheberrechtlichen Schranken auch bei Einsatz automatisierter Systeme weiterhin zur Geltung zu verhelfen, zum anderen das Erfordernis, den Systemen Material zum Abgleich zur Verfügung zu stellen.

Die Schrankenregelungen sehen zumeist nicht nur quantitative Grenzen vor, wie den Umfang der Nutzung, sondern vor allem qualitative Merkmale, insbesondere den Zweck und Kontext der Nutzung. Diese Merkmale sind für automatisierte Systeme in der Regel nicht erkennbar und würden eine menschliche Einzelfallprüfung erfordern.[161] Dementsprechend besteht die Gefahr eines Overblocking, sprich dass auch urheberrechtlich zulässiges Material gesperrt wird. Dieses Problem ist allerdings nicht neu,[162] sondern ein strukturelles Problem der Intermediärshaftung,[163] das durch den flächendeckenden Einsatz automatisierter Systeme nur verschärft wird. Interessant ist in diesem Zusammenhang aber ein gegenläufiger Trend, nämlich die Anerkennung von Rechten der Plattform-Nutzer.[164] Zwar normiert die DSM-RL für diese keine Ansprüche.[165] Art. 17 Abs. 7 DSM-RL erkennt aber an, dass Filter-Maßnahmen nicht dazu führen dürfen, „dass von Nutzern hochgeladene Schutzgegenstände, bei denen kein Verstoß gegen das Urheberrecht oder verwandte Schutzrechte vorliegt, nicht verfügbar sind, und zwar auch dann, wenn die Nutzung ei-

160 Siehe hierzu etwa *Becker*, ZUM 2019, 636; *Dreier*, GRUR 2019, 771, 775 ff.; *Gerpott*, MMR 2019, 420; *Pravemann*, GRUR 2019, 783; *Senftleben*, ZUM 2019, 369.

161 Vgl. *Dreier*, GRUR 2019, 771, 777; *F. Hofmann*, GRUR 2019, 1219, 1221; *Kastl*, GRUR 2016, 671, 675; *Raue/Steinbach*, ZUM 2020, 355, 356; *Schnabel*, MMR 2008, 281, 283; *Spindler*, GRUR 2011, 101, 108.

162 Vgl. nur *F. Hofmann*, ZUM 2019, 617. So setzt etwa Youtube seit 2007 sein sog. Content-ID Verfahren ein, um (vermeintlich) urheberrechtsverletzendes Material zu identifizieren und zu sperren, vgl. *Google*, Verwendung von Content ID (abrufbar unter: https://support.google.com/youtube/answer/3244015?hl=de); *G. Wagner*, GRUR 2020, 329, 333.

163 Vgl. *Kuschel*, Netzsperren im Privatrecht, in: Mittwoch et al., Netzwerke im Privatrecht, 2016, S. 261, 288 f.; *Raue*, JZ 2018, 961, 963 („klassische *Principal-Agent*-Konstellation); *Raue/Steinbach*, ZUM 2020, 355, 356. Siehe dazu auch oben Teil B.III.

164 Siehe hierzu in Bezug auf Meinungsbeiträge auf Internet-Plattformen *Eifert*, Das Netzwerkdurchsetzungsgesetz und Plattformregulierung, in: Eifert/Gostomzyk, Netzwerkrecht, 2018, S. 9, 37 f.; *Jobst*, NJW 2020, 11, 14; *Peukert*, Stellungnahme zum Netzwerkdurchsetzungsgesetz u.a. vom 12.5.2019, S. 10 ff.; *Raue*, JZ 2018, 961.

165 Vgl. *Volkmann*, CR 2019, 376, 382.

nes Werkes oder sonstigen Schutzgegenstandes im Rahmen einer Ausnahme oder Beschränkung erlaubt ist." Für den Fall des Overblocking hat der Diensteanbieter nach Art. 17 Abs. 9 DSM-RL wirksame und zügige Beschwerde- und Rechtsbehelfsverfahren zur Verfügung zu stellen. Diese Vorgabe bewirkt eine wichtige Veränderung: Dem Nutzer wird in Bezug auf urheberrechtliche Schranken eine rechtlich bewehrte Position[166] verschafft. Aus dem rein rechtfertigenden bzw. begrenzenden Charakter der Schranken[167] wird, für Nutzer, die Inhalte auf entsprechenden Plattformen hochladen, ein „subjektives Recht auf Schrankennutzung".[168] Im Zuge der Neuregelung der Haftung von Plattformbetreibern könnte damit ein Schritt in Richtung eines Systems getan worden sein, in dem die Interessen der Allgemeinheit – insbesondere von Personen, die selbst auf Grundlage der Werke anderer kreativ tätig werden – konkreter abgebildet sind. In den individuellen Gegenansprüchen[169] der Nutzer materialisiert sich „das diffuse Interesse der Öffentlichkeit an einem offenen kreativen Kommunikationsraum"[170]. Führte man diesen Gedanken fort, könnte auch eine Durchsetzung der urheberrechtlichen Schranken gegenüber vertraglicher Abbedingung und technischen Schutzmaßnahmen – über die Grenzen des § 95b UrhG hinaus – angezeigt sein.

Diesem Interesse der Öffentlichkeit würde auch eine weitere – dem Einsatz von Filtertechnologien nachfolgende – Veränderung dienen: Damit die Systeme rechtsverletzende Inhalte aufspüren können, müssen sie zunächst wissen, wonach sie suchen. Der Rechtsinhaber muss das geschützte Material also in irgendeiner Form dem System als Referenz, etwa in einer Datenbank, zur Verfügung stellen. Diese Voraussetzung erkennt auch

166 Vgl. zu dem Begriff *Zech*, Vertragliche Dispositionen über Schranken des geistigen Eigentums, in: Leible/Ohly/Zech, Wissen – Märkte – Geistiges Eigentum, 2010, S. 187, 190, mit Verweis auf *Alexy*, Theorie der Grundrechte, 1985, S. 208.

167 *Stieper*, Rechtfertigung, Rechtsnatur und Disponibilität der Schranken des Urheberrechts, 2009, S. 168 f. („tatbestandliche Begrenzungen der ausschließlichen Verwertungsrechte des Urhebers"); *Ullrich*, ZUM 2010, 311, 312; *Zech*, Vertragliche Dispositionen über Schranken des geistigen Eigentums, in: Leible/Ohly/Zech, Wissen – Märkte – Geistiges Eigentum, 2010, S. 187, 190 f.

168 *F. Hofmann*, GRUR 2019, 1219, 1227. Vgl. auch *ders.*, EuZW 2020, 397, 401 f.; *Volkmann*, CR 2019, 376, 382 f.

169 Vgl. auch *Hilty*, Sündenbock Urheberrecht?, in: Ohly/Klippel, Geistiges Eigentum und Gemeinfreiheit, 2007, S. 107, 115 ff., der „Gegenschutz"-Mechanismen fordert. Kritisch gegenüber dem Ansatz, dem subjektiven Recht des Urhebers mit subjektiven (Gegen-)Rechten der Nutzer zu begegnen, *Peukert*, Güterzuordnung als Rechtsprinzip?, 2008, S. 72; *Wielsch*, Zugangsregeln, 2008, S. 62.

170 *Klass*, ZUM 2020, 353, 355.

Art. 17 DSM-RL an, der die Filterverpflichtung auf „bestimmte Werke und sonstige Schutzgegenstände“ beschränkt, „zu denen die Rechteinhaber den Anbietern dieser Dienste einschlägige und notwendige Informationen bereitgestellt haben“ (Abs. 4 lit. b). Offen ist dabei noch, welches Material die Rechtsinhaber bereitstellen müssen und ob die Bereitstellung bei jeder Plattform einzeln oder in (zentralen oder dezentralen) Datenbanken erfolgt.[171] Ein zentrales, transparentes Register wäre jedenfalls sowohl gegenüber einem aufwändigen Einzelmeldeverfahren bei jeder Plattform als auch gegenüber einem privat geführten Register durch marktmächtige Plattformen vorzugswürdig. Dies erkennt auch die Bundesregierung an, die in ihrer Erklärung zur DSM-RL die Europäische Union auffordert, „Konzepte [zu entwickeln], die einem de-facto-Copyright-Register in der Hand marktmächtiger Plattformen durch öffentliche, transparente Meldeverfahren entgegenwirk[en]“.[172]

Auch wenn die Hinterlegung von urheberrechtlich geschütztem Material in einem solchen Register aus technischer Perspektive unmittelbar einleuchtet, lässt das Wort „Register“ den Urheberrechtler doch aufhorchen. Denn mit der persönlichkeitsrechtlich orientierten Begründung des kontinentaleuropäischen Urheberrechts ist eine Registerpflicht nicht zu vereinbaren; den urheberrechtlichen Werkschutz zeichnet hiernach gerade aus, dass er unmittelbar mit dem Schöpfungsakt entsteht und jede (nicht von einer Schranke gedeckte) Nutzungshandlung durch Dritte nur mit Zustimmung des Rechtsinhabers erlaubt.[173] Allerdings scheinen sowohl die persönlichkeitsrechtliche Urheberrechtstheorie als auch der daraus folgende sehr extensive Urheberrechtsschutz nicht mehr uneingeschränkt zeitgemäß.[174] Im Übrigen liegen zwischen strenger Registrierungspflicht als Schutzvoraussetzung und bedingungsloser Verwirklichung des Schöpferprinzips durchaus Graustufen. So existieren bereits Register für verwaiste und vergriffene Werke,[175] in die – unter gewissen Voraussetzungen – privilegierte Institutionen ein Werk eintragen lassen können und nutzen dür-

---

171 *Raue/Steinbach*, ZUM 2020, 355, 358.

172 Erklärung der Bundesrepublik Deutschland zur Richtlinie über das Urheberrecht und verwandte Schutzrechte im Digitalen Binnenmarkt, insbesondere zu Artikel 17 der Richtlinie, 15. April 2019, S. 2, abrufbar unter: https://www.bmjv.de/SharedDocs/Downloads/DE/News/PM/041519_Protokollerklaerung_Richtlinie_Urheberrecht.pdf.

173 Zum Einfluss der theoretischen Begründung des Urheberrechts auf die Wahrnehmung von Formalitäten siehe *van Gompel*, Formalities in Copyright Law, 2011, S. 98 ff.

174 S.o. B. IV.

175 § 61a Abs. 4 UrhG, § 52 VGG.

fen, soweit und solange der Rechtsinhaber nicht widerspricht bzw., im Fall von verwaisten Werken, nachträglich ausfindig gemacht wird.[176] Die Regelungen zugunsten von verwaisten und vergriffenen Werken begegnen dem Problem der Unternutzung[177] urheberrechtlich geschützter Güter, das dadurch entsteht, dass Werke selbst dann nicht ohne zuvor eingeholte Erlaubnis des Rechtsinhabers genutzt werden dürfen, wenn dieser sie selbst nicht (mehr) verwertet oder gar kein Interesse an der Geltendmachung seines Urheberrechts hat. Das Recht löst dieses Problem, indem es „[a]n die Stelle eines Opt-in, das die Suchkosten vollständig auf den Nutzer verlagert, ein Opt-Out [setzt], mit dem es die Transaktionskosten zwischen Nutzer und Rechteinhaber adäquat aufteilt“[178]. Der Gedanke, dass es in manchen Situationen sinnvoll und angemessen ist, die Transaktionskosten zwischen Nutzer und Rechtsinhaber aufzuteilen, indem letztere ihr Interesse an der eigenen Rechteverwertung kundtun müssen, ist keinesfalls auf den Bereich der verwaisten und vergriffenen Werke beschränkt. So hat etwa die Open-Content-Bewegung gezeigt, dass viele Urheber bereit sind, ihre Werke kostenfrei anderen zur Verfügung zu stellen. Denkbar wäre nun, diese Ausnahmen partikulär zur Regel zu machen, aus der diejenigen Rechtsinhaber, die an einer Verwertung ihrer Rechte interessiert sind, herausoptieren können. Hinzu kommt, dass neue Technologien, wie etwa die Blockchain,[179] eine einfache und sichere Registrierung von Werken und die Rückverfolgung von Nutzungen und ggf. deren Monetarisierung ermöglichen.[180] Das Recht könnte sich diese neuen technischen Möglichkeiten – wie schon in anderen Situationen[181] – zunutze machen, um „technik-

---

176 § 61b S. 1 UrhG, § 51 Abs. 1 Nr. 5 VGG.

177 Vgl. hierzu *Peukert*, Der Schutzbereich des Urheberrechts und das Werk als öffentliches Gut. Insbesondere: Die urheberrechtliche Relevanz des privaten Werkgenusses, in: Hilty/Peukert, Interessenausgleich im Urheberrecht, 2004, S. 11, 17; *Stieper*, Rechtfertigung, Rechtsnatur und Disponibilität der Schranken des Urheberrechts, 2009, S. 81 f. Zum Phänomen der „Tragedy of the Anti-Commons“ siehe nur *Heller*, The Tragedy of the Anticommons: Property in the Transition from Marx to Markets, 111 Harv. L. Rev. 621 (1998).

178 *Grünberger*, ZUM 2020, 46, 51.

179 Als Blockchain wird die Sammlung von Daten in einem dezentral organisierten Verzeichnis bezeichnet, die ihre Richtigkeitsgewähr daraus ableitet, dass die Daten an allen vollständigen Netzknoten gespeichert sind und nachträglich nicht verändert werden können, vgl. *Blocher*, AnwBl 2016, 612, 615.

180 Vgl. *Rivière*, Blockchain technology and IP – investigating benefits and acceptance in governments and legislations, Junior Management Science 3(1), 2018, S. 1, 7.

181 Vgl. hierzu nur *Specht-Riemenschneider*, Diktat der Technik, 2019.

sensibel"[182] der Allgemeinheit die Vorteile eines transparenten Schutzsystems zu verschaffen[183] und gleichzeitig die Belastung der Rechtsinhaber gering zu halten.

D. Fazit

Die Digitalisierung hat das Recht des geistigen Eigentums unbestreitbar vor Herausforderungen gestellt, die es bislang – mal mehr, mal weniger – erfolgreich gemeistert hat. In mancher Hinsicht hat sich das Recht flexibel gezeigt, so zum Beispiel beim Aufkommen neuer Schutzgegenstände und Verwertungsarten. An anderer Stelle scheinen historisch geprägte Grundsätze, wie etwa die lange Schutzdauer und die Formfreiheit des Urheberrechts, nur schwer mit der Dynamik der Digitalisierungskultur in Einklang zu bringen. Sowohl die Realität des Werkschaffens und der erfinderischen Tätigkeit als auch die der Nutzung und Verbreitung immaterieller Güter hat sich von den theoretischen Grundannahmen weit entfernt.

Die Technologien von morgen zeigen schon erste Auswirkungen auf das Recht des geistigen Eigentums. Ob sie zu einem Umbruch führen werden, lässt sich noch nicht vorhersagen – sicher ist aber, dass sie Gelegenheit bieten, bisherige Annahmen zu hinterfragen und Schieflagen im System zu korrigieren. Das Beben, das von den digitalen Technologien ausgelöst wurde und seitdem die etablierte Ordnung des Rechts am geistigen Eigentum erschüttert hat, ist noch lange nicht vorüber. Im Idealfall gelingt es uns aber, die Bewegung, die es mit sich bringt und die Energie, die es freisetzt, zu nutzen und das Recht zukunftsfähig zu gestalten. Die wichtigste und zugleich schwierigste Aufgabe wird dabei sein, die richtige Balance zwischen den Interessen der Urheber und Erfinder, der Verwerter und Investoren und der Allgemeinheit zu finden. Diese „Zukunftsfrage des Schutzes von Immaterialgüterrechten"[184] stellte sich gestern und heute. Mit großer Wahrscheinlichkeit wird sie sich auch morgen stellen.

---

182 Zum Begriff des techniksensiblen Urheberrechts vgl. *Grünberger/Podszun*, ZGE 6 (2014), 269; *Grünberger*, ZUM 2015, 273, 276; *F. Hofmann*, ZGE 8 (2016), 482 ff.; *Specht*, GRUR 2019, 253.

183 Zu den Vorteilen einer Registrierungspflicht im (digitalen) Urheberrecht vgl. *Dreier/Leistner*, GRUR-Beilage 2014, 13, 20 f.; *Gibson*, Once and Future Copyright, 81 Notre Dame L. Rev. 167, 226 ff. (2005); *van Gompel*, Formalities in Copyright Law, 2011, S. 3 ff. und 286 f. Kritisch *Schack*, Weniger Urheberrecht ist mehr, in: Bullinger et al., FS Wandtke, 2013, S. 9, 17.

184 *Hoffmann-Riem*, Innovation und Recht, Recht und Innovation, 2016, S. 438.

Disruption und Innovationsforschung

Ingo Schulz-Schaeffer

Die Innovationsforschung entstand im 20. Jh. wesentlich in Auseinandersetzung mit disruptiven Neuerungen, während kontinuierliche Weiterentwicklungen zunächst als weniger interessant galten. Sie kamen stärker in den Blick, als empirische Forschungen zeigten, dass diese dann als inkrementelle Innovationen bezeichneten kontinuierlichen Weitentwicklungen von wesentlicher Bedeutung bei der Stabilisierung und Durchsetzung disruptiver Neuerungen sind. Zunehmend entwickelte sich in der Innovationsforschung ein komplexeres Bild der Verwobenheit kontinuierlicher und diskontinuierlicher Neuerungen. Einerseits wurde deutlich, dass es Konstellationen gibt, in denen diskontinuierliche Entwicklungen in kontinuierliche Entwicklungen integriert werden; andererseits wurden Konstellationen sichtbar, in denen die Disruption diskontinuierlicher Entwicklungen als Effekt kontinuierlicher Entwicklungen noch gesteigert wird. In meinem Vortrag werde ich diese Entwicklungen der Innovationsforschung in Grundzügen nachzeichnen.

1. *Diskontinuität und Handlungsunsicherheit*

Aus heutiger Sicht bildet Joseph Schumpeters *Theorie der wirtschaftlichen Entwicklung* von 1911 den Grundstein der Theorieentwicklung der Innovationsforschung im 20. Jh. Schumpeter verwendet den Begriff der Disruption noch nicht – dieser Begriff ist erst seit gut zwei Jahrzehnten Bestandteil des Vokabulars der Innovationsforschung. Von der Sache her geht es Schumpeter aber in zentraler Hinsicht um disruptive Entwicklungen.

Schumpeters Interesse gilt dem, was er als diskontinuierliche Entwicklungen im wirtschaftlichen Leben bezeichnet. Eines seiner Beispiele für eine solche diskontinuierliche Entwicklung ist die Ablösung der Postkutsche durch die Eisenbahn. Schumpeter interessiert sich für diskontinuierliche Entwicklungen im Wirtschaftsleben, weil sie ein wirtschaftswissenschaftliches Erklärungsproblem darstellen: Im Gegensatz zu kontinuierlichen wirtschaftlichen Entwicklungen lassen sie sich nicht im Rahmen der seinerzeit vorherrschenden ökonomischen Gleichgewichtstheorien erfassen und verstehen. Diese Theorien, so Schumpeter, erfassen das Wirtschaftsleben unter dem „Gesichtspunkt einer Tendenz der Volkswirtschaft nach einem Gleichgewichtszustand, welche Tendenz uns die Mittel gibt, die Preise und Mengen der Güter zu bestimmen, und sich als Anpassung an jeweils vorhandene Daten darstellt."[1] Dies heißt, „die einzelnen Vorgänge in der Volkswirtschaft als Teilerscheinungen der Tendenz nach einem Gleichgewichtszustand begreifen."[2]

Aus dieser Perspektive ist wirtschaftliches Handeln ein Prozess der kontinuierlichen Anpassung an einen gegebenen ideellen Gleichgewichtszustand. Wirtschaftliches Handeln findet demnach immer in demselben Rahmen statt, was den Wirtschaftssubjekten die Mittel an die Hand gibt, ihr Handeln in Kategorien von Preisen und Gütermengen ökonomisch rational zu kalkulieren, und der Wirtschaftswissenschaft die Mittel an die Hand gibt, die resultierenden ökonomischen Prozesse zu verstehen und zu erklären.

> „Allein diese Mittel versagen", so Schumpeter, „wo *das wirtschaftliche Leben selbst seine eigenen Daten ruckweise* ändert. Bau einer Eisenbahn kann [...] als Beispiel dienen. Kontinuierliche Veränderungen, die mit der Zeit in steter Anpassung mittels zahlloser kleiner Schritte aus einem kleinen Detailgeschäft ein großes, z. B. ein Warenhaus, machen können, fallen unter die statische Betrachtung. Aber nicht [...] fundamentale Veränderungen in der Sphäre der Produktion im weitesten Sinn: Da kann sie [d.h. die gleichgewichtstheoretische Betrachtung, Anm. ISS] nicht nur die Folgen mit ihren auf die Infinitesimalmethode eingestellten Mitteln nicht präzise voraussagen, sondern sie kann weder das *Zustandekommen solcher produktiven Revolutionen* erklären, noch die Erscheinungen die dabei auftreten, – sondern nur, wenn sie vorgefallen sind, den neuen Gleichgewichtszustand untersuchen."[3]

Diskontinuierliche Entwicklungen sind dadurch gekennzeichnet, dass sie „den Rahmen, die gewohnte Bahn selbst verändern."[4] Sie entziehen sich deshalb der gleichgewichtstheoretischen Betrachtung. Schumpeter charakterisiert diese diskontinuierlichen Veränderungen im Wirtschaftsleben allgemein als „Durchsetzung neuer Kombinationen von Produktionsmitteln"

---

1 *Schumpeter*, Theorie der wirtschaftlichen Entwicklung. Eine Untersuchung über Unternehmergewinn, Kapital, Kredit, Zins und den Konjunkturzyklus, 4. Auflage, 1934 [1911], S. 94.

2 *Schumpeter*, ebd., S. 94.

3 *Schumpeter*, ebd., S. 95.

4 *Schumpeter*, ebd., S. 93.

und fasst darunter neue Produkte, neue Produktionsverfahren, neue Organisationsformen und andere Veränderungen, die die Wirkung haben, die Spielregeln für die von ihnen betroffenen Wirtschaftssubjekte zu verändern.[5]

Mit der Charakterisierung diskontinuierlicher Entwicklungen als Veränderungen, die den Rahmen des wirtschaftlichen Handelns selbst betreffen, beschreibt Schumpeter sie als Phänomene, die für Wirtschaftssubjekte zugleich sehr erstrebenswert und sehr nachteilig sind bzw. sein können. Hochgradig erstrebenswert sind sie in einer Konkurrenzwirtschaft, weil sie denjenigen Wirtschaftssubjekten Wettbewerbsvorteile verschaffen können, die die neuen Rahmenbedingungen exklusiv für sich nutzbar machen können oder schneller für sich nutzbar machen können als andere. Zugleich entwerten die wirtschaftlich erfolgreichen neuen Produkte und Prozesse die alten, ein Prozess, den Schumpeter später als schöpferische Zerstörung („creative destruction") bezeichnet hat.[6] Für die Besitzer der alten Produktionsmittel sind sie deshalb zunächst nachteilig.

Die von Schumpeter in den Blick genommenen diskontinuierlichen Entwicklungen im Wirtschaftsleben tragen gegenüber den kontinuierlichen Entwicklungen noch einen zweiten Nachteil in sich, von dem deren spätere Profiteure genauso betroffen sind wie die späteren Modernisierungsverlierer: Sie lassen sich nicht rational kalkulieren. In den Worten von Schumpeter:

> „Während im gewohnten Kreislauf jedes Wirtschaftssubjekt, seines Rodens sicher und getragen von dem auf diesen Kreislauf eingestellten Verhalten aller andern Wirtschaftssubjekte, mit denen es zu tun hat und die ihrerseits wieder das gewohnte Verhalten von ihm erwarten, prompt und rationell handeln kann, so kann es das nicht ohne weiteres, wenn es vor einer ungewohnten Aufgabe steht. Während *in gewohnten Bahnen* dem normalen Wirtschaftssubjekt sein eigenes Licht und seine Erfahrung genügt, so bedarf es Neuem gegenüber einer Führung. Während es mit dem Strom schwimmt im allseits wohlbekannten Kreislauf, schwimmt es gegen den Strom, wenn es dessen *Bahn verändern* will. Was dort Stütze war, wird hier Hindernis. Was vertrautes Datum war, zu einer Unbekannten. Wo die Grenze der Routine aufhört, können deshalb viele Leute nicht weiter und der Rest kann es nur in sehr verschiedenem Maß."[7]

5 Vgl. *Schumpeter*, Theorie der wirtschaftlichen Entwicklung, S. 100f.
6 Vgl. *Schumpeter*, Capitalism, Socialism, and Democracy, 1942, S. 83.
7 *Schumpeter*, Theorie der wirtschaftlichen Entwicklung, S. 117f.

In seiner 1911 erschienenen *Theorie der wirtschaftlichen Entwicklung*, in der Schumpeter diese Überlegungen entwickelt, verwendet er den Begriff der Innovation noch nicht. In seinem 1939 veröffentlichten Buch *Business Cycles*[8] avanciert der Begriff der Innovation dagegen zu einem Zentralbegriff. Er dient dort zur Bezeichnung des Sachverhaltes, der bereits in der Theorie der wirtschaftlichen Entwicklung im Mittelpunkt steht: Innovation ist diskontinuierliche Veränderung qua Durchsetzung neuer Kombinationen von Produktionsfaktoren.[9]

Mit seiner Innovationstheorie nimmt Schumpeter eine Fokussierung des Gegenstandsbereichs vor, die die nachfolgende Innovationsforschung für lange Zeit prägen sollte: die Fokussierung auf Innovationen als fundamentale Neuerungen im Gegensatz zu kleinschrittigen Veränderungen. Und er wirft eine Forschungsfrage auf, die die nachfolgende Innovationsforschung für lange Zeit beschäftigen wird: Die Frage danach, was innovierende Akteure und Dritte, die von Innovationen in der einen oder anderen Weise betroffen sind, tun, tun können oder tun sollten, um mit der hochgradigen Handlungsunsicherheit umzugehen, die mit Innovationsprozessen verbunden ist.

2. *Handlungsunsicherheit und Heuristiken*

Der Umstand, dass Innovation grundlegend mit Unsicherheit verbunden ist, ist zentral für die Innovationstheorie, die Richard R. Nelson und Sidney G. Winter in einem wegweisenden Artikel aus dem Jahre 1977 mit dem Titel *In search of a useful theory of innovation* entwickeln. Ihr innovationstheoretischer Ansatz wird später eine ganze ökonomische Denkrichtung begründen, die Evolutionsökonomik („evolutionary economics"). Ganz im Sinne von Schumpeter argumentieren Nelson und Winter, dass es wegen der inhärenten Unsicherheit von Innovationsprozessen keine Produktionsfunktion für Innovativität geben kann, es also nicht möglich ist, bestimmte benennbare Faktorenkombinationen für den Erfolg oder Misserfolg von Innovationen zu identifizieren. Stattdessen betonen sie: „Wegen der bestehenden Unsicherheit werden unterschiedliche Menschen und verschiedene Organisationen stets unterschiedlicher Auffassung da-

8 *Schumpeter*, Business Cycles. A Theoretical, Historical and Statistical Analysis of the Capitalist Process, 1939.

9 *Schumpeter*, Konjunkturzyklen. Eine theoretische, historische und statistische Analyse des kapitalistischen Prozesses, Bd. 1, 1961 [1939], S. 95.

rüber sein, wo sie ihre Forschungs- und Entwicklungseinsätze platzieren und wann sie ihre Einsätze tätigen sollen. Einige werden sich als richtig und andere als falsch herausstellen."[10]

Mit Schumpeter sind sich Nelson und Winter auch einig, dass Innovationsprozesse wegen dieser inhärenten Unsicherheit aus dem Rahmen gleichgewichtstheoretischer Analysen fallen. Sie schreiben: „[W]ir behandeln jede Innovation sowohl vor als auch nach ihrer Einführung in die Wirtschaft als mit erheblicher Unsicherheit behaftet und sehen daher den Innovationsprozess als ein anhaltendes Ungleichgewicht an. Zu jeder Zeit gibt es eine Koexistenz von Ideen, die sich zu erfolgreichen Innovationen entwickeln werden, und solchen, bei denen dies nicht der Fall sein wird, und zu jeder Zeit sind zugleich profitable und falsch eingeschätzte oder veraltete Technologien in Gebrauch. Im Laufe der Zeit unterliegt das jeweils bestehende Set an Technologien einer Selektion, aber es werden ständig neue eingeführt, um die Bewegung in Richtung Gleichgewicht zu stören."[11]

Im Gegensatz zu Schumpeter können Nelson und Winter in ihren Überlegungen auf Befunde aus gut zwei Jahrzehnten empirischer Innovationsforschung zurückgreifen, die in den USA etwa ab Anfang der 1950er Jahren als Erforschung des technologischen Wandels Fahrt aufgenommen hatte.[12] Auf dieser Grundlage entwickeln die Autoren die folgenden Überlegungen zu den Bewältigungsstrategien von Unternehmen im Umgang mit der inhärenten Unsicherheit von Innovationsprozessen, die ein neues Licht auf das Verhältnis von kontinuierlichem und diskontinuierlichem Wandel werfen:

In Anbetracht der Unmöglichkeit, über Innovationsprozesse auf der Grundlage rationaler Kalkulation entscheiden zu können, weichen Unternehmen, so Nelson und Winter, auf Heuristiken aus. Sie entscheiden mit Hilfe heuristischer Suchprozesse, welche Forschungs- und Entwicklungsprojekte („F&E-Projekte") sie auswählen und durchführen. Auch die Entscheidungen innerhalb ihrer F&E-Projekte beruht wesentlich auf Heuristiken. Unter einem heuristischen Suchprozess verstehen die Autoren „eine Aktivität, die ein Ziel hat und über eine Reihe von Verfahren verfügt, vielversprechende Wege zu identifizieren, zu durchleuchten und anzusteuern, um zu diesem Ziel oder in dessen Nähe zu gelangen. Die Verfahren kön-

---

10 *Nelson/Winter*, In Search of a Useful Theory of Innovation, in: Research Policy 6 (1977), S. 47, eigene Übersetzung.

11 *Nelson/Winter*, ebd., S. 48, eigene Übersetzung.

12 *Godin*, "Innovation Studies": The Invention of a Specialty (Part I), Project on the Intellectual History of Innovation Working Paper No. 7, 2010.

nen durch den Einsatz von annähernder Ziele bestimmt sein, durch Fokussierung auf bestimmte Hinweise und Anhaltspunkte oder auch durch Faustregeln verschiedener Art."[13] Eine häufig verwendete Faustregel ist es beispielsweise, jährlich einen festgelegten Prozentsatz des Umsatzes in F&E zu investieren.

Zusammengenommen bilden diese Heuristiken die F&E-Strategie des Unternehmens. Häufig enthalten die F&E-Strategien eine Beschränkung „auf eine oder wenige Klassen von F&E-Projekten [...], die jeweils eine gewisse Ähnlichkeit in Bezug auf allgemein definierte Ziele, Verfahren zur Erreichung dieser Ziele und die erforderlichen F&E-Ressourcen aufweisen."[14] In diesem Sinne fokussieren innovierende Unternehmen im Bereich der Landwirtschaft dann beispielsweise entweder auf Innovationen im Bereich landwirtschaftlicher Maschinen oder im Bereich des Saatgutes. Weil innerhalb einer solchen Klasse von F&E-Projekten die eingesetzten Verfahren und die erforderlichen Ressourcen ähnlich sind, steht die F&E-Strategie in engem Zusammenhang mit den korrespondierenden Fähigkeiten, Ausstattungen und Organisationsstrukturen des betreffenden Unternehmens.[15]

Alle diese Heuristiken haben das Ziel, Entscheidungsunsicherheit zu reduzieren. Wie hier bereits deutlich wird, haben sie zudem die in diesem Zusammenhang besonders interessierende Eigenschaft, Elemente der Kontinuität in das grundsätzlich diskontinuierliche Geschehen des Innovierens hineinzubringen. Für diese Transformation von Diskontinuität in Kontinuität ist eine weitere Gruppe von Heuristiken von zentraler Bedeutung, die Nelson und Winter mit Hilfe der Konzepte der natürlichen Trajektorie und des technologischen Regimes beschreiben. Von besonderer Bedeutung sind sie vorallem deshalb, weil es dabei um Heuristiken geht, die nicht allein auf der Ebene einzelner Unternehmen, sondern auf der Ebene ganzer Branchen oder organisationaler Felder wirksam sind.

Mit dem Begriff der natürlichen Trajektorie („natural trajectory") erfassen Nelson und Winter das Phänomen, dass existierende technische Zusammenhänge vielfach gleichsam aus sich heraus auf machbare und vielversprechende Innovationsprojekte verweisen. Entsprechende Signale zeigen sich etwa in Form von Schwachstellen oder Engpässen, die es zu beheben oder aufzulösen lohnt. Diese Art von Signalen hat Thomas P. Hughes

13 *Nelson/Winter*, In Search of a Useful Theory of Innovation, S. 52f., eigene Übersetzung.

14 *Nelson/Winter*, ebd., S. 55, eigene Übersetzung.

15 Vgl. *Nelson/Winter*, ebd., S. 56.

in seinen Überlegungen zur Evolution technischer Systeme sehr anschaulich mit der Metapher der *reverse salients* beschrieben. Ein *reverse salient* ist eine Einbuchtung in einer geometrischen Struktur, wie etwa die zurückhängende Frontlinie einer Wetterfront oder einer Kriegsfront. Bezogen auf technische Systeme sind *reverse salients*, so Hughes, „Komponenten des System, die in Rückstand geraten sind und mit den anderen Komponenten nicht in Einklang stehen".[16] Bei technischen Systemen, die aus unterschiedlichen, miteinander verbundenen Komponenten bestehen, hinkt mit einer gewissen Zwangsläufigkeit zu jedem Zeitpunkt eine dieser Komponenten hinterher. Wenn beispielsweise die Datenverarbeitungsgeschwindigkeit eines Computers von der Rechengeschwindigkeit des Prozessors abhängt, von der Zugriffsgeschwindigkeit des Speichermediums und von der Datenübertragungsgeschwindigkeit des sie verbindenden Bus-Systems, dann ist es zwangsläufig eine dieser drei Komponenten, die die Gesamtperformanz begrenzt und sich als natürliche Kandidatin für Innovationsbemühungen anbietet. Anschließend bildet dann eine der anderen beiden Komponenten den Engpass usw.

Diese Beobachtungen lassen sich dahingehend verallgemeinern, dass sich aus der Gestalt eines technischen Arrangements, d.h. aus dem ihm zu Grunde liegende Design und seiner Architektur Hinweise auf Richtungen für lohnenswerte Innovationen ergeben. Für die innovationsorientierende Wirksamkeit bestimmter technischer Designs prägen Nelson und Winter den Begriff des technologischen Regimes („technological regime"). Ihr Beispiel ist das Flugzeug Douglas DC3. Dessen Einführung in den 1930er Jahren, so die Autoren, „definierte ein bestimmtes technologisches Regime: Flugzeuge mit Metallhaut, Tiefflügel und Kolbenmotor. Die Ingenieure hatten ausgeprägte Vorstellungen über das Potenzial dieses Regimes. Mehr als zwei Jahrzehnte lang ging es bei der Innovation im Flugzeugbau im Wesentlichen darum, dieses Potenzial besser auszuschöpfen, die Triebwerke zu verbessern, die Flugzeuge zu vergrößern und sie effizienter zu machen. [...] F&E-Strategien sind oft eng verbunden mit einem technologischen Regime [...]. Das Gefühl für das Potential, die Zwänge und die noch nicht genutzten Möglichkeiten, das in einem Regime implizit vorhanden ist, lenkt die Aufmerksamkeit der Ingenieure auf bestimmte Richtungen,

16 *Hughes*, The Evolution of Large Technological Systems, in: Bijker/Hughes/Pinch (Hrsg.), The Social Construction of Technological Systems. New Directions in the Sociology and History of Technology, 1987, S. 53.

in denen Fortschritte möglich sind, und gibt starke Hinweise auf die Taktiken, die für die Erkundung dieser Richtung fruchtbar sein könnten."[17]

Diese zumindest zeitweise Orientierung der innovierenden Akteure an einer bestimmten Architektur des betreffenden technischen Artefaktes oder Systems ist bei vielen technischen Innovationen von der Schreibmaschine über das Automobil bis hin zum Smartphone keine Heuristik nur eines einzelnen Unternehmens, sondern aller Unternehmen der betreffenden Branche bzw. des entsprechenden organisationalen Feldes. Mit Rebecca Henderson und Kim Clark kann man dann von einem dominanten Design[18] sprechen: „Ein dominantes Design zeichnet sich durch eine Reihe zentraler Designkonzepte aus, die den Hauptfunktionen des Produkts entsprechen [...] und die in Komponenten verkörpert sind, und zusätzlich durch eine Produktarchitektur, die die Art und Weise der Integration dieser Komponenten bestimmt".[19] Ein dominierendes Design enthält grundlegende Design-Entscheidungen, an denen sich die Ingenieure bis auf weiteres ganz selbstverständlich orientieren: „Nachdem das dominante Automobildesign akzeptiert worden war, haben die Ingenieure die Entscheidung für einen Benzinmotor nicht jedes Mal neu bewertet, wenn sie ein neues Design entwickelt haben. Sobald ein dominierendes Design festgelegt ist [...] nimmt der Fortschritt die Form von Verbesserungen der Komponenten im Rahmen einer stabilen Architektur an."[20]

Die Heuristik der Orientierung an dominanten Designs und an den sie begleitenden technischen Regimen schafft Inseln relativer Kontinuität und relativer Handlungssicherheit in dem inhärent durch Diskontinuität und Unsicherheit geprägten Innovationsgeschehen. Diese Inseln können eher klein oder doch überschaubar sein, etwa wenn sich das dominante Design auf ein spezifisches technisches Artefakt bezieht, wie etwa im Fall des Nassrasierers, dessen Trajektorie die Entwickler inzwischen bis zum 6-Klingen-Rasierkopf geleitet hat. Oder sie können sich bildlich gesprochen zu veritablen Landmassen ausdehnen, wenn das dominante Design und das zugehörige Regime umfassendere technische Systeme definiert und dann, wie

17 *Nelson/Winter*, In Search of a Useful Theory of Innovation, S. 52f., eigene Übersetzung.

18 Der Begriff des dominanten Designs stammt ursprünglich von William Abernathy und James Utterback; vgl. dies., Patterns of Industrial Innovation, in: Technology Review 64 (1978), S. 44.

19 *Henderson/Clark*, Architectural Innovation: The Reconfiguration of Existing Product Technologies and the Failure of Established Firms, in: Administrative Science Quarterly 35(1) (1990), S. 14, eigene Übersetzung.

20 *Henderson/Clark*, Architectural Innovation, S. 14, eigene Übersetzung.

etwa im Fall technischer Infrastruktursysteme, prägend für gesamtgesellschaftliche Strukturen und Prozesse wird.

Bei der Betrachtung technischer Systeme, die tief in gesellschaftliche Institutionen eingelassen sind, wird besonders deutlich, dass man es im Fall technologischer Regime tatsächlich mit sozio-technischen Regimen zu tun hat. In einem solchen sozio-technisch erweiterten Sinne definieren Arie Rip und René Kemp das technologische Regime als „Regelwerk oder Grammatik, das eingebettet ist in einen Komplex von Ingenieurpraktiken, Produktionsprozesstechnologien, Produkteigenschaften, Fertigkeiten und Verfahren, Arten und Weisen des Umgangs mit relevanten Artefakten und Personen, Arten und Weisen der Problemdefinition – die alle wiederum eingebettet sind in Institutionen und Infrastrukturen".[21]

Die Orientierung an sozio-technischen Regimen schafft aber nicht nur einfach Inseln relativer Kontinuität im Meer der mit Innovationen verbundenen Diskontinuitäten, diese Orientierung führt auch dazu, dass kontinuierliche und diskontinuierliche Prozesse im Innovationsgeschehen in komplexerer Weise miteinander verwoben werden als sich dies Schumpeter noch vorgestellt hatte. Drei dieser komplexeren Verwobenheiten möchte ich im Folgenden näher betrachten: (1) die Einbettung diskontinuierlicher Entwicklungen in kontinuierliche; (2) das Beharrungsvermögen sozio-technischer Regime und die Disruption aus der Nische; und (3) disruptivere Entwicklungen als Effekt des Beharrungsvermögens sozio-technischer Regime.

3. Die Einbettung diskontinuierlicher Entwicklungen in kontinuierliche

Ab den frühen 1980er Jahren etabliert sich die Unterscheidung zwischen inkrementellen und radikalen Innovationen, die auf den ersten Blick die Differenz zwischen dem Innovationsgeschehen innerhalb und außerhalb etablierter sozio-technischer Regime abzubilden scheint. Inkrementelle Innovationen sind danach Weiterentwicklungen, die das Potenzial eines eta-

---

21 *Rip/Kemp*, Technological Change, in: Rayner/Malone (Hrsg.), Human Choice and Climate Change, Vol. 2: Resources and Technology, 1998, S. 338; vgl. *Kemp/Schot/Hoogma*, Regime Shifts to Sustainability through Processes of Niche Formation: The Approach of Strategic Niche Management, in: Technology Analysis & Strategic Management 10(2) (1998), S. 175-198; *Geels*, Towards Sociotechnical Scenarios and Reflexive Anticipation: Using Patterns and Regularities in Technology Dynamics, in: Sørensen/Williams (Hrsg.), Shaping Technology, Guiding Policy: Concepts, Spaces and Tools, 2002, S. 359-381.

blierten technischen Designs ausschöpfen, einer technologischen Trajektorie folgen und dabei nur kleinere Änderungen an bereits existierenden Produkten oder Prozessen darstellen. Als radikale Innovationen werden dagegen solche Neuerungen bezeichnet, die von der bestehenden Praxis abweichen, andere ingenieur- und naturwissenschaftlichen Grundlagen verwenden und dadurch oft neue Märkte eröffnen und ganz neue Anwendungen.[22]

Das Bild wird allerdings vielschichtiger, wenn man, wie es Henderson und Clark getan haben, genauer unterscheidet, worauf sich die grundlegenden Veränderungen radikaler Innovationen beziehen. In ihrem Artikel aus dem Jahre 1990 mit dem Titel *Architectural Innovation*[23] unterscheiden Henderson und Clark zwischen zwei Formen grundlegender Neuerungen, die gemeinsam, aber auch unabhängig voneinander auftreten können: Dies ist zum einen die Entwicklung grundlegend neuer Komponenten. Die Entwicklung grundlegend neuer Komponenten im Rahmen unveränderter Produktarchitekturen bezeichnen Henderson und Clark als modulare Innovationen. Ein Beispiel ist die Ersetzung analoger Festnetztelefongeräte durch digitale.

Zum anderen kann die grundlegende Neuerung sich aber auch auf die Architektur beziehen und in der Entwicklung einer neuen Gesamtstruktur des technischen Systems bestehen, also einer neuen Art und Weise der Zusammensetzung und des Zusammenwirkens von Komponenten. Wenn dabei auf bereits bestehende Komponenten zurückgegriffen wird und deren Grundstruktur beibehalten wird, sprechen Henderson und Clark von architektonischen Innovationen. Ein anschauliches Beispiel für zwei technische Geräte mit unterschiedlichen Architekturen, aber im Grundsatz gleichen Komponenten, bilden der Deckenventilator und der Standventilator.[24]

Für den Gesichtspunkt der Einbettung diskontinuierlicher Entwicklungen in die durch dominante Designs und sozio-technische Regime erzeugte Kontinuität sind die modularen Innovationen von besonderem Interes-

---

22 Vgl. *Henderson/Clark*, Architectural Innovation, S. 9; *Freeman/Perez*, Structural Crisis of Adjustment, Business Cycles and Investment Behaviour, in: Dosi et al. (Hrsg.), Technical Change and Economic Theory, 1988, S. 45f.; *Dewar/Dutton*, The Adoption of Radical and Incremental Innovations: An Empirical Analysis, in: Management Science 32(11) (1986), S. 1422f.

23 Vgl. *Henderson/Clark*, The Reconfiguration of Existing Product Technologies and the Failure of Established Firms, in: Administrative Science Quarterly 35(1) (1990), S. 9-30.

24 Vgl. *Henderson/Clark*, Architectural Innovation, S. 12f.

se. Einer in der Innovationsforschung weit verbreiteten Sichtweise zufolge konzentrieren sich die etablierten Unternehmen einer Branche auf inkrementelle Innovationen im Rahmen etablierter sozio-technischer Regime. D.h. sie wenden die Heuristik an, im Bereich ihrer bestehenden Fähigkeiten und Ausstattungen nach vielversprechenden Neuerungen zu suchen. Umgekehrt haben etablierte Unternehmen dieser verbreiteten Sichtweise zufolge große Schwierigkeiten mit radikalen Innovationen. Der von Henderson und Clark angebotene differenziertere Blick auf radikale Innovationen zeigt dagegen, dass diese besondere Schwierigkeit etablierter Unternehmen sich vor allem auf radikalen Innovationen richtet, die architektonische Innovationen beinhalten, weniger dagegen aber auf grundlegende Neuerungen im Bereich modularer Innovationen.

Wenn es um das Ausschöpfen von Innovationspotenzialen im Rahmen etablierter sozio-technischer Regime geht, dann haben etablierte Unternehmen nicht nur bei inkrementellen Innovationen die Nase vorn, sondern auch bei denjenigen radikalen Innovationen, die sich innerhalb dieses Referenzrahmens als vielversprechend erweisen. Und dies sind typischerweise modulare Innovationen, die sich im Rahmen der Architektur eines dominanten Designs auf neue Komponenten richten – auf neue Komponenten, die bisherige Komponenten ersetzen sollen, deren Entwicklungspotenzial ausgeschöpft ist. Dieses Innovationsmuster zeigt Clayton Christensen am Beispiel der Entwicklung der Speicherplatten und der Lese- und Schreibköpfe von Computerlaufwerken.

Er schreibt: „In den 1970er Jahren waren sich einige Hersteller durchaus darüber bewusst, dass die Speicherkapazität oxydbeschichteter Platten an ihre Grenzen stößt. Um dennoch die gewohnten Leistungsverbesserungen zu erzielen, begannen sie, sich mit anderen Technologien zu beschäftigen. Sie experimentierten etwa mit Dünnfilmbeschichtungen, in der Hoffnung, auf diese Weise die kundenseitig bereits gewohnte Kapazitätssteigerung zu erreichen. [...] Expertenschätzungen zufolge nahm die Entwicklung mehr als 8 Jahre in Anspruch und sollte die Pioniere der Dünnfilm-Platten-Technologie – IBM, Control Data, Digital Equipment, Storage Technology und Ampex – jeweils mehr als 50 Millionen Dollar kosten. Zwischen 1984 und 1986 führten zwei Drittel der Marktteilnehmer Laufwerke mit Dünnfilmplatten ein. Die überwältigende Mehrheit der Anbieter waren etablierte Unternehmen. [...] Auch bei der Einführung von Dünnfilmköpfen stoßen wir auf das gleiche Muster. Die Hersteller der Ferrit-Köpfe sahen bereits 1965 deutliche Grenzen dieser Technologie erreicht. Schließlich glaubten 1981 die meisten, dass die Präzision kaum weiter gesteigert werden kann. In der Forschung und Entwicklung wendete man sich nun der Dünnfilm-Technologie zu. [...] Wie bereits bei den Dünnfilm-Speicherplatten, so zeigt sich auch bei den Dünnfilmköpfen ein technologischer Wandel, den nur etablierte Unternehmen meistern. IBM und seine Konkurrenten investierten jeweils 100 Millionen Dollar und mehr für die Entwicklung der Dünnfilmköpfe. Dieses Muster wiederholte sich schließlich auch bei der MR-Technologie [d.h. der magnetoresistiven Speicherung, Anm. ISS]: Die branchengrößten Unternehmen – IBM, Seagate und Quantum – führten das Rennen unbestritten an.“[25]

Das Innovationsmuster, das in diesen Beispielen zum Ausdruck kommt, ist deshalb so interessant, weil es zeigt, dass dominante Designs und etablierte sozio-technische Regimen heuristische Orientierungen hervorbringen, die von den innovierenden Akteuren als so verlässlich betrachtet werden, dass sie die Grundlage für hoch riskante und ausgesprochen kostenträchtige radikale Innovationen bilden können.

4. *Das Beharrungsvermögen sozio-technischer Regime und die Disruption aus der Nische*

Die heuristische Orientierung an sozio-technischen Regimen hat zudem Auswirkungen auf das grundsätzliche Kräfteverhältnis zwischen kontinuierlichen und diskontinuierlichen Neuerungen. Schumpeter war noch davon ausgegangen, dass diskontinuierliche Entwicklungen gleichsam automatisch den Motor des ökonomischen Wandels bilden, weil sie einen sich beständig wiederholenden Prozess in Gang setzen, in dem „sich die neuen Kombinationen durch das Niederkonkurrieren der alten durchsetzen“.[26] Die Orientierung an sozio-technischen Regimen verleiht einmal etablierten dominanten Designs dagegen ein beträchtliches Beharrungsvermögen und dies auch gegenüber den möglicherweise verheißungsvolleren, diese Bahn verlassenden und in diesem Sinne disruptiven Alternativen.

Zu diesem Beharrungsvermögen trägt die Vielzahl von inkrementellen Innovationen bei, die die Orientierung an etablierten sozio-technischen Regimen mit sich bringt. Ein großer Teil aller technologischen Innovationen, so konstatieren Stephen Kline und Nathan Rosenberg bereits 1986, „erfolgt in Form von sehr kleinen Änderungen, wie z.B. geringfügigen Änderungen im Design einer Maschine, die sie besser für bestimmte sehr spezifische Endanwendungen eignet, oder die ihre Herstellung einfacher und

25 *Christensen*, The Innovator's Dilemma: Warum etablierte Unternehmen den Wettbewerb um bahnbrechende Innovationen verlieren, 2011 [1997], S. 29.

26 *Schumpeter*, Theorie der wirtschaftlichen Entwicklung, S. 101.

damit kostengünstiger machen [...] Die meisten wichtigen Innovationen durchlaufen in ihrem Leben drastische Veränderungen – Veränderungen, die ihre wirtschaftliche Bedeutung völlig verändern können und oft auch tun. Die späteren Verbesserungen einer Erfindung nach ihrer ersten Einführung können wirtschaftlich wesentlich wichtiger sein als die anfängliche Verfügbarkeit der Erfindung in ihrer ursprünglichen Form."[27] Umgekehrt bedeutet dies, dass disruptive Innovationen außerhalb des Rahmens eines etablierten sozio-technischen Regimes anfangs stets erst die grobschlächtige Rohform der Technologie sind, zu der sie nachfolgend durch zunehmendes Ausschöpfen ihres Potenzials werden können. Joel Mokyr bezeichnet solche grundlegenden Innovationen in ihrer Anfangsphase deshalb auch als „hopeful monstrosities", als hoffnungsverheißende Monstrositäten.[28] Unter den Bedingungen der Konkurrenzwirtschaft ist es in dieser Konstellation dann eher wahrscheinlich, dass sich die alten Kombinationen durch das Niederkonkurrieren der neuen durchsetzen.

Um konkurrenzfähig zu den Technologien eines etablierten sozio-technischen Regimes werden zu können, benötigen die hoffnungsverheißenden Monstrositäten deshalb Schutzräume, in denen sie reifen können, in denen also genau jene inkrementellen Lern- und Verbesserungsprozesse ebenfalls stattfinden, die die Heuristik der Orientierung an einem dominanten Design mit sich bringt. Die Bedeutung und Wirkungsweise solcher Schutzräume für grundlegende Innovationen diskutiert die Innovationsforschung seit gut zwei Jahrzehnten unter dem Begriff der Nische.[29] Bei diesen Nischen kann es sich um Marktnischen handeln, also um Sondermärkte mit spezifischen Gegebenheiten, in denen die Vorteile selbst einer noch grobschlächtigen Neuerung so groß sind, dass sie die Nachteile ihrer Unausgereiftheit überwiegen. Beispielsweise hat sich das Dampfschiff in der Nische der Flussschifffahrt entwickelt, als es auf offenem Wasser noch keine Konkurrenz für das Segelschiff war. Auf dem Fluss bot die technisch noch anfällige motorisierte Fortbewegung den dort unschlagbaren Vorteil der Fortbewegung im direkten Gegenwind. Nischen können aber auch durch technologiepolitische Maßnahmen erzeugt werden. So hat beispiels-

---

27 *Kline/Rosenberg*, An Overview of Innovation, in: Landau/Rosenberg (Hrsg.), The Positive Sum Strategy. Harnessing Technology for Economic Growth, 1986, S. 282f.

28 *Mokyr*, Evolutionary Biology, Technological Change and Economic History, in: Bulletin of Economic Research, 43(2) (1991), S. 142.

29 *Kemp/Schot/Hoogma*, Regime Shifts to Sustainability through Processes of Niche Formation, S. 183f.; *Geels/Schot*, Typology of Sociotechnical Transition Pathways, in: Research Policy 36(3) (2007), S. 400.

weise das Stromeinspeisungsgesetz (und sein Nachfolger, das Erneuerbare-Energien-Gesetz), eine Nische für Techniken der Stromerzeugung aus erneuerbaren Energien geschaffen.

Ob das Potenzial, das in einer disruptiven Innovation schlummert, gesellschaftlich zum Tragen kommt oder ungenutzt bleibt, hängt unter diesen Gegebenheiten wesentlich davon ab, ob gerade eine passende Marktnische vorhanden ist oder geschaffen werden kann, oder ob es interessierten Akteuren aus Wirtschaft, Wissenschaft, Politik oder gesellschaftlicher Öffentlichkeit in anderer Weise gelingt, die gesellschaftliche Umwelt für die betreffende Neuerung und deren Nutzung so zu verändern, dass eine entsprechende Nische entsteht.

Damit aber wird das Geschäft des Innovierens in noch einem anderen Sinne ein Handlungsbereich, der sich der Logik des Ökonomischen entzieht, als Schumpeter es sich noch vorgestellt hatte. Schumpeter hatte zwar bereits gesehen, dass ökonomische Kalküle des Berechnens von Preisen und Mengen nicht auf Innovationsentscheidungen anwendbar sind. Aber er war davon ausgegangen, dass in der wiederholten Durchsetzung diskontinuierlicher Entwicklungen dann doch die Logik ökonomischer Konkurrenz zum Ausdruck kommt und den Anreiz für entsprechendes innovatorisches Handeln bereitstellt. Prozesse der Herstellung und Stabilisierung von Nischen folgen dagegen sehr viel stärker der Logik des Politischen, und zwar nicht nur dann, wenn politische Regulierungen die Nische erzeugen. Denn Nischen zu erzeugen bedeutet, Verbündete zu finden und Koalitionen von Akteuren zu bilden, die an der gesellschaftlichen Durchsetzung der Neuerung interessiert sind. Die Interessen an der Durchsetzung müssen dabei keineswegs allein ökonomischer Art sein, sondern sie können das ganze Spektrum politischer, normativer und weltanschaulicher Einstellungen umfassen.

5. Disruptivere Entwicklungen als Effekt des Beharrungsvermögens soziotechnischer Regime

Die Kehrseite der Steigerung der Kontinuität des Innovationshandelns durch die Orientierung an etablierten sozio-technischen Regimes ist, dass die Brüche, die mit diskontinuierlichen Entwicklungen einhergehen, umso tiefer werden können. Dies ist die letzte der drei Verwobenheiten kontinuierlicher und diskontinuierlicher Prozesse im Innovationsgeschehen, die ich hervorheben möchte. Sie ist besonders prägnant von Christensen[30] herausgearbeitet worden, dessen Arbeiten es dann auch ganz wesentlich waren, die den Begriff der Disruption in das Vokabular der Innovationsforschung gebracht haben.

Christensen geht es um die Erklärung des Phänomens, dass die etablierten Unternehmen einer Branche es häufig versäumen, rechtzeitig auf jene Innovationen zu setzen, die die Spielregeln in dieser Branche grundlegend ändern. So hat beispielsweise der Kataloghandel die Entwicklung des Online-Handels verschlafen, die großen Plattenlabel waren viel zu lange desinteressiert am Geschäft mit dem Verkauf von MP3-Musikdateien und die großen Fluggesellschaften waren Nachzügler im Geschäft mit Billigflügen. Dieses Verhalten ist deshalb besonders erklärungsbedürftig, weil es vielfach zur Folge hatte, dass diese führenden Unternehmen große Marktanteile verloren oder ganz vom Markt verschwanden.

Christensens Erklärung besteht im Kern aus zwei Teilen: Erstens: Die Innovationen, die später zu einer Bedrohung der Geschäftsmodelle der etablierten Firmen einer Branche werden, entwickeln sich in Marktnischen. Zweitens: Aus der Perspektive der Geschäftsmodelle der etablierten Unternehmen der betreffenden Branche sind diese Nischenmärkte ganz uninteressant. Deshalb kümmern sie sich nicht um das Innovationsgeschehen in dieser Nische, und wenn sie die Bedrohung erkennen, sind sie gegenüber den Unternehmen in dieser Nische bereits deutlich ins Hintertreffen geraten.

Der erste Teil des Argumentes knüpft an die schon angesprochenen Überlegungen zur Reifung bahnverändernder Innovationen in Marktnischen an. Es ist zunächst eine spezifische Gegebenheit der Nische, die eine Innovation trotz ihrer Unausgereiftheit dort zum Einsatz bringt – im Fall des Flussdampfschiffs ist dies der Umstand, dass Flüsse meist zu schmal sind, um mit einem Segelschiff gegen den Wind zu kreuzen. Mit zunehmender Reifung der Innovation in der Nische – durch die angesprochene Vielzahl inkrementeller Innovationen an dem gegebenen Design – kann es dann aber geschehen, dass sie ihre Nachteile gegenüber den bereits ausgereiften Problemlösungen des etablierten sozio-technischen Regimes verliert. Wenn die Nachteile verschwunden sind, können die zunächst nur nischenspezifisch wirksamen Vorteile dieser Innovation nun auch für den Hauptmarkt attraktiv werden, was die Innovation gegenüber der bisherigen Problemlösung zur attraktiveren Alternative werden lassen kann.

---

30 *Christensen*, The Innovator's Dilemma: Warum etablierte Unternehmen den Wettbewerb um bahnbrechende Innovationen verlieren, 2011 [1997].

Für den zweiten Teil des Argumentes sind die Heuristiken der Orientierung an sozio-technischen Regimen von wesentlicher Bedeutung. Solange die Unternehmen einer Branche sich an einem etablierten sozio-technischen Regime orientieren, konkurrieren sie miteinander mit Innovationen, die darauf zielen, das Potenzial des dominanten Designs weiter auszuschöpfen. Sie konzentrieren sich, so Christensen, auf Innovationen, die „darauf gerichtet sind, die Leistungsfähigkeit von vorhandenen Produkten entlang der zentralen Kundenanforderungen in bestehenden Märkten zu steigern."[31] Die dahinterstehende Rationalität ist, dass eine kleine Verbesserung des Marktanteils in dem großen Hauptmarkt ökonomisch mehr wert ist als die Vorherrschaft in einem kleinen Nischenmarkt. Das resultierende ökonomische Desinteresse an den Nischenmärkten führt dann dazu, dass Bedrohungen durch Disruption aus der Nische zu spät erkannt werden.

Natürlich sind den Akteuren im Innovationsgeschehen, die dieser Rationalität folgen, deren unerwünschte Nebenfolgen inzwischen bekannt, und die etablierten Unternehmen einer Branche haben eine Reihe von Strategien entwickelt, um mit solchen Bedrohungen aus der Nische umzugehen. Hier soll abschließend nur eine, besonders radikale dieser Strategien angesprochen werden, nämlich die Strategie der großen Internetkonzerne und der durch Risikokapital finanzierten Startups des Silicon Valley, von ihnen kontrollierte neue Märkte zu schaffen, und sie eine Zeitlang als Nischen zu subventionieren, aber mit dem Ziel, daraus in kurzer Zeit den neuen Hauptmarkt zu machen. Bekannte Beispiele für diese Strategie sind iTunes, Uber, Airbnb oder Netflix.

Neu daran ist nicht, dass die Akteure disruptiver Innovationen einen wesentlichen Teil ihrer Arbeit darauf richten, die politische, rechtliche, ökonomische und infrastrukturelle Umgebung ihrer Neuerung so zu beeinflussen, dass diese Innovation gegenüber dem etablierten sozio-technischen Regime eine Chance bekommt. So war bereits Thomas Edison vorgegangen. Neu ist allerdings die durch Internetplattformen technisch ermöglichte Strategie, diese Nische von Anfang an als den neuen Hauptmarkt anzulegen. Allgemein gilt: Je mehr Arbeit in die Weiterentwicklung eines dominanten Designs geflossen ist und je mehr Zeit ein sozio-technisches Regime hatte, sich zu etablieren, desto tiefer ist der Bruch hin zu einem neuen dominanten Design. Was jetzt aber noch hinzukommt, ist: Wenn dieser Bruch dann nicht mehr durch die Zeit des Heranreifens der neuen Problemlösung in der Nische abgefedert wird, wird der technische und soziale Wandel umso disruptiver.

---

31 *Christensen*, ebd., S. 6.

Digitale Disruption und Transformation. Herausforderungen für Recht und Rechtswissenschaft

Wolfgang Hoffmann-Riem

„Das Alte stirbt, es ändert sich die Zeit, ein neues Leben blüht aus den Ruinen"
(Friedrich Schiller, „Wilhelm Tell", 4. Akt, 2. Szene).

Meinen herzlichen Dank an die Bucerius Law School für dieses aus Anlass meines 80. Geburtstags durchgeführte Symposium, an Martin Eifert als Ideengeber für das Gesamtthema und als wissenschaftlicher Koordinator, an die Referenten für deren vorzügliche Referate sowie an die sonstigen Teilnehmer/innen für deren wertvolle Anregungen kann ich hier nur allgemein, möchte ihn aber dennoch mit Nachdruck aussprechen. Ich füge hinzu, dass es für mich als Wissenschaftler ein besonderes Geschenk ist, durch weiterführende Referate zu einem mich inhaltlich bewegenden Thema geehrt zu werden. Das Programm sah ein Schlusswort von mir vor, in dem ich meinen Dank auszudrücken versuchte, aber zusätzlich – wenn auch notgedrungen knapp – inhaltliche Anmerkungen formulieren konnte. Der folgende Text ist nicht auf diese Anmerkungen begrenzt, sondern setzt Gedanken zu dem Thema Digitalisierung fort, die mich seit längerem beschäftigen.

I. Wandel, Umbrüche, Transformationen

1. Zur Begrifflichkeit

Der im Titel dieses Beitrags gewählte Begriff Disruption verweist einerseits auf Prozesse der Zerstörung von Gewissheiten und der Abkehr von Gewohnheiten, aber auch auf Wege des Aufbruchs zu Neuem, etwa die Neuschaffung von Strukturen oder die Einleitung gravierender Wandlungsprozesse. Führt dies zu dauerhaften, insbesondere fundamentalen, Veränderungen etwa von Institutionen, von Denkweisen oder von technologischen Möglichkeiten sowie zu veränderten Produkten, Dienstleistungen oder andersartigen erheblichen Auswirkungen auf Chancen und Risiken der individuellen und gesellschaftlichen Lebensgestaltung, wird häufig der Begriff Transformation verwendet. Die im Änderungsprozess genutzten neuen Technologien werden den „transformativen Technologien" zugeordnet.

Die Redeweise von der digitalen Transformation bezieht sich übergreifend auf den durch die Digitalisierung bewirkten Veränderungsprozess. Ausgangspunkt sind technologische Innovationen. Umfasst von der digitalen Transformation sind u. a. durch die Digitalisierung ausgelöste neue Wege zu Wissen, Veränderungen der Kommunikation, damit verbunden neue Handlungsmöglichkeiten und Geschäftsmodelle. Nachhaltige Änderungen lassen sich in Wirtschaft, Gesellschaft, Politik, Recht u.v.a.m. beobachten.

2. *Insbesondere: Die digitale Transformation*[1]

Aus technologischer Sicht sind für die digitale Transformation besonders wichtig: Algorithmische Systeme, Big Data Analytics, künstliche Intelligenz (KI) und in deren Rahmen neuronale Netze, das Internet der Dinge (IoT), Blockchain und Robotik sowie die für digitale Techniken und deren Vernetzung eingerichteten Infrastrukturen. Solche technologisch fundierten Neuerungen ermöglichen Veränderungen in verschiedenen Bereichen, so den Aufbau sozialer Netzwerke (etwa Facebook) und anderer Kommunikationsdienste (etwa Instant Messaging) und Kommunikationsformen (etwa Social Bots)[2], Veränderungen der gewohnten Lebensgestaltung (etwa im Smart Home), aber auch die Schaffung neuer Überwachungssyste-

---

1 Speziell zur digitalen Transformation s. *L. Floridi*, Die 4. Revolution – Wie die Infosphäre unser Leben verändert, 2015; *A. Bounfour*, Digital Futures, Digital Transformation, 2016; F. *Stalder*, Kultur der Digitalität, 2016; *T. Cole*, Digitale Transformation, 2. Auflage 2017; *C. Keese*, Silicon Germany: Wie wir die digitale Transformation schaffen, 2017; O. Stengel/A. van Looy/S. Wallaschkowski (Hrsg.), Digitalzeitalter – Digitalgesellschaft: Das Ende des Industriezeitalters und der Beginn einer neuen Epoche, 2017; *R. Pfliegl/C. Seibt*, Die digitale Transformation findet statt!, e&i Elektrotechnik und Informationstechnik, 2017, 333; *V. Mayer-Schönberger/T. Ramge*, Das Digital. Markt, Wertschöpfung und Gerechtigkeit im Datenkapitalismus, 2017; *A. Rolf*, Weltmacht Vereinigte Daten. Die Invasion des Digitalen verstehen, 2018; B. Kolany-Raiser/R. Heil/C. Orwat/T. Hoeren (Hrsg.), Big Data und Gesellschaft: Eine multidisziplinäre Annäherung, 2018; *H. Zech*, Künstliche Intelligenz und Haftungsfragen, ZfPW 2019, 198; *S. Zuboff*, Das Zeitalter des Überwachungskapitalismus, 2018; *A. Nassehi*, Muster. Theorie der digitalen Gesellschaft, 2019.

2 Social Bots sind von Menschen programmierte Computerprogramme, die eine menschliche Identität vortäuschen und zu manipulativen Zwecken eingesetzt werden, indem sie wie Menschen im Internet agieren, s. *M. Libertus*, Rechtliche Aspekte des Einsatzes von Social Bots de lege lata und de lege ferenda, ZUM 2016, 20.

me zur Nutzung sowohl durch private als auch durch hoheitliche Stellen u.v.a.m.[3]

Dabei wäre es verfehlt, die Nutzungen digitaler Techniken – wie es häufig vor allem in der allgemeinen Öffentlichkeit geschieht – in erster Linie unter dem Aspekt des personenbezogenen Datenschutzes und der Beeinflussung der Meinungsbildung in der Gesellschaft zu thematisieren. Digitale Techniken greifen weit darüber hinaus. Erwähnt sei bespielhaft der Einsatz cyberphysischer Systeme für neuartige vernetzte und automatisierte und zum Teil autonomisierte Produktionsprozesse ("Industrie 4.0"), für selbstfahrende Fahrzeuge, aber auch für die Sicherung der Leistungsfähigkeit von Infrastrukturen der Mobilität oder der Energieversorgung oder auch für die hoheitliche Überwachung. Darüber hinaus werden digitale Techniken in fast allen Lebensbereichen eingesetzt und der Zugriff auf digitale Techniken – etwa über die Nutzung des Internet, des Smartphone oder von Rundfunk und Fernsehen – prägt das tägliche Leben fast aller Menschen. Daher liegt es nicht fern, von einer tiefgreifenden „strukturellen Transformation der Gesellschaft" zu sprechen.[4]

Die vielfältigen Verwendungsmöglichkeiten können sich nicht mehr allein auf die deterministisch mit Hilfe vorprogrammierter Entscheidungsschritte arbeitenden algorithmischen Systeme stützen. Immer wichtiger werden lernende Algorithmen, die insbesondere unter Nutzung künstlicher Intelligenz[5] nicht oder doch nicht ausschließlich nach einem definierten Muster und in der Folge mit Hilfe vorgegebener Entscheidungsschritte

---

3 *E. Peuker*, Verfassungswandel durch Digitalisierung. Digitale Souveränität als verfassungsrechtliches Leitbild, 2020 kennzeichnet in These 1 der Zusammenfassung als Digitalisierung in einem weiten Sinne: die Dynamik der technischen Entwicklung, die Vernetzung der digitalen Endgeräte, die Konvergenz von Infrastrukturen, Endgeräten und Diensten, die Ubiquität der Informations- und Kommunikationstechnik sowie die Datafizierung.

4 So etwa *M. Oermann*, Gewährleistung der Möglichkeit internetbasierter Kommunikation, 2018, 22.

5 Zu ihr s. allg. *S. Russell/P. Norvig*, Künstliche Intelligenz, 3. Aufl. 2012; *Ertel*, Grundkurs künstliche Intelligenz, 4. Aufl. 2016; *bitkom*, Künstliche Intelligenz verstehen als Automation des Entscheidens, Leitfaden 2017. Zu Einsatzmöglichkeiten s. *Die Bundesregierung*, Eckpunkte der Bundesregierung für eine Strategie Künstliche Intelligenz vom 18. Juli 2018; *Unabhängige Expertengruppe für künstliche Intelligenz*, Ethik-Leitlinien für eine vertrauenswürdige KI, 2019 – eingesetzt von der EU-Kommission – , gibt im Glossar (S. 49) eine ausführliche Definition von KI.; *H. Zech* (Fn. 1); *M. Martini*, Blackbox Algorithmus – Grundfragen einer Regulierung Künstlicher Intelligenz, 2019, 19 ff.; *W. Hoffmann-Riem*, Artificial intelligence as a Challenge for Law and Regulation, in: T. Wischmeyer/T. Rademacher (Hrsg.), Regulating Artificial Intelligence, 2020, 1 ff.; *Europäische Kommission*, Weißbuch. Zur

vorgehen, um Eingaben des Anwenders zu verarbeiten. Vielmehr können sie unter Rückgriff auf eigene Wahrnehmungen und frühere Erfahrungen vorgehen.[6] Sie können insbesondere über die Fähigkeit verfügen, Muster zu erkennen und gelernte Muster auf neue Datensätze anzuwenden. Sogenannte maschinelle Lernsysteme[7] haben u. a. die Fähigkeit, Bilder zu bewerten, Sprache in Texte zu übersetzen oder Prognosen auf der Grundlage der Auswertung von Vergangenem zu erstellen. Besonders hoch entwickelte intelligente Systeme können Zusammenhänge, Strukturen und Architekturen so erfassen, dass sie in der Lage sind, sich neuen Problemsituationen anzupassen, indem sie ihre Entscheidungsregeln autonom, also unabhängig von der menschlichen Programmierung, fortentwickeln. Möglich ist es auch, dass die Programme sich unter Nutzung neuronaler Netze[8] durch Schaffung neuer Vernetzungen zwischen den Neuronen fortentwickeln. Hier wird von "Deep Learning" gesprochen.[9]

3. *Anpassungsdruck durch aktuelle Ereignisse: Die Corona-Pandemie*

Die Digitalisierung ist durch starke Dynamiken geprägt, gekoppelt mit der Möglichkeit, flexibel auf neue Problemsituationen zu reagieren. So wird mit hoher Wahrscheinlichkeit die im Jahre 2020 ausgebrochene Corona-Pandemie zu spezifischen, aber vermutlich dauerhaft fortwirkenden Transformationsfolgen führen, dies auch hinsichtlich der Einsatzbereiche der digitalen Techniken, aber auch der durch ihre Nutzung speziell für die Pandemiebekämpfung bewirkten Veränderungen von Lebensgewohnheiten.

Künstlichen Intelligenz – ein europäisches Konzept für Exzellenz und Vertrauen, 19.02.2020, COM (2020), 65 final.; M. Ebers/ C. Heinze/T. Krügel/B. Steinrötter (Hrsg.). Künstliche Intelligenz und Robotik. Rechtshandbuch, 2020 (i. E.).

6 Nähere Erklärungen bei *H. Zech,* (2020). Risiken Digitaler Systeme: Robotik, Lernfähigkeit und Vernetzung als aktuelle Herausforderungen für das Recht. (Weizenbaum Series, 2), https://doi.org/10.34669/wi.ws/2.

7 Zum Machine Learning und dessen Anwendung beim juristischen Arbeiten: *H. Surden*, Machine Learning and Law, 89 Washington Law Review 2014, 87 ff.; *E. Alpaydin*, Machine Learning, 2016. Das Wort Maschine (machine) ist hier als Rechenregel oder Algorithmus zu verstehen.

8 Zu ihnen s. *H. Zech* (Fn. 1), 201 f.

9 Zu ihm s. *I. Goodfellow/Y. Bengio/A. Courville*, Deep Learning, 2016; *F. Stalder* (Fn. 1), 177 ff.; *C. D. Müller-Hengstenberg/S. Kirn*, Intelligente "Software-Agenten": Eine neue Herausforderung für unser Rechtssystem? Multimedia & Recht 2014, 307 ff.; *M. Martini* (Fn. 5), 23 f.

Bei der Analyse ihrer Verläufe und bei der Bewältigung der Probleme der Pandemie wurden und werden verstärkt digitale Technologien unter Einschluss lernender Systeme eingesetzt.[10] Dies betrifft zunächst insbesondere den Einsatz in der Epidemiologie und Virologie, darunter die Analyse und Prognose des Ablaufs der Pandemie und die Entwicklung von Testverfahren. Es gilt ferner für die Entwicklung von Medikamenten zur Immunstärkung und zur Heilung. Anstöße zu transformativen Veränderungen werden vermutlich auch die Erfahrungen mit der Nutzung digitaler Technologien und mit den gesellschaftlichen Begleitfolgen des Umgangs mit der Pandemie geben. Zu erwähnen sind die angesichts von Ausgangssperren vermehrte Arbeit im Homeoffice, das für die Dauer der Schulschließungen genutzte Homeschooling, der digitale Fernunterricht in Hochschulen, Online-Meetings wie Videokonferenzen oder Webinare sowie andere genutzte Möglichkeiten der elektronisch gestützten Zusammenarbeit an unterschiedlichen Örtlichkeiten tätiger Personen. Diese Vorgehensweisen werden voraussichtlich nachhaltige Auswirkungen auf das Bildungssystem, die Arbeitsbedingungen und den Arbeitsmarkt haben, aber auch auf die Art der weltweiten Zusammenarbeit im Bereich der Wirtschaft, so bei der Produktion und der Gestaltung von Lieferketten.

4. *Historische Beispiele von Transformationen*

Im Laufe der Geschichte haben Gesellschaften transformative Umbrüche unterschiedlicher Art erlebt. Solche Umbrüche waren häufig mit einer veränderten Wahrnehmung und Deutung des Weltgeschehens verbunden. Als Beispiel für ein solches Umdenken sei die Kopernikanische Wende erwähnt, also die Abkehr von einem geozentrischen hin zu einem heliozentrischen Weltbild und in der Folge die Korrektur vieler zuvor als unveränderlich angenommenen Vorstellungen insbesondere in Philosophie und Religion.

Besonders nachhaltig waren aber auch technische Entdeckungen, die neue Problemlösungen ermöglichten. Ein Beispiel dafür und für damit verbundene gesellschaftliche und politische Neuerungen ist die Erfindung des Buchdrucks. Sie beschränkte vorherige Exklusivitäten des Informati-

10 So ist beispielsweise Machine Learning im Umgang mit der Corona-Pandemie für folgende Zwecke eingesetzt worden: Um Risikogruppen zu identifizieren, Patienten zu diagnostizieren, Medikamente schneller zu entwickeln, die Ausbreitung des Virus vorherzusagen, Viren besser zu verstehen, und um festzustellen, woher ein Virus kommt.

onszugangs, eröffnete ungeahnte Lern- und Bildungsmöglichkeiten auch für Massen und erleichterte beispielsweise neue soziale Bewegungen. Weitere Beispiele sind die Erfindung der Dampfmaschine und die damit verkoppelte Industrialisierung. Erwähnt seien ferner Veränderungen in der Art der Kriegsführung, aber auch Umwälzungen von Kulturen, etwa aus Anlass von Migrationsbewegungen. Immer wieder waren auch spezielle neue Technologien Anstöße für Wandel, so die Atomenergie, die Bio- und Gentechnologie, die Nanotechnologie, die Medizintechnologie, aber auch die Informationstechnologien unter Einschluss der aktuellen Veränderungen durch die Digitalisierung.

Anstöße zu Umbrüchen gaben nicht nur veränderte Sichtweisen und darauf gegründetes neues Wissen – wie bei der Kopernikanischen Wende –, sondern auch Krisen, zurzeit etwa die Klimakrise und die durch die schon erwähnte Corona-Pandemie ausgelösten wirtschaftlichen, politischen und sozialen Funktionsstörungen in vielen gesellschaftlichen Bereichen, so u. a. im Gesundheitssektor, in der Wirtschaft und in der Politik.

Prozesse des Zusammenspiels zwischen Disruption und Transformation führen zu Herausforderungen auch für die Wissenschaft, nicht nur bei der Analyse von konkreten Erscheinungen, sondern auch bei der Suche nach theoretischen Erklärungen und angemessenen methodischen Vorgehensweisen. Das hat *Thomas Kuhn* am Beispiel der Bedeutung des Wechsels von Paradigmen – also der Aufgabe bisher leitender Denkrahmen – beschrieben.[11] Ähnlich aufschlussreich sind *Ludwig Flecks* Arbeiten zur Bedeutung von veränderten Denkstilen für neue Entwicklungen[12] sowie die seit einiger Zeit erfolgende konstruktivistische Wende in weiten Teilen der Sozial-, Technik- und Rechtswissenschaft.[13] Die Betonung des transformativen

---

11 *T. S. Kuhn,* Die Struktur wissenschaftlicher Revolutionen, 1989 (Org. 1962).

12 *L. Fleck*, Entstehung und Entwicklung einer wissenschaftlichen Tatsache. Einführung in die Lehre vom Denkstil und Denkkollektiv, 1935.

13 S. statt vieler *P. Watzlawick*, Erfundene Wirklichkeit - Wie wissen wir, was wir zu wissen glauben? Beiträge zum Konstruktivismus, 1981; *P. L. Berger/T. Luckmann*, Die gesellschaftliche Konstruktion der Wirklichkeit, 1969; *H. von Foerster/E. von Glasersfeld/P. M. Hejl/S. J. Schmidt, P. Watzlawick*, Einführung in den Konstruktivismus, 1992; *J. Halfmann*, Wissenschaft, Methode und Technik – Die Geltungsüberprüfung von wissenschaftlichem Wissen durch Technik, in: C. Engel/J. Halfmann/M. Schulte (Hrsg.), Wissen, Nichtwissen, unsicheres Wissen. Disziplinäre und interdisziplinäre Annäherungen, 2002, 227; *B. Pörksen*, Schlüsselwerke des Konstruktivismus, 2014; *R. Martinsen*, Spurensuche: Konstruktivistische Theorien der Politik, 2014. Aus politikwissenschaftlicher Sicht s. etwa *A. Wendt*, Social Theory of International Politics, 1999. Aus juristischer Sicht siehe *K. I. Lee*, Die

Charakters lässt sich auch als eine spezifische Rahmung[14] der Diskurse über die Digitalisierung, deren Bewertung und mögliche Konsequenzen in der Rechtsordnung verstehen.

5. *Insbesondere: Zu Einordnungen von Disruptionen der Wirtschaftsordnung*

In diesem Beitrag sollen Wirkungen der durch die Digitalisierung ausgelösten Disruptionen und Transformationen in Gestalt von Reaktionen im Recht und in der Rechtwissenschaft im Zentrum stehen. Zunächst aber soll die Bedeutung ökonomischer Veränderungen und deren Wahrnehmung thematisiert werden, denn gerade das Zusammenspiel zwischen den neuen digitalen Technologien und ihrer Nutzung in wirtschaftlichen Aktivitäten prägt in einem erheblichen Maße auch die Möglichkeit und Notwendigkeit rechtlicher Reaktion.

Die Nutzung des Begriffs der Disruption zur Kennzeichnung der eingangs erwähnten Wandlungsprozesse ist relativ neu. Er kann aber rückbezüglich auch auf vergangene Erscheinungen angewandt werden. So steht die Idee disruptiv wirkender Änderungsprozesse hinter der von *Karl Marx* analysierten Verdrängung alter Ordnungen – bei ihm des Feudalismus und der für diesen typischen Produktionsweise – und deren Transformation in eine neue, nämlich die kapitalistische, Ordnung. Dies wurde bei *Marx* zum zentralen Gegenstand fundamentaler Kritik.[15]

Karl Polanyi hat in seiner Beschreibung der „Großen Transformation"[16] am Beispiel Englands Folgen der Ablösung der Agrarwirtschaft durch die industrielle Revolution beschrieben. Dies war ihm Anlass für die analytische Durchdringung des transformativen Prozesses der Durchsetzung eines selbstregulativen Marktes und der Kommerzialisierung von Land, Kapital und Arbeit sowie in der Folge der Verselbständigung der Wirtschaft

---

Struktur der juristischen Entscheidung aus konstruktivistischer Sicht, 2010; *N. Just/M. Latzer*, Governance by Algorithms: Reality Construction by Algorithmic Selection on the Internet, in: Media, Culture & Society, 2016, 1 ff.;*I. Schulz-Schaeffer*, Innovation als soziale Konstruktion von Technik und Techniknutzung, in: B. Blättel-Mink/I. Schulz-Schaeffer/A. Windeler (Hrsg.), Handbuch Innovationsforschung, 2019.

14 In Bezug genommen ist damit der Framingansatz. Zu ihm s. *C. Jecker*, Entmans Framing-Ansatz, 2017;*J. Matthes*, Framing, 2. Aufl. 2020.

15 *K. Marx*, Das Kapital, Kritik der politischen Ökonomie, in: *K. Marx/F. Engels*, Marx-Engels-Werke, Bd. 23-25, Neuausgabe 1973.

16 *K. Polanyi*, The Great Transformation. The Political and Economic Origins of Our Time, 2001 (Org. 1944). Zu den Ausführungen im Text s. insbesondere 35 ff.

gegenüber der Gesellschaft. Als zerstörerische Wirkung hat er die damit verbundene Transformation der natürlichen und menschlichen Substanz der Gesellschaft in Waren und die Durchsetzung des Utilitarismus angesehen.

Josef Schumpeter hat unter Rückgriff auf die (schon ältere) Metapher der schöpferischen Zerstörung in der kapitalistischen Ordnung demgegenüber besonders günstige Voraussetzungen insbesondere für Innovationen – etwa technisch-ökonomisch fortschrittliche Innovationen – und damit verbundene Möglichkeiten zur Steigerung des Wohlstands gesehen.[17]

In jüngerer Zeit hat *Clayton Christensen* den Begriff der Disruption mit einer spezifischen Blickrichtung, nämlich der auf marktverdrängende Prozesse, in der Wissenschaft populär gemacht. Er verwendet den Disruptionsbegriff nicht allgemein für die Beschreibung von Anlässen und Folgen von bahnbrechenden, etwa technologischen Innovationen. Sein Thema sind vorrangig marktbezogene Prozesse, insbesondere solche, durch die ein kleines Unternehmen mit geringen Ressourcen es schafft, mit neuen erfolgreichen Produkten ein etabliertes Unternehmen vom Markt zu verdrängen. In das Umfeld der Disruption ordnet er es auch, wenn bisher erfolgreiche Unternehmen diese neuen Leistungen adaptieren und selbst zu erbringen suchen.[18]

Im Zentrum der Theorie von *Clayton* steht die Entwicklung neuer Möglichkeiten am Markt und die Zurückdrängung etablierter Anbieter. Besonders wichtig erscheint es mir aber auch, eine Gegenentwicklung zu benennen, nämlich die insbesondere mit der Globalisierung wesentlicher Teilmärkte im IT-Bereich verbundenen Veränderungen von Marktstrukturen im Sinne der Herausbildung von oligopolistischer oder gar monopolistisch ausgestalteter Macht,[19] und zwar gegenwärtig ohne erkennbare Aussicht auf strukturelle Bändigung. Zur Erklärung dieses Phänomens verweist die

---

17 *J. A. Schumpeter*, Theorie der wirtschaftlichen Entwicklung, 1989 (Org. 1962).

18 Zu dem zugrunde gelegten Disruptionsverständnis s. *C. M. Christensen/M. E. Raynor/R. MacDonald*, What Is Disruptive Innovation?, Harvard Business Review, Dezember 2015, https://hbr.org/2015/12/what-is-disruptive-innovation.

19 Zu Fragen der Marktmacht und die Möglichkeit ihrer rechtlichen Einhegung s. *H. Schweitzer/M. Peitz*, Datenmärkte in der digitalisierten Wirtschaft: Funktionsdefizite und Regelungsbedarf? ZEW Discussion Paper, http://ftp.zew.de/pub/zew-docs/dp/dp17043.pdf.; *M. Volmar*, Digitale Marktmacht, 2019 m. w. Hinw. S.; *M. Martini* (Fn. 59), 62 ff, 103 ff. S. auch den von der EU-Kommission in Auftrag gegebenen Report: *J. Crémer/Y-A. de Montoye/H. Schweitzer*, Competion policy for the digital era, 2019.

Internet- bzw. Informationsökonomie[20] insbesondere auf die mit Informationsgütern und ihren Märkten verbundenen spezifischen Eigenschaften. Ich nenne nur Stichworte: Die Nichtrivalität im Konsum solcher Güter, ferner der Umstand, dass selbst bei hohen Fixkosten ihrer Erstellung die Durchschnittskosten der Informationserzeugung und -vervielfältigung unendlich fallen, da nur geringe variable Kosten entstehen und die Güter sich beim Konsum praktisch nicht verbrauchen. Wichtig ist ferner die Mehrseitigkeit der Märkte. Hinzu treten Netzwerkeffekte: Die Informationsgüter haben für die Unternehmen, aber vielfach auch für die Konsumenten einen umso höheren Nutzen, je größer die Zahl derjenigen ist, die bereits mit dem Netz verbunden sind und es nutzen. Zu solchen direkten Netzeffekten kommen indirekte Netzeffekte, nämlich die Nutzung der Daten auch in anderen Geschäftsbereichen der Unternehmen und durch deren Weitergabe zur Nutzung durch Dritte, etwa an die Unternehmen der Werbewirtschaft. Netzeffekte ermöglichen angesichts der (Re)Kombinierbarkeit von Daten unterschiedlicher Art und Herkunft sowie ihrer Offenheit zur Nutzung für vielfältige Zwecke die Schaffung erheblichen Mehrwerts.

Die durch diese Eigenschaften von Informationsgütern und die neuen Strukturen digitaler Märkte ermöglichten hohen Erträge führen zur Verfügbarkeit von erheblichen Finanzmitteln, die den erfolgreichen Unternehmen beispielsweise den Aufkauf von innovativen Start-ups bzw. der von diesen entwickelten Ideen und deren Nutzung zur Herstellung von Produkten und Diensten ermöglichen.[21] Ferner werden Allianzen mit marktstarken Unternehmen geschlossen, auch mit solchen, die in anderen, etwa industriellen, Tätigkeitsfeldern arbeiten. Derartige Vorgehensweisen erlauben es den Marktstarken, ihre Marktstellung zu verteidigen und zu stärken, selbst wenn ihre eigene Innovationskraft schon ermüdet ist.

---

20 Zu ihr s. statt vieler *R. Peters*, Internet-Ökonomie, 2010; *R. Clement/D. Schreiber*, Internet-Ökonomie: Grundlagen und Fallbeispiele der vernetzten Wirtschaft, 2016.

21 Plastisch dazu *A. Rolf/A. Sagawe*, Des Googles Kern und andere Spinnennetze, 2015.

II. Aktuelle Deutungen der digitalen Disruption und Transformation

1. Ausforschungskapitalismus

Die US-amerikanische Wirtschaftswissenschaftlerin *Shoshana Zuboff* hat einen spezifischen Erklärungsansatz für die Machtakkumulation und damit verbundene Disruptionen formuliert und mit einem provozierenden Begriff versehen: Überwachungskapitalismus („Surveillance Capitalism“).[22] Dieser schere aus der Geschichte des Marktkapitalismus aus.[23] Zentral ist ihre Annahme, dass die digitalen Informationstechnologien dazu taugen und eingesetzt werden, in großem Stil Verhaltensdaten der Nutzer der Dienste – m. E. besser: Informationen[24] über das Verhalten von Nutzern – zu erheben. Diese Informationen sind für die Erbringung und Verbesserung von Produkten und Dienstleistungen für die Nutzer hilfreich und werden dafür auch eingesetzt. Sie dienen aber ebenfalls und vor allem zur Schaffung oder Verbesserung von eigenständig einsetzbaren wertvollen Produktionsmitteln. *Zuboff* nennt dieses Mehr einen Verhaltensüberschuss (Behavioral Surplus).[25] Gewonnen werde er aus Informationen über das Online-Verhalten der Nutzer (Browsing, Suche, Social Media), indem jede Bewegung, jedes Gespräch, jeder Gesichtsausdruck, jeder Laut, jeder Text, jedes Bild, das der ubiquitären Extraktionsarchitektur zugänglich ist, festgehalten werden kann und vielfach auch wird. Die Menschen, deren Verhaltensweisen erfasst und dokumentiert werden, seien eine kostenlose Quelle für den dadurch entstehenden Rohstoff, der zur Herstellung marktfähiger und häufig hoch lukrativer Produkte genutzt werde.

Mir scheint allerdings der Begriff „Surveillance/Überwachung“ für dieses Vorgehen insofern nicht optimal, als dieser jedenfalls in Deutschland meist eng mit der Vorstellung der Überwachung einzelner Personen oder Abläufe als mögliche Grundlage für gegen diese gerichtete Maßnahmen eingesetzt wird. Zentral für *Zuboffs* Analyse ist aber die weiträumige Ausforschung von Verhaltensweisen, die für eine Vielzahl von Zwecken ausge-

---

22 *S. Zuboff* (Fn. 1).

23 *S. Zuboff* (Fn. 1), 567.

24 Dies empfiehlt sich, wenn (wie in weiten Teilen der Wissenschaft üblich) zwischen Daten und Informationen unterschieden wird: Daten sind danach semantikfreie Träger von codierten Informationen. Bedeutung bzw. einen Sinn erhalten sie durch einen Vorgang der Übermittlung an einen Empfänger und wenn sie von diesem semantisch wahrgenommen werden.

25 *S. Zuboff*, (Fn. 1), 85 ff.

wertet werden können, die sich von den ausgeforschten Personen oder Umständen, aus denen die Daten konkret erfasst wurden, lösen oder jedenfalls lösen können. Insofern scheint mir der Begriff „Ausforschungskapitalismus“ treffender.

Die durch Ausforschung diverser Vorgänge wachsenden Bestände von proprietärem Verhaltensüberschuss werden nach der Analyse von *Zuboff* insbesondere zu Vorhersageprodukten verarbeitet, die in schnellem Tempo in für Verhaltensvorhersagen konzipierten Märkten gehandelt und in zahlreichen Geschäftsfeldern, aber auch in der Politik genutzt werden.

Eingangs ihres Buches umschreibt *Zuboff* die Form des neuen Kapitalismus – gewissermaßen seine Transformation – unter anderem wie folgt:[26] „Erstens eine neue Marktform, die menschliche Erfahrung als kostenlosen Rohstoff für ihre versteckten kommerziellen Operationen der Extraktion, Vorhersage und des Verkaufs reklamiert; zweitens eine parasitäre ökonomische Logik, bei der die Produktion von Gütern und Dienstleistungen einer neuen globalen Architektur zur Verhaltensmodifikation untergeordnet ist; drittens eine aus der Art geschlagene Form des Kapitalismus, die sich durch eine Konzentration von Reichtum, Wissen und Macht auszeichnet, die in der Menschheitsgeschichte beispiellos ist; viertens Fundament und Rahmen einer Überwachungsökonomie …; sechstens der Ursprung einer neuen instrumentären Macht, die Anspruch auf die Herrschaft über die Gesellschaft erhebt und die Marktdemokratie vor bestürzende Herausforderungen stellt …; achtens eine Enteignung kritischer Menschenrechte, die am besten als Putsch von oben zu verstehen ist – als Sturz der Volkssouveränität.“

Dies sind weitreichende Aussagen, die in ihrem sehr umfänglichen Buch näher ausgeführt werden. Dabei handelt es sich nicht um den Versuch einer allgemeinen Theorie des Kapitalismus, sondern um die übergreifende Analyse der vielfältigen Folgen der im Zuge der Digitalisierung eingesetzten neuen Geschäftsmodelle im IT-Bereich. Davon abgelöste Änderungen in weiteren Sektoren, etwa die Auswirkung der Digitalisierung in den verschiedenen industriellen Sektoren, sind nicht zentrales Thema ihrer Untersuchung.

Zuboffs Analyse konstatiert in ihrem Beobachtungsfeld einen Umsturz bestehender Marktmechanismen und als Folge deutliche Asymmetrien im Bereich von Wissen und Macht, gekoppelt mit erheblichen Auswirkungen auf die Funktionsweise rechtsstaatlicher und demokratischer Strukturen. Sie betont Einwirkungen auf Werte und Freiheiten und damit auch auf

---

26 *S. Zuboff*, (Fn. 1), 7.

Möglichkeiten zur individuellen und kollektiven Gestaltung von Lebensverhältnissen. Ihre Analysen sind zugleich ein Beitrag zu der Bedeutung von Technik und Technikeinsatz als Mittel zur Herausbildung von Macht und können auch als Aufforderung verstanden werden, nach Gegenmitteln zu suchen – eine traditionelle Aufgabe des Rechts und der Rechtswissenschaft.[27]

Nur erwähnt sei, dass es auch andere kapitalismuskritische Analysen zum Bereich der Digitalisierung gibt, beispielsweise unter dem Schlagwort des „digitalen Kapitalismus".[28] Besonderheiten solcher Analysen bleiben hier ausgeklammert.

2. *Mustererkennung als Kernelement einer soziologischen Theorie der Gesellschaft*

Analysen zu digitalen Disruptionen und Transformationen erfolgen nicht notwendig primär markt- und machtbezogen. Anders angelegt ist die Analyse des Soziologen *Armin Nassehi*.[29] Sein Erkenntnisinteresse zielt auf die Formulierung einer übergreifenden soziologischen Theorie der Gesellschaft. Er sieht in der Digitalisierung eine besonders ausgefeilte technische Lösung für ein Problem, das sich modernen Gesellschaften seit jeher stellt: Das Erkennen von bisher unsichtbaren Mustern, mit denen Akteure wie insbesondere Unternehmen, Staaten, Behörden, Verbände u.a. bei ihrem Handeln vorgehen. Die Digitalisierung biete Mustererkennungstechnologien mit transformationellem Potential, das es erlaube, menschliche Verhaltensweisen in bisher nicht möglicher Vielfalt und Masse zu erkennen, zu kontrollieren und zu regulieren. Big Data und KI machten die Komplexität der Gesellschaft in neuartiger Weise transparent. Die jetzt leichter erkennbaren gesellschaftlichen Regelmäßigkeiten, Strukturen und Muster seien das Material, aus dem digitale Techniken ihr ökonomisches, politisches und wissenschaftliches Potential schöpften.

Nassehi spricht hier anders als *Zuboff* nicht vom "Verhaltensüberschuss", sondern vom „Sinnüberschuss",[30] den die Technik liefere, ohne dass dieser

---

27 Dazu s. – statt vieler – die Abschiedsvorlesung von *A. Roßnagel* zum Thema Technik, Recht und Macht. Aufgabe des Freiheitschutzes in Rechtsetzung und -anwendung im Technikrecht, MMR 2010, 222 ff.

28 So *P. Staab*, Digitaler Kapitalismus – Markt und Herrschaft in der Ökonomie der Unknappheit, 2019. S. auch *N. Srnicek*, How Will Capitalism End?, 2018.

29 *A. Nassehi* (Fn. 1).

30 *A. Nassehi* (Fn. 1), 264 ff.

mit den Praktiken der Nutzer der Digitalisierung zu tun habe. Er lege Muster frei, die für unterschiedliche Anwendungen von Interesse sein könnten. Digitaltechnik sei eine Technik, die stets mehr bedeute, als sie vordergründig tue. In terminologischer Hinsicht möchte ich anmerken, dass der Begriff Sinnüberschuss nicht an Daten als solche – die als kodierte Informationen isoliert keinen Sinn vermitteln[31] – anknüpft, sondern an ihre Nutzung mittels einer Technik, die durch Verarbeitung von Daten und ihrer Kombination mit anderen in spezifischen Kontexten Informationen weiterer Art – etwa über Verhaltensmuster – vermittelt. Eine der wesentlichen Änderungen gegenüber früher sei es, dass es den Bürgerinnen und Bürgern weitgehend nicht (mehr) möglich sei, sich einer Erhebung ihrer Daten zu verweigern und dass die Digitalisierung unendliche Möglichkeiten zur Kombination und Rekombination von Daten schaffe, darunter auch von Daten, die bei der Erhebung gar nicht zur Verknüpfung vorgesehen gewesen seien.[32]

Die damit verbundenen Veränderungen von Machtverhältnissen und die ergänzend zur Verfügbarkeit der Technologien bedeutsamen ökonomischen Steuerungsfaktoren und Auswirkungen auf die demokratische Ordnung sieht er, macht sie aber ebenso wie die mit der Digitalisierung verbundenen spezifischen Chancen, Risiken und sonstigen Disruptionspotentiale nicht eigenständig zum Thema. Er formuliert aber eine Grundlage zur Erfassung auch solcher Wirkungen und damit zugleich zu deren gesellschaftspolitischer Bewertung. Die Herausarbeitung der allgemeinen Bedeutung von Mustererkennungen für die Gesellschaft – wie auch für die Funktionsweise digitaler Techniken als solchen – und speziell für die durch die Digitalisierung bedingten Steigerungen der Möglichkeiten zur Erfassung von Mustern kann als Grundlage zur Analyse ihrer ökonomischen, politischen, kulturellen und wirtschaftlichen Nutzungen dienen, darunter auch der Einwirkungen auf Machtverhältnisse. *Nassehis* Einsichten können mittelbar auch Anregungen für Überlegungen zur Art der Erfüllung regulatorischer Aufgaben im Umgang mit den Folgen des Einsatzes der Mustererkennung geben.

31 S. auch o. unter Fn. 24.

32 Näher *A. Nassehi* (Fn. 1), 143 f, 259 f., 285 f.

3. *Ein Sonderfall: Ausforschungs- und Überwachungstotalitarismus – Das Modell China*

Der Vollständigkeit halber möchte ich ergänzend auf einen grundlegend anderen Umgang mit der digitalen Transformation, als den etwa in Deutschland beobachtbaren, eingehen: den Einsatz digitaler Techniken in China zur Stabilisierung einer totalitären Regierungsform und zur Steuerung der Wirtschaft sowie zur Verhaltensbeeinflussung der dort lebenden Menschen. Die Nutzung der Digitalisierung ist darüber hinaus Teil der chinesischen Strategie, weltweit Einfluss zu gewinnen – der Bau der sog. zweiten Seidenstraße ist nur ein besonders sichtbares Zeichen infrastruktureller und wirtschaftlicher Expansion in vielen Teilen der Welt. [33] Die Regierung versteht ihr Modell als eine Alternative zu dem der westlichen Demokratie und ist bemüht, es in andere Staaten – insbesondere solche mit totalitären Strukturen – zu exportieren.

Im Folgenden gehe ich nur auf einen Teilaspekt der chinesischen Strategie ein, nämlich den Einsatz digitaler Technologien zum Aufbau eines umfassenden Systems des Social Scoring der Bevölkerung. Für dieses System werden Daten der Verwaltung, der Gerichte, aber auch privater Unternehmen (etwa der Kommunikationsintermediäre, Webportale, Internetmehrwertdienste), Ergebnisse staatlicher Überwachung sowie Informationen durch Nachbarn und Mitarbeiter und ferner eingeforderte Selbsteinschätzungen der Betroffenen genutzt. Angestrebt wird eine umfassende Verbunddatei solcher Daten.

Das seit 2014 in mehreren Versuchsfeldern durchgeführte und ab Ende 2020 für ganz China vorgesehene Social Scoring System/Social Credit System[34] ist zum einen ökonomisch motiviert, nämlich durch das Ziel, das Wirtschaftssystem in China zu fördern und insbesondere die Markteffizienz zu erhöhen (und deshalb den Unternehmen zu ermöglichen, sich viele

33 Zur chinesischen Gesamtstrategie s. *C. Hamilton/M. Ohlberg*, Die lautlose Eroberung. Wie China westliche Demokratien unterwandert und die Welt neu ordnet, 2020.

34 Hierzu *Y. Chen/A. S. Y. Cheung*, The Transparent Self Under Big Data Profiling: Privacy and Chinese Legislation on the Social Credit System, in: The Journal of Comparative Law 12, 2017, 356; *R. Creemers*, China's Social Credit System: An Evolving Practice of Control, 2018, https://ssrn.com/abstract=3175792; *X. Dai*, Toward a Reputation State: The Social Credit System Project of China, 2018, https://ssrn.com/abstract=3193577. *B. Kolany-Raiser/T. Radtke*, Ich sammele, also bin ich (Social Credit) – das Szenario eines allumfassenden Bonitätssystems am Beispiel Chinas, in: T. Hoeren (Hrsg.), Phänomene des Big-Data-Zeitalters, 2019, 121 ff. S. auch *S. Zuboff* (Fn. 1), 451 ff.

marktrelevante Daten verfügbar zu machen). Kommerziell orientierte Unternehmen – darunter vor allem, aber nicht nur marktbeherrschende IT-Unternehmen wie die der Alibaba-Gruppe (sie verfügt u. a. über diverse Handelsplattformen und das weit verbreitete Online-Bezahlsystem Alipay) oder die der Tencent Holding (u. a. soziale Netzwerke, Nachrichtendienste, Online-Spiele) arbeiten zugleich eng mit staatlichen Institutionen und der kommunistischen Partei zusammen. Auch dafür erheben sie die Daten und verarbeiten/verknüpfen sie für diverse Auswertungen.

Denn es geht bei dem Social Scoring System insbesondere darum, staatliche und gesellschaftliche Stabilität zu sichern und dafür das Sozialverhalten der Menschen an bestimmten Wertvorgaben auszurichten (benannt werden etwa Ehrlichkeit, Verlässlichkeit, Integrität, Sauberkeit, Rechtstreue, Verantwortlichkeit in der Familie etc.) und staatliche und gesellschaftliche Stabilität zu sichern. Dem dient u. a. die Förderung von gesellschaftlicher Harmonie, die Unterdrückung möglicher Proteste und vor allem die Sicherung einer der kommunistischen Programmatik verpflichteten Wertebildung in der Bevölkerung. Zu diesem Zwecke wird die Beachtung der erwähnten sozialen Normen sowie politisches Wohl- und Fehlverhalten systematisch beobachtet und registriert. Auch gibt es unter Bezugnahme auf die erworbenen oder verfehlten Social Scoring Punkte eine Vielfalt von Möglichkeiten positiver oder negativer Sanktionen.

Nun ist gegenwärtig höchst unwahrscheinlich, dass ein ähnlich umfassendes Ausforschungs-, Überwachungs- und Sanktionssystem in funktionierenden rechtsstaatlichen Demokratien wie Deutschland eingerichtet wird oder absehbar geschaffen werden könnte. Technisch möglich wäre der Einsatz digitaler Technologien zu solchen Zwecken allerdings überall, sofern die dafür erforderlichen digitalen Infrastrukturen bestehen, so dass es zumindest nicht fern liegt, die Möglichkeiten digitaler Transformation zumindest illustrationshalber bis hin zu dem chinesischen Modell zu erfassen. Sowohl die rechtlichen Vorkehrungen als auch die kulturellen Traditionen und Werthaltungen der Bevölkerung dürften gegenwärtig allerdings in funktionierenden westlichen Demokratien stark genug sein, um sich diesem Modell zu verweigern. Allerdings: Wären solche Überwachungssysteme schon in der Zeit des Nationalsozialismus verfügbar gewesen, wären sie vermutlich auch in Deutschland genutzt worden. Angesichts von Ansätzen rechtsstaatlicher Erosionen gegenwärtig in der Türkei, Ungarn, Polen oder Rumänien scheint es auch für europäische Staaten wichtig zu sein, wachsam zu bleiben und im Zuge der Digitalisierung nicht totalitären Versuchungen zu erliegen, sondern für möglichst wirksame Gegenvorkehrungen zu sorgen.

4. Zwischenfazit

Für den gegenwärtig begonnenen und noch keineswegs abgeschlossenen, durch Digitalisierung geprägten Wandlungsprozess von Wirtschaft, Staat und Gesellschaft drängen sich Parallelen zu den von *Marx* und *Polanyi* untersuchten Typen grundlegender Änderungen auf: Der Übergang vom Feudalismus einerseits und von der Agrarwirtschaft andererseits zu grundlegenden Veränderungen der jeweiligen Wirtschafts- und Gesellschaftsform. Der für die Gegenwart häufig gewählte Vergleich der Bedeutung der Industrialisierung mit der der Digitalisierung weist jedenfalls in eine solche Richtung.

Das chinesische Vorhaben einer auf digitaler Totalkontrolle aufbauenden Staats- und Gesellschaftsform liegt insofern auf einer anderen Ebene, als es nicht Produkt einer durch veränderte Rahmenbedingungen angestoßenen allmählichen Veränderung ist. Es handelt sich um ein politisch gezielt gesteuertes Vorhaben zum Erhalt und Weiterbau einer totalitären Staats- und Gesellschaftsform, das – wie erwähnt – auch als Gegenmodell zu rechtsstaatlichen Demokratien proklamiert wird. Die durch Digitalisierung neu erschlossenen Möglichkeiten der Überwachung und Steuerung sind ein zielorientiertes Instrument zum Ausbau des totalitären Modells.

Die oben (unter 2) erwähnte Analyse von *Nassehi* hat einen explizit theoretischen Anspruch. Sie zielt auf eine nicht auf bestimmte Phasen der historischen Entwicklung bezogene, übergreifende soziologische Theorie der Gesellschaft. Dafür hat das für digitale Techniken wichtige Element der Mustererkennung Anregungen gegeben: Damit werde ein Grundproblem moderner Gesellschaften und damit verbundener politischer Steuerung verdeutlicht: Das Erkennen von Handlungsmustern und deren Analyse auch als Grundlage für Einwirkungen auf wirtschaftliche, politische, kulturelle u. a. Entwicklungen.

Auf wieder anderen Ebenen liegen solche Wandlungsprozesse, die mit grundlegend veränderten Sichtweisen verbunden sind. Hierzu zähle ich die besonders weitreichende, mit dem Namen *Kopernikus* verbundene Neuausrichtung des mittelalterlichen Denkens über die Welt. Nicht mit einer ähnlichen Reichweite, aber doch mit einem strukturell vergleichbaren Ansatz versehen sind die mit den Namen *Kuhn* und *Fleck* verbundenen Einsichten über die Bedeutung von Paradigmen und Denkstilen (auch) für Wandlungsprozesse. In die Reihe transformativer Veränderungen im Denken und Handeln ordne ich auch die wachsende Bedeutung konstruktivistischer Perspektiven auf Wirklichkeit und damit zugleich das Bemühen um ein modernes Verständnis von Rationalität. Analysen, Vorhersagen,

Entscheidungen u ä. unter Nutzung digitaler Techniken sind Prototypen konstruktivistischen Vorgehens.

Solche oder andere Versuche zur Einordnung der gegenwärtigen Entwicklung und ihres Verständnisses in größere Zusammenhänge mögen Anregungen für weitere Hypothesen oder für Widerspruch geben, sollen hier aber nicht weiterverfolgt werden.

III. Wirkungsdimensionen transformativer Wandlungen

Erneut sei auf die Annahme verwiesen, dass die digitale Transformation in weite Teile von Wirtschaft, Kultur, Politik, öffentlicher und privater Kommunikation hineinwirkt und erhebliche Auswirkungen auf die Gesellschaft und Wirtschaft der Gegenwart hat.[35] Das Erkennen von verschiedenen Ebenen von Wirkungen und Vorgehensweisen beim Umgang mit ihnen ist wesentlich auch für die Reaktion des Rechts auf die digitale Transformation.

In der wissenschaftlichen Literatur, insbesondere der ökonomisch orientierten, hat sich weithin zur allgemein einsetzbaren Klassifizierung unterschiedlicher Wirkungsdimensionen von Entscheidungen und Verhalten das Begriffstrio Output, Outcome und Impact durchgesetzt.[36] Dieses Trio lässt sich auch zur Erfassung der mit der digitalen Transformation verbundenen Wirkungen nutzen.

Zu den Wirkungen gehören selbstverständlich die durch den Einsatz neuer Technologien in je unterschiedlichen Bereichen ermöglichten Verfahren, Produkte, Einsichten und Dienste – also der konkrete *Output*. Hinzu treten die Wirkungen bei unmittelbar oder mittelbar Betroffenen, etwa bei den Nutzern von digitalen Diensten: Der *Impact* als Mikrowirkung. Drittens ist der *Outcome* als darüber hinausreichende, auch längerfristige Veränderung in den betroffenen gesellschaftlichen Bereichen wichtig, also die Wirkung auf der Makroebene. Dazu gehören auch die Auswirkungen auf Marktstrukturen, auf die demokratische Ordnung, auf die Leistungsfähigkeit rechtsstaatlicher Schutzvorkehrungen, auf die Gewinnung von weiter verwertbarem Wissen, auf die Entwicklung des kulturellen Bewusstseins, auf die öffentliche Kommunikation u. a. m.

---

35 S. dazu etwa *A. Reckwitz,* Das Ende der Illusionen. Politik, Ökonomie und Kultur in der Spätmoderne, 2020, insbes. 133 ff., 162 ff.

36 Zu diesen Begriffen s. *F. Nullmeier,* Input, Output, Outcome, Effektivität und Effizienz in: B. Blanke/F. Nullmeier/C. Reichard/G. Wewer (Hrsg.), Handbuch zur Verwaltungsreform, 4. Aufl., 2010, 357, 360 ff.

Wirkungen in allen drei Dimensionen lassen sich in vielen bereichsspezifischen Anwendungsfeldern des Einsatzes digitaler Technologien feststellen. Ich nenne als Kandidaten beispielhaft die medizinische Forschung, Diagnose und Therapie, das Geschehen auf Finanzmärkten, Veränderungen im Arbeitsleben, im Handel, in der Mobilität sowie Möglichkeiten hoheitlicher Überwachung.

Als ein weiteres wichtiges Feld erwähne ich den Energiebereich, der zugleich ein Beispiel für die mögliche Ambivalenz der Wirkungen ist. Digitale Technologien haben die Entwicklung neuer Verfahren der Energiegewinnung, -speicherung, -verteilung und von Maßnahmen zur Steigerung der Effizienz des Energieverbrauchs gefördert. Mit den neuen Möglichkeiten sind aber auch neue Probleme verbunden. So darf nicht übersehen werden, dass die Informationstechnologien zum Teil hoch energieintensiv arbeiten – so etwa der Betrieb von Clouds, der Einsatz der Blockchain-Technologie oder das Streaming. Das alles ist mit dem Risiko verbunden, dass die durch die gegenwärtige Klimakrise angestoßenen Ansätze für neue Energieformen, zur Energieeinsparung bzw. zu vermehrter Effizienz der Energienutzung durch den Einsatz von Informationstechnologien in ihren Wirkungen zumindest teilweise konterkariert werden.

Für die Wirkungen der Digitalisierung sind auch Entgrenzungen, Konvergenzen und Vernetzungen verschiedener Art typisch.[37] Dazu zählen die Trans- und Internationalität des Einsatzes digitaler Techniken. Ferner: im IT-Bereich verschwimmen die Grenzen zwischen Hardware, Software und Orgware, zwischen Anbietern und Nachfragern sowie zwischen Dienstleistungen unter Nutzung von IT-Infrastrukturen. Private und öffentliche Kommunikation werden verstärkt miteinander verwoben. Herkömmliche Vorstellungen über Privatheit und Öffentlichkeit erodieren, die Notwendigkeit von spezifischem Privatheitsschutz wird sogar zum Teil – so durch Anhängerinnen und Anhänger der sog. Post-privacy-Bewegung – bezweifelt.[38]

---

37 Dazu näher s. *W. Hoffmann-Riem*, Rechtliche Rahmenbedingungen für und regulative Herausforderungen durch Big Data, in: Ders. (Hrsg.), Big Data – Regulative Herausforderungen, 2018, 11, 36 ff.

38 Dazu s. statt vieler *C. Heller*, Post-privacy: Prima leben ohne Privatsphäre, 2011. Kritisch zu einer solchen Position *P. Schaar*, Das Ende der Privatsphäre, 2007. Differenzierend *M. Klar*, Privatsphäre und Datenschutz in Zeiten technischen und legislativen Umbruchs, in: Die öffentliche Verwaltung (DÖV) 2013, 103; *V. Boehme-Neßler*, Zwei Welten? Big Data und Datenschutz. Entwicklungslinien des Datenschutzes in der digitalen Gesellschaft, in: Archiv für Urheber- und Medienrecht 2015, 19, 24-27. Zur Problematik siehe auch die Beiträge in H. Hill/U. Schliesky (Hrsg.), Die Neubestimmung der Privatheit, 2014.

In den Bereich von Entgrenzungen und Konvergenzen gehört auch – dies sei besonders hervorgehoben – der Befund wachsender Ubiquität (Allgegenwärtigkeit) informationstechnischer Geräte, Infrastrukturen und nutzbarer Dienste (sog. *Ubiquitous Computing*): Datenerhebung,- verarbeitung und -nutzung sind zu einem integralen Bestandteil des Alltags geworden.[39] Für die Verwobenheit von Interaktionen Online und Offline steht gegenwärtig – in kritischer Absicht – noch ein anderer Begriff: On*life*.[40] Wenn unser Leben vielfach weder On- noch Offline ist, beginnt (so die These) die Bildung einer neuen Art von Welt – die On*life*-Welt. In ihr können Computersysteme die Menschen insbesondere von Entscheidungsnotwendigkeiten weitgehend freistellen, also menschliche Entscheidungen vorprägen[41] oder gar ersetzen. Solche Entscheidungsentlastungen können als große Chance auf einen Gewinn an Lebensqualität beurteilt, aber auch kritisiert werden, insbesondere soweit die Betroffenen keine oder nur eine begrenzte Gelegenheit zur willentlichen Intervention haben. *Mireille Hildebrandt* spricht in diesem Zusammenhang von „Pre-emptive Computing Systems“.[42] Das mit dem Einsatz solcher Technologien verbundene Unterlaufen bewusster Reflexion bewirke – so *Hildebrandt* –, dass der Mensch in

39 Statt vieler: *L. Lipp*, Interaktion zwischen Mensch und Computer im Ubiquitous Computing. Lit Verlag, 2004; *M. Friedewald, O. Raabe, P. Georgieff u. a.*, Ubiquitäres Computing. Das „Internet der Dinge“ – Grundlagen, Anwendungen, Folgen, 2010; *E. Peuker* (Fn. 3) (Manuskript S. 25 f).

40 Dazu s. *L. Floridi*, Die 4. Revolution, 2015, 87 ff., 129 ff.; *M. Hildebrandt*, Smart Technologies and the End(s) of Law. Novel Entanglements of Law and Technology, 2016, 41 ff., 77 ff. *Hildebrandt* definiert die On*life* World als: „The hybrid life world composed of and constituted by combination of software and hardware that determine information flows and the capability to perceive and cognise one's environment which is run by means of an information and communication infrastructure (ICI) capable of pre-emptive computing, based on its tapping into the digital unconscious of big data space." Den von ihr vielfach genutzten Begriff "Digital Unconscious" definiert sie wie folgt: "The largely invisible big data space on which the on*life* world and its ICI of pre-emptive computing depend, where inferences are thrown and applied, largely beyond the ambit of conscious reflexion." (261), s. a. 65 ff.

41 Dies erfasst auch die Vorprägung des Nutzerverhaltens in Social Media, das algorithmisch unbemerkt gesteuert wird, etwa durch personenbezogene, an früherem Nutzerverhalten ausgerichtete Filterung des Informationszugangs.

42 Zur Definition s. *M. Hildebrandt* (Fn. 40), 263. Gemeint sind insbesondere computerisierte Systeme, die Verhalten, insbesondere in Gestalt von Verhaltensmustern, erfassen, darauf aufbauend Verhaltensmöglichkeiten im Vorwege einschätzen und gleichzeitig Anstöße dafür zu geben, dass die Erwartung entsprechenden Verhaltens auch eingelöst wird.

der Onlife-Welt vielfach und vermehrt zum „Digital Unconscious“,[43] zum Objekt unbewusster Steuerung, werde. Damit drohe ein Grundprinzip moderner Gesellschaften, die Autonomie im Handeln, (weiter) zu erodieren.

IV. Zur begrifflichen Systematisierung unterschiedlicher digital beeinflusster Entscheidungen

Die eher subtile Beeinflussung von Entscheidungen im zuletzt beschriebenen Sinne betrifft einen Typ von Verhaltenssteuerung, bei dem die Entscheidungen durch die Ergebnisse des Einsatzes algorithmischer Systeme in einer Weise vorgeprägt sind, dass die Eigenbestimmung bei der Entscheidung zwar nicht ausgeschlossen, aber faktisch eingeschränkt ist: Die Auswahl zwischen verschiedenen Handlungsoptionen ist zwar möglich, der tatsächliche Entscheidungsspielraum und damit die Eigenbestimmung zur Entscheidung aber sind durch die subtile Einflussnahme faktisch limitiert. Die Datenethikkommission der Bundesregierung hat bei ihrem Versuch, unterschiedliche Entscheidungssituationen begrifflich zu kennzeichnen,[44] hierfür den Begriff der *algorithmengetriebenen Entscheidungen* vorgeschlagen.

Die Kommission hat auch weitere hilfreiche Begriffe genutzt, um die unterschiedliche Einsetzbarkeit von Algorithmen für Entscheidungen – darunter können auch rechtliche Entscheidungen fallen – zu verdeutlichen. Werden menschliche Entscheidungen nicht durch Algorithmen ersetzt, stützen die Entscheidungen sich aber auf algorithmisch berechnete (Teil-)Informationen – dies ist auch in der Praxis des Umgangs mit Recht durch Rechtsanwälte, Behörden und Gerichte schon jetzt häufig der Fall –, wird der Begriff der *algorithmenbasierten Entscheidungen* empfohlen. Soweit demgegenüber ein menschliches Handeln ausscheidet und stattdessen vollständig automatisiert vorgegangen wird,[45] wird der Begriff der *algorithmen-*

---

43 Zu dieser Definition s. *M. Hildebrandt* (Fn. 40), 261, 263. S. ferner die Beispiele auf den Seiten 65 ff. (wie z.B. Enhanced Targeting, Attention Management).

44 *Gutachten der Datenethikkommission*, 2019, 24, 181.

45 Zur Möglichkeit automatisierter Entscheidungen s. etwa Art. 22 EU-DSGVO; § 35a VerwVerfG. Speziell zu automatisierten Verwaltungsakten s. *A. Berger*, Der automatisierte Verwaltungsakt, NVwZ 2018, 1269 ff.; *A. Guckelberger*, E-Government: Ein Paradigmenwechsel in Verwaltung und Verwaltungsrecht?, in: VVDStRL 78, 2019, 235, 263 ff.; *H. Kube*, E-Government: Ein Paradigmenwechsel in Verwaltung und Verwaltungsrecht?, in: VVDStRL 78, 2019, 299, 301 ff., 307 ff.;

determinierten Entscheidungen maßgebend. Alle drei Dimensionen können beispielsweise beim Einsatz von Legal Technology (s. u. X) auftreten.

Die begrifflichen Zuordnungen sind auch Anschauungsmaterial für den Befund der Veränderung der für den Umgang mit Recht maßgebenden Paradigmen bzw. Denkstile (zu letzteren s. o. I.5). Die teilweise oder vollständige Ersetzung der menschlichen Entscheidung oder die durch digitale Techniken bewirkte Einschränkung der Möglichkeit selbstbestimmter Entscheidung verändert die Konstruktion rechtlicher Wirklichkeit, beeinflusst das zugrunde gelegte Rationalitätskonzept und hat Rückwirkungen auf die Möglichkeit zur Sicherung der Legitimation der Entscheidung. Darauf wird zurück zu kommen sein.

V. *Transformation des Innovationsermöglichungsrechts*

Disruptive, transformativ wirkende Technologien sind ein wichtiges Thema und Mittel der Innovationsforschung.[46] Dazu verweise ich auf das Referat von *Ingo Schulz-Schaeffer*.[47] Digital fundierte Innovationen sind selbstverständlich auch Gegenstand der rechtswissenschaftlichen Innovationsforschung.[48] Moderne Gesellschaften benötigen Räume für Innovationen, also *Innovationsoffenheit*, aber auch Aufmerksamkeit nicht nur für die möglichen Chancen für Verbesserungen, sondern auch für Risiken und für ggf. innovative Gegenmittel zu deren Vermeidung oder Minimierung. Gefordert ist daher auch eine in dem gesellschaftlichen Umfeld, in sozialen Normen und in der Rechtsordnung verankerte *Innovationsverantwortung* der Akteure.[49] Auch bedarf es der Herausbildung von Strukturen, die Raum für die Realisierung von Innovationen durch potentiell Akteure jeglicher Art schaffen.

M. Stegmüller, Vollautomatische Verwaltungsakte – eine kritische Sicht auf die neuen § 24 I 3 und § 35 a VwVfG, NVwZ 2018, 353 ff.

46 Allgemein dazu die Beiträge in B. Blättel-Mink/I. Schulz-Schaeffer/A. Windeler (Hrsg.), Handbuch der Innovationsforschung. Sozialwissenschaftliche Perspektiven, 2020.

47 I. d. B.

48 Zu dieser Richtung allgemein s. m. w. Hinw. *W. Hoffmann-Riem*, Innovation und Recht – Recht und Innovation. Recht im Ensemble seiner Kontexte, 2016; und die Beiträge in: Ders. (Hrsg.), Innovationen im Recht, 2016.

49 Zu den Begriffen s. *W. Hoffmann-Riem*, Innovationsoffenheit und Innovationsverantwortung durch Recht. Aufgaben rechtswissenschaftlicher Innovationsforschung, AöR 131, 2006, 255 ff.

Innovationsoffenheit und Innovationsverantwortung sind wichtige Pole auch der transformativen Elemente des IT-bezogenen Rechts, das die Wahrnehmung der Chancen der Digitalisierung ermöglichen, aber Risiken minimieren oder gar ausschließen soll, kurz: für ein als *Innovationsermöglichungsrecht* konzipiertes Recht.[50] Dafür ist es wichtig, reicht es aber nicht, rechtlich Freiräume für Ideen, für das Ausprobieren von Neuem und seiner Anwendung und für die ökonomische Verwertung zu schaffen. Es sind auch die positiv oder negativ zu bewertenden Folgen in den Wirkungsebenen Output, Impact und Outcome zu berücksichtigen und es ist darauf hinzuwirken, dass die Verwirklichung von Chancen auch real ermöglicht und Risiken beherrschbar gehalten werden. So müssen Fehlentwicklungen korrigierbar sein und bei Bedarf auch korrigiert werden.

Für Innovationsoffenheit und Innovationsverantwortung im Kontext der Digitalisierung zu sorgen, ist eine Aufgabe auch der zur Sicherung der Wirksamkeit der Rechtsordnung berufenen Akteure (Politiker, Unternehmen, Verwaltungsbeamte, Gerichte, Verbände, ferner Vertreterinnen und Vertreter der Zivilgesellschaft sowie die einzelnen Bürgerinnen und Bürger). Es bedarf nicht nur eines auf die Besonderheiten der Digitalisierung abgestimmten rechtlichen Instrumentariums, sondern auch eines darauf eingestellten gesellschaftlichen Umfelds und dafür geeigneter wirtschaftlicher Strukturen und kultureller Orientierungen.

Kurz: Entscheidend ist die Art der auf die digitale Transformation abgestimmten Governance. Insofern geht es um die Fortentwicklung der (bisher allerdings nur begrenzt befriedigenden) Bemühungen um eine anspruchsvolle Internet-Governance.[51] Sie müsste heute zur IT-Governance ausgeweitet werden, nämlich unter Einbeziehung der Governancestruktu-

---

50 Dazu s. *W. Hoffmann-Riem* (Fn. 48), S. 33 ff.

51 Dazu s. etwa *D. Drissel*, Internet-Governance in a Multipolar World: Challenging American Hegemony, 19 Cambridge Review of International Affairs, 2006, 105 et seq.; *Kurbalija*, An Introduction to Internet-Governance, 5. Aufl., 2012; *R. H. Weber*, Realizing a New Global Cyberspace Framework: Foundations and Guiding Principles, 2014; *Ders*. Kommentierung von Internet-Governance, in R.H. Weber/T. Hoeren/B. Holznagel (Hrsg.), Multimedia-Recht, Stand 51. El. 2020. Zur Definition von Internet-Governance s. Report of the Working Group on Internet-Governance, June 2005, http://www.wgig.org/docs/WGIGREPORT.pdf (Stand: 2014): „Internet-Governance“ als die „Entwicklung und Anwendung durch Regierungen, den Privatsektor, die akademische/technische Gemeinschaft und die Zivilgesellschaft, in ihren jeweiligen Rollen, von gemeinsamen Prinzipien, Normen, Regeln, Vorgehensweisen zur Entscheidungsfindung und Programmen, welche die Weiterentwicklung und die Nutzung des Internet beeinflussen“.

ren im Hinblick auf die Prozesse der Digitalisierung auch außerhalb des Internet.

VI. *Zur Schutz- und Gewährleistungsfunktion von Recht*

Aufträge zur rechtlichen Ausgestaltung des transformativen Innovationsgeschehens sind mit der seit langem anerkannten Schutz- und Gewährleistungsfunktion von Recht verbunden[52] – vermittelt einerseits über abwehrrechtliche, insbesondere gegen den Staat gerichtete subjektive Rechte der Bürgerinnen und Bürger, ferner durch die über die objektivrechtlichen Gehalte vieler Grundrechte[53] vermittelten Ausgestaltungs- und Schutzaufträge.[54] Solche auf die Gewährleistung von Freiheitsrechten, und zwar auch im Verhältnis Privater untereinander, gerichteten objektiv-rechtlichen Gehalte von Grundrechten finden sich im Übrigen nicht nur in nationalen, etwa den deutschen, Grundrechtsnormen, sondern werden begrenzt, aber zunehmend ebenfalls im Bereich der EU-Grundrechtecharta sowie der Europäischen Menschenrechtskonvention und in einzelnen völkerrechtlichen Abkommen anerkannt.[55] Aufträge zum Schutz kollektiver

---

52 Beispiele dafür gibt es viele. Ich greife eine thematisch einschlägige Publikation heraus, bezogen auf die individuellen Möglichkeiten internetbasierter Kommunikation: *M. Oermann* (Fn. 4).

53 Grundlegend für diese Funktion von Grundrechtsnormen ist die Entscheidung des Bundesverfassungsgerichts BVerfGE 7, 198, 203 ff. S. ferner BVerfGE 42, 143,148; 89, 214, 229; 103, 89, 100; 137, 273, 313, Rn. 109; 148, 267, Rn. 32.

54 Allgemein zu objektiv-rechtlichen Grundrechtsgehalten und Schutzpflichten s. *M. Dolderer*, Objektive Grundrechtsgehalte, 2000; *L. Jaeckel*, Schutzpflichten im deutschen und europäischen Recht, 2010; *P. Szczekalla*, Die sogenannten grundrechtlichen Schutzpflichten im deutschen und europäischen Recht, 2002. S. auch Fn. 55.

55 S. dazu *T. Marauhn*, Sicherung grund- und menschenrechtlicher Standards gegenüber neuen Gefährdungen durch private und ausländische Akteure, in: VVDStRL, Bd. 74, 2015, 373 ff.; *C. Teetzmann*, Schutz vor Wissen? Forschung mit doppeltem Verwendungszweck zwischen Schutzpflichten und Wissenschaftsfreiheit, 2020, 148 ff., 369 ff. (speziell zur Biotechnologie). Mit Bezug speziell zur Internetkommunikation s. *A. Fischer-Lescano*, Der Kampf um die Internetverfassung: Rechtsfragen des Schutzes globaler Kommunikationsstrukturen von Überwachungsmaßnahmen, JZ 2014, 965 ff.; *U. Schliesky/C. Hoffmann/A. D. Luch/S. E. Schulz/K. C. Borchers*, Schutzpflichten und Drittwirkungen im Internet: Das Grundgesetz im digitalen Zeitalter, 2014; *N. Marsch*, Das europäische Datenschutzgrundrecht. Grundlagen – Dimensionen – Verflechtungen, Tübingen, 2018; *S. V. Knebel*, Die Drittwirkung der Grundrechte und -freiheiten gegenüber Privaten. Regulierungsmöglichkeiten sozialer Netzwerke, 2018.

Rechtsgüter werden inhaltlich auch durch die Staatszielbestimmungen wie die der Rechtstaatlichkeit, Demokratie und Sozialstaatlichkeit angeleitet.

An der aktuellen verfassungsgerichtlichen Rechtsprechung fällt auf, dass das BVerfG erwägt, die seit langem anerkannte objektivrechtliche Dimension von Grundrechten und die damit gerechtfertigte mittelbare Drittwirkung von Grundrechten im Verhältnis Privater untereinander in Richtung auf die Möglichkeit unmittelbarer Wirkungen der Grundrechte jedenfalls in spezifischen Konstellationen auszudehnen.[56] Für die Begründung solcher Weiterungen sei mitentscheidend, ob die Grundrechtsbindung Privater einer Grundrechtsbindung des Staates nahe oder gleich komme. Im Bereich der Kommunikation kämen Gewährleistungsaufträge insbesondere in Betracht, wenn private Unternehmen die Bereitstellung schon der Rahmenbedingungen öffentlicher Kommunikation selbst übernehmen und damit in Funktionen eintreten, die früher – wie die Sicherstellung der Post- und Telekommunikationsdienstleistungen – dem Staat als Aufgabe der Daseinsvorsorge zugewiesen waren.[57]

Diese Überlegungen sind von der 2. Kammer des Ersten Senats i. J. 2019 ausdrücklich auch auf Betreiber sozialer Netzwerke im Internet bezogen worden.[58] Da diese Entscheidung in einem Eilverfahren erging, bestand für das Gericht allerdings kein Anlass, diese Frage definitiv zu klären. Es fällt aber auf, dass das Gericht – obwohl es für die Entscheidung darauf nicht ankam (Juristen sprechen hier von einem obiter dictum) – ausdrücklich ausführte: „Ob und gegebenenfalls welche rechtlichen Forderungen sich insoweit auch für Betreiber sozialer Netzwerke im Internet“ (konkret ging es um Facebook) „etwa in Abhängigkeit vom Grad deren marktbeherrschender Stellung, der Ausrichtung der Plattform, des Grads der Angewiesenheit auf eben jene Plattform und den betroffenen Interessen der Plattformbetreiber und sonstiger Dritter – ergeben,“ sei jedoch in der Rechtsprechung des BVerfG noch nicht abschließend geklärt. Noch deutlicher wird das Gericht wenig später in der Entscheidung des Ersten Senats zum „Recht auf Vergessen I“. Es heißt dort – wiederum als obiter dictum –: Bei der Bestimmung der Reichweite der mittelbaren Grund-

56 Zur Diskussion der im sogleich folgenden Text erwähnten sowie weiterer Entscheidungen s. *B. Raue*, Meinungsfreiheit in sozialen Netzwerken, JZ 2018, 94; *F. Michl*, Situativ staatsgleiche Grundrechtsbindung privater Akteure, JZ 2018, 910; *A. Hellgardt*, Wer hat Angst vor der unmittelbaren Drittwirkung?, JZ 2018, 901 ff.; *S. Muckel*, Wandel des Verhältnisses von Staat und Gesellschaft – Folgen für Grundrechtstheorie und -dogmatik, VVDStRL79, 2020, 245, 276.

57 BVerfGE 128, 226, 249 f.

58 BVerfG NJW 2019, 1935, Rn 15 unter Verweis auf BVerfGE 148, 267, 283 f.

rechtswirkung „können insbesondere auch die Unausweichlichkeit von Situationen, das Ungleichgewicht zwischen sich gegenüber stehenden Parteien, die gesellschaftliche Bedeutung bestimmter Leistungen oder die soziale Mächtigkeit einer Seite eine maßgebliche Rolle spielen.“ [59] Solche Ausführungen können als Andeutung verstanden werden, dass die durch die Digitalisierung bedingte Asymmetrie in den Machtverhältnissen – wie sie beispielsweise *Shoshana Zuboff* thematisiert – transformative Folgen in der Reichweite des Grundrechtsschutzes haben könnte. Verbindlich entschieden ist dies allerdings noch nicht.

Wenn zur Beurteilung der Reichweite des Grundrechtsschutzes hier und möglicherweise auch in zukünftigen Fällen die Macht der Akteure maßgebend werden sollte, würde dies auch andere Bereiche als die des Kommunikationssektors erfassen können. So formuliert *Alexander Roßnagel*: „Heute ist der Staat noch immer eine mächtige Instanz, aber bei weitem nicht mehr die einzige und in manchen Bereichen auch nicht mehr die stärkste. Heute machen große Konzerne durch ihren Technikeinsatz im Bereich der Energie, Chemie, Pharmazie und vor allem der Information und Kommunikation dem Staat seine Rolle als Träger von Macht streitig. Im Internet übernehmen sie sogar staatliche Funktionen wie das Setzen und Vollziehen von Regeln des Zusammenlebens. Sie entscheiden über die Verwirklichungsbedingungen von Grundrechten und damit über die Grundlagen individueller und gesellschaftlicher Freiheit. Den gesellschaftlichen Informations- und Kommunikationsraum beherrschen sie sogar stärker als bisher der Staat den analogen.“[60]

VII. Private Selbstgestaltung und Selbstregulierung und die Notwendigkeit transformativer regulativer Umhegungen

1. Privatisierung und Deregulierung der Telekommunikation

Die Sicherung von Individual- und Gemeinwohl ist eine gemeinsame Aufgabe von Staat und Gesellschaft. Infolge der anhand neoliberaler Konzepte seit mehreren Jahrzehnten betriebenen, insbesondere von der EU forcierten, Privatisierung ehemals staatlicher Aufgaben und der damit einhergehenden Deregulierung vieler Bereiche ist das Tätigkeitsfeld staatlicher Or-

---

59 BVerfG NJW 2020, 300, Rn 77.

60 *A. Roßnagel*, Technik, Recht und Macht, MMR 2020, 222.

gane zurückgedrängt worden.[61] Das betrifft, wie das BVerfG ausdrücklich erwähnt,[62] den früher in vielen Staaten in staatlicher Verantwortung gelegenen klassischen Telekommunikationsbereich. Ungeachtet der großflächigen digitalen Transformation und der mit ihr verbundenen neuen Betätigungs- und Geschäftsfelder und des damit verkoppelten Ausbaus privater Macht ist diese Privatisierung bisher nicht wieder rückgängig gemacht worden. Die primäre Steuerung der Entwicklung des IT-Bereichs und in der Folge die Hauptverantwortung für die Nutzung seiner Chancen sowie für die Bewältigung der mit der Digitalisierung verbundenen Probleme und insbesondere für den Umgang mit Risiken liegen daher nicht oder nur sehr begrenzt beim Staat, sondern vorrangig bei den im IT-Bereich tätigen Unternehmen und – in Grenzen – bei den Nutzern ihrer Produkte und sonstigen Leistungen.

2. *Exkurs: Kommerzialisierung insbesondere des Internet*

Die Möglichkeit privater Selbstgestaltung und -regelung war bei der Entwicklung des Internet – und damit auch beim Startschuss für die rasante Fortentwicklung der digitalen Transformation – vor allem in den USA erheblich stärker ausgeprägt als in Deutschland und anderen europäischen Staaten. Das Internet wurde – ungeachtet seiner Förderung durch das amerikanische Militär und amerikanische Bildungsinstitutionen – von vielen als privat gestalteter Kommunikationsort der Freiheit, der Emanzipation und selbstregulativen Entfaltung, ja der Möglichkeit auch einer anarchischen Entwicklung verstanden.[63] Dieser Einschätzung stand die zunehmende Kommerzialisierung des Internet angesichts der vorherrschenden neoliberalen Marktkonzeption jedenfalls zunächst nicht grundsätzlich entgegen. Die weitere Entwicklung allerdings untergrub dieses Ideal schnell. Das Ergebnis war eine „privatwirtschaftliche Landnahme“ des Internet,[64]

---

61 Allgemein zur Privatisierung und Deregulierung *A. Voßkuhle*, in: W. Hoffmann-Riem/E. Schmidt-Aßmann/A. Voßkuhle (Hrsg.), Grundlagen des Verwaltungsrechts, Bd. 1, 2. Aufl. 2012, 1, 46 ff. m. w. Hinw.

62 BVerfGE 128, 226, 249 f.

63 Besonders prononciert dazu *J. P. Barlow*, A declaration of the independence of cyberspace. Electronic Frontier Foundation, 1996, https://www.eff.org/cyberspace-independence.

64 So *U. Dolata*, Plattform-Regulierung. Koordination von Märkten und Kuratierung von Sozialität im Internet, Berliner Journal für Soziologie, 2020, https://doi.org/10.1007/s11609-020-00403-9, unter 1.

die zu massiven Kommerzialisierungsprozessen und in der Folge wachsender Asymmetrie von Marktmacht und Einflussmacht führte.

Ulrich Dolata fasst die Entwicklung wie folgt zusammen. Die „Konzerne entwickeln und betreiben mit ihren Plattformen die wesentlichen technischen Infrastrukturen und Dienste des Webs, auf die nicht nur private Nutzer, sondern auch viele Unternehmen und öffentliche Einrichtungen häufig zugreifen (müssen). Als quasi-hoheitliche Akteure kontrollieren sie die zentralen Zugänge zum Internet, strukturieren und observieren die Bewegungsmöglichkeiten der Nutzer, kuratieren und korrigieren in großem Stil Inhalte, Informationsflüsse und Diskussionen. Als strukturbildende Wirtschaftsakteure arbeiten sie an der möglichst lückenlosen Erfassung, Verarbeitung und Inwertsetzung der Datenspuren, die die Nutzer im Web hinterlassen und haben damit einen großflächigen Prozess der kommerziellen Vermessung und Kommodifizierung sozialer Aktivitäten und Beziehungen im Online-Bereich in Gang gesetzt, der in der Welt vor dem Internet undenkbar gewesen wäre. Darüber hinaus agieren sie nicht mehr bloß als führende und akzentsetzende Marktteilnehmer, sondern unterhalten und regulieren auch eigene Märkte und Arbeitsbeziehungen, deren Teilnehmerkreis zum Teil weit über ihren Unternehmenszusammenhang hinausreicht“.[65]

3. *Zur Art der Selbstgestaltung und Selbstregulierung*

Prägend für die geschaffenen Strukturen und das Handeln der Unternehmen ist eine weitgehende Selbstgestaltung der Geschäftsmodelle, der technologischen und soziotechnischen Infrastrukturen, der Beziehungen zu anderen Unternehmen und zu den diversen Nutzern. Als machtvolle Akteure können die Unternehmen eigenständig auch Regeln schaffen (Selbstregulierung)[66] oder sich zusammen mit anderen Akteuren kollektiv über Regeln verständigen, und zwar ohne dass dies demokratischer Kontrolle unterliegt. In der Folge haben sie schon jetzt vielfach eigene normative Ordnungen geschaffen.[67] Diese befinden sich nicht nur in den von den

---

65 *U. Dolata*, (Fn. 64) unter 1, m. Hinw. auf weitere eigene Veröffentlichungen.

66 Zu diesem und weiteren Begriffen s. *W. Hoffmann-Riem*, Selbstregelung, Selbstregulierung und regulierte Selbstregulierung im digitalen Kontext, in: M. Fehling/U. Schliesky (Hrsg.), Neue Macht- und Verantwortungsstrukturen in der digitalen Welt, 2018, 27 ff.

67 *D. Wielsch*, Die Ordnung der Netzwerke. AGB – Code – Community Standards, in: M. Eifert/T. Gostomzyk (Hrsg.) Netzwerkrecht. Zur Zukunft des NetzDG und

Unternehmen formulierten Allgemeinen Geschäftsbedingungen, sondern sie haben auch die Gestalt von Gemeinschaftsstandards oder von Verhaltensregeln.

Solche Regeln können mittelbar auch Wirkungen für Dritte entfalten. Ein Beispiel ist das internationale Robot-Exclusion-Standardprotokoll (REP).[68] Es betrifft die Möglichkeit der Betreiber von Websites, diese oder Teile davon gegenüber denjenigen Web-Crawlern (Robots) zu sperren, welche die Standards des REP befolgen. So werden die Suchmaschinen, welche diese Web-Crawler für ihre Indexierung nutzen, daran gehindert, diese Inhalte zugänglich zu machen. Dem zunächst durch ein Expertengremium erarbeiteten REP haben sich verschiedene Internet-Unternehmen wie Google und Microsoft angeschlossen. Es ist nicht das Ergebnis eines Interesseclearing zwischen Vertretern aller Beteiligten bzw. Betroffenen, sondern eine einseitig für maßgebend erklärte Setzung des mächtigeren Teils der Internetwirtschaft, die erhebliche Auswirkungen auf Dritte hat. Das Protokoll ist zwar auf dessen Akzeptanz durch den jeweiligen Web-Crawler angewiesen; diese Akzeptanz liegt jedoch bei einem Großteil der marktbeherrschenden Internet-Konzerne vor.

Zwar gibt es jedenfalls für manche Märkte, insbesondere für den regionalen, wirtschaftlich starken Binnenmarkt der EU, auch differenzierte hoheitlich gesetzte Regeln. Für die auf globale IT-Aktivitäten ausgerichteten transnationalen und auch für viele nationale Märkte ist gleichwohl nur höchst begrenzt die hoheitlich gesetzte Rechtsordnung maßgebend. Vorherrschend sind die von der IT-Wirtschaft selbst organisierten Strukturen, die Art der Geschäftsverwirklichung und die dafür eigengesetzten Regeln.

4. Schwierigkeiten hoheitlicher Verantwortungsübernahme

Staatliche Akteure haben allerdings nach Maßgabe ihrer Rechtsordnung den Auftrag, im Rahmen ihrer Möglichkeiten Vorkehrungen zu treffen,

---

seine Folgen für die Netzwerkökonomie, 2018, 61 ff. (Der Beitrag enthält nicht nur viele Beispiele, sondern auch Anregungen für rechtliche Einhegungen selbstregulativer Ordnung insbes. der Plattformen); *H. Schweitzer*, Digitale Plattformen als private Gesetzgeber: Ein Perspektivwechsel für die europäische „Plattformregulierung“, ZEuP 2019, 1 ff.

68 Zum REP s. *A. Conrad/T. Schubert*, How to Do Things with Code, GRUR 2018, 350 ff. S. a. *T. Höppner*, Das Verhältnis von Suchmaschinen zu Inhalteanbietern an der Schnittstelle von Urheber- und Kartellrecht, in: Wettbewerb in Recht und Praxis 2012, 625, 631 f., 636 ff.

dass auch bei gesellschaftlicher Selbstgestaltung und Selbstregulierung Rechtsgüter respektiert und schützenswerte Interessen gewahrt werden. Der moderne, normativ durch Schutz- und Gewährleistungsaufgaben (s. o. VI) geprägte Staat als Gewährleistungsstaat[69] unterliegt einer auf die Erfüllung entsprechender Aufträge ausgerichteten besonderen Gewährleistungsverantwortung. Speziell mit dem Blick auf die digitale Transformation der Gesellschaft ist staatlicherseits zu gewährleisten, dass durch rechtliche Rahmensetzung, Strukturvorgaben und inhaltliche Orientierungen sowie Verfahrenssicherungen, aber auch durch Flexibilitätsvorkehrungen die Funktionsfähigkeit und ggf. Anpassungsfähigkeit der Ordnungen nicht gefährdet wird und öffentliche Aufgaben auch bei ihrer Wahrnehmung durch Private unter Berücksichtigung von Gemeinwohlzielen erfüllt werden. Hier sind Vorkehrungen *hoheitlich regulierter gesellschaftlicher Selbstgestaltung/ Selbstregulierung*[70] angezeigt, die insbesondere auf das jeweilige Potential an Chancen und Risiken abgestimmt sein müssen.

Die mit der digitalen Transformation verbundene privatwirtschaftlich verfasste Gesellschaftlichkeit im Internet hat allerdings zu einer weitgehenden Entkoppelung von den staatlicherseits gesetzten Strukturen geführt. Für die Art und Reichweite der privat gesetzten Weichenstellungen ist auch von Bedeutung, dass die von der Internetwirtschaft gesetzten Regeln nicht notwendig die Gestalt ausgearbeiteter Texte haben. Sie sind vielmehr in starkem Maße (nur) in die Technik selbst eingeschrieben worden. Dies geschieht etwa durch die Gestaltung der Funktionalität – wie der Filterung, Priorisierung und Darstellung von Informationen – oder sonstige Standardeinstellungen. In der Folge sind die praktizierten Regeln nur schwer erkennbar und kontrollierbar.

Auch insofern bleibt allerdings die staatliche Schutz- und Gewährleistungsverantwortung bestehen.[71] Regulierungen[72] können Vorkehrungen

---

69 Zu ihm allgemein *G. F. Schuppert*, The Ensuring State, in: A. Giddens (Hrsg.), The progressive manifesto. New ideas for the centre-left, 2003, 54 ff.; *R. Ruge*, Die Gewährleistungsverantwortung des Staates und der Regulatory State, 2004; *C. Franzius*, Gewährleistung im Recht: Grundlagen eines europäischen Regelungsmodells öffentlicher Dienstleistungen, 2009.

70 Ausführlicher dazu *W. Hoffmann-Riem* (Fn. 66).

71 Dazu s. auch *S. Hindelang*, Freiheit und Kommunikation, 2019, 237 ff., der die Schutzpflicht insbesondere zur Sicherung selbstbestimmter kommunikativer Teilhabe in der vernetzten Gesellschaft betont und deren Umsetzung im weiteren Verlauf seiner Untersuchung näher spezifiziert.

72 Auf die Vielfalt und Schwierigkeiten möglicher Regulierung kann ich hier nicht eingehen. In früheren Abhandlungen habe ich das eingehender getan, s. etwa *W. Hoffmann- Riem* (Fn. 5, 37, 66, 96,131).

für die unter den Bedingungen der Digitalisierung wichtige Transparenz[73] und Nachvollziehbarkeit der Vorgehensweisen[74] treffen, darunter durch die Schaffung von Dokumentationspflichten, Begründungspflichten sowie Korrektur- und Kontrollvorgaben,[75] gegebenenfalls erweitert durch Haftungsregimes.[76] Auch können in Bezug auf die Inhalte und die Zugänglichkeit digitaler Dienste rechtliche Mindestanforderungen – so an die Art und Qualität der Leistungen und Produkte (etwa Diskriminierungsverbote[77]) – geschaffen werden, die im Zuge einer Zertifizierung auch proaktiv überprüft werden können.

Die Normierung von Pflichten zu proaktiven und reaktiven Folgenabschätzungen sind weitere Möglichkeiten. Wichtig sind auch bereichsspezifische Vorkehrungen zur Korrektur von unerwünschten Entwicklungen. Innovationsermöglichungsrecht zielt aber auch darauf, erwünschte Innovationen zu stimulieren – etwa durch Anreize, aber ebenfalls durch die Vorsorge für Strukturen, die auch kleineren Unternehmen und Start-ups innovative Entwicklungen ermöglichen. Letztere aber sind bei Erfolg der Versuchung ausgesetzt, die häufig finanziell sehr attraktiven Angebote marktstarker Unternehmen zu ihrer Übernahme anzunehmen. Als Gegengewicht könnte eine branchenspezifisch ausgestaltete, die üblichen Aufgreifkriterien für Fusionen herabsetzende und damit eine wirksamere Fusionskontrolle als bisher eingerichtet werden. An dieser oder anderen wirksamen Vorkehrungen aber fehlt es.

Allerdings befinden sich Hoheitsträger gelegentlich in einer Dilemmasituation. Dies sei an einem Beispiel aus dem Bereich der Internetkommunikation illustriert. Dieses Beispiel gilt dem Versuch, ehrverletzende, gewalt-

---

73 Zu unterschiedlichen Dimensionen von Transparenzforderungen s. *M. Martini* (Fn. 5), 176 ff.

74 Zur Problematik vertiefend *T. Wischmeyer*, Regulierung intelligenter Systeme, AöR 143 (2018), 1, 18 ff., 42 ff.

75 Beispiele dafür – wenn auch dort nur zum Datenschutz – in: *Gutachten der Datenethikkommission*, 2019, Nr. 38. Entsprechende Regelungen gibt es aber auch außerhalb des Datenschutzes i. e. S.

76 Zu letzteren s. beispielsweise *H. Zech* (Fn. 1) sowie *Ders.*, Entscheidungen digitaler autonomer Systeme: Empfehlen sich Regelungen zu Verantwortung und Haftung? Gutachten A 73. DJT, 2020; *C. D. Müller-Hengstenberg/S.Kirn*, Rechtliche Risiken autonomer und vernetzter Systeme, 2016, 163 ff.; *G. Spindler*, Haftungsrecht im Zeitalter des Internet of Things – von selbststeuernden Autos und denkenden Kühlschränken, Juristische Studiengesellschaft, Jahresband 2018, 125 ff.; *D. Wielsch*, Funktion und Verantwortung. Zur Haftung im Netzwerk, Rechtswissenschaft 2019, 84 ff.

77 Zu Diskriminierungspotentialen s. statt vieler *M. Martini* (Fn. 5), 47 ff., 334 ff.

verherrlichende, pornographische oder als Fake-News eingeordnete Inhalte im Internet zu unterbinden. Hoheitliche Eingriffe zur Entfernung solcher Inhalte oder auch nur die Erschwerung des Zugangs zu ihnen geraten leicht in die Nähe der verfassungsrechtlich verbotenen staatlichen Zensur (Art. 5 Abs. 1 Satz 3 GG).[78] Deshalb wird ein Vorgehen durch die Informationsintermediäre (etwa Facebook oder Google) vielfach als vorzugswürdig angesehen. Der EuGH hat in seiner Google-Entscheidung[79] diesen Weg gewählt. Sie läuft darauf hinaus, dass die Internetunternehmen entscheiden, welche Inhalte im Internet akzeptabel bzw. nicht akzeptabel sind.[80] Damit kuratieren und korrigieren sie – wie *Dolata*[81] formuliert hat (s. o. VII. 2) – Inhalte, Informationsflüsse und Diskussionen. Für eine angemessene Lösung des Problems bedarf es einer stärkeren Berücksichtigung des Umstandes, dass die Kommunikationsintermediäre durch ihre Entscheidungen über die Bedingungen der Verwirklichung von Freiheitsrechten der Betroffenen – sowohl der Äußerer als auch der von einer Äußerung negativ Betroffenen – und zugleich über Inhalte öffentlicher Diskurse entscheiden und damit auch eigene Diskursmacht ausüben. Hier bedarf es eines den verschiedenen Informationszugangsinteressen gerecht werdenden Ausgleichs.

Die Maßstäbe und das Verfahren näher zu bestimmen, ist eine hoheitliche Aufgabe zur Gewährleistung der Freiheitsverwirklichung (s. o. VI) in einer den Besonderheiten von öffentlichen Kommunikationsnetzwerken gerecht werdenden multipolaren Konfliktkonstellation. Diese Aufgabe kann nicht allein den nicht demokratisch legitimierten Intermediären zur Selbstgestaltung übertragen werden. Hoheitsträger – je nach Regelungskompetenz etwa die EU oder die einzelnen Staaten – sind aufgefordert, für die Wahrnehmung der Verantwortung durch die Intermediäre einen auch rechtsstaatliche Anforderungen wahrenden regulativen Rahmen zu schaffen (darunter Anhörungsrechte und Rechtsbehelfe sowie Aufsichtsvorkeh-

---

78 Zur Problematik s. etwa die Diskussion um das deutsche Netzwerkdurchsetzungsgesetz. Dazu s. M. Eifert/T. Gostomzyk (Hrsg.) Netzwerkrecht. Zur Zukunft des NetzDG und seine Folgen für die Netzwerkökonomie, 2018; *I. Löber/A. Roßnagel*, Das Netzwerkdurchsetzungsgesetz in der Umsetzung, MMR 2019, 71. Für 2020 ist eine Novellierung geplant.

79 EuGH, Urteil vom 13.05.2014, Rs. C-131/12 (Google Spain), EuGRZ 2014, 320 ff.

80 Zu den grundrechtlichen Fragen, wieweit die Betreiber sozialer Medien zur Löschung von Inhalten ihrer Nutzer berechtig sind, s. *J. Lüdemann*, Grundrechtliche Vorgaben für die Löschung von Beiträgen in sozialen Netzwerken, MMR 2029, 279 ff.

81 *U. Dolata* (Fn. 64).

rungen). Staatliche und private Verantwortung müssen miteinander verwoben werden.[82][83]

Hoheitliche Regulierung im Digitalbereich steht nicht nur hier vor der Schwierigkeit, auf die Begleiterscheinungen und Folgen der Digitalisierung regulativ angemessene Lösungen zu finden. Ein besonderes Problem ist dabei die begrenzte Vorhersehbarkeit vieler Entwicklungen und damit auch neuer Regelungsbedarfe, aber auch der Wirksamkeit hoheitlicher Interventionen. Soll Recht auch im IT-Bereich als chancen- und risikoorientiertes Innovationsermöglichungsrecht konzipiert sein (s. o. V), ist mit der Schwierigkeit umzugehen, die Entstehung und Anwendung des Neuen regulativ umhegen zu sollen, obwohl das Neue selbst oder die von ihm ausgehenden Folgen, insbesondere die Risiken, nicht oder nur begrenzt bekannt sind.[84] Zu bewältigen ist das Problem vorhersehbarer Unvorhersehbarkeit.[85] Das ist zwar keine Besonderheit des IT-Bereichs, bedarf aber hier eines auf die gegenwärtige Transformation abgestimmten Vorgehens.

VIII. Herausforderungen an bereichsspezifisches Recht hinsichtlich des Einsatzes digitaler Techniken

1. Ausweitung rechtlicher Aufmerksamkeit

Da die digitale Transformation fast alle gesellschaftlichen Bereiche erfasst hat, bedeutet sie eine Herausforderung für das Rechtssystem in seinen verschiedenen Gegenstandsbereichen und auf seinen verschiedenen Ebenen. Die gesamte Rechtsordnung muss daher daraufhin besehen werden, ob und wieweit sie angemessen auf die durch die Digitalisierung bedingten Disruptionen und Transformationen reagiert.

---

82 Zu den Schwierigkeiten und Möglichkeiten s. die Analyse von *D. Wielsch*, Funktion und Verantwortung. Zur Haftung im Netzwerk, Rechtswissenschaft 2019, 84 ff. S. auch *Ders.* (Fn. 67).

83 Ein Versuch zur rechtlichen Regelung ist das deutsche Netzwerkdurchsetzungsgesetz, das aber seinerseits sehr umstritten ist. Zu diesem Gesetz s. statt vieler *F. Kalscheuer/C. Hornung*, Das Netzwerkdurchsetzungsgesetz – Ein verfassungswidriger Schnellschuss, NVwZ 2017, 1721. S. ferner die Nachw. in Fn. 78.

84 Dazu s. *D. Sauer*, Perspektiven sozialwissenschaftlicher Innovationsforschung – eine Einleitung, in: D. Sauer/C. Lang (Hrsg.), Paradoxien der Innovation. Perspektiven sozialwissenschaftlicher Innovationsforschung, 1999, 9, 14.

85 Dazu s. *Hase*, Die Komplexität des Wissens und die Legitimation rechtlicher Normsetzung, in: B. Buchner/K.-H. Ladeur (Hrsg.), Wissensgenerierung und -verarbeitung im Gesundheits- und Sozialrecht, 2016, 125, 134 f.

Da die Anwendbarkeit von Recht nicht, jedenfalls soweit dies nicht ausdrücklich vorgesehen ist, auf überkommene (etwa analoge) Vorgehensweisen begrenzt ist, liegt es zunächst nahe, von seiner Geltungskraft auch bei der Nutzung digitaler Technologien in den jeweils betroffenen gesellschaftlichen Bereichen auszugehen. Dass eine simple Analogie dafür aber vielfach nicht taugt, hat *Herbert Zech* in seinem Referat dargelegt.[86] Soweit Unterschiede zwischen dem Einsatz und den Folgen traditioneller und digitaler Techniken bestehen, lässt sich dies allerdings zumindest teilweise durch veränderte Auslegung bestehenden Rechts berücksichtigen. Dies gilt auch für die Reichweite der in der Verfassung vorgesehenen Verbürgungen, etwa der Grundrechte,[87] aber ebenso für die sonstige Rechtsordnung.

Es bleiben angesichts der Besonderheiten von Einsatzmöglichkeiten und Wirkungen der Digitalisierung aber Bedarfe für Sonderregeln, die zum Teil in übergreifend geltenden Gesetzen wie dem BGB, StGB, UrhG, GWB und UWG vorgesehen werden können, häufig aber auch in bereichsbezogenen Normierungen einfachen Rechts – wie Medizinrecht, Finanzmarktrecht, Telemedienrecht, Rundfunk- und Telekommunikationsrecht – enthalten sind oder dort erfolgen sollten. Dies kann sowohl der Verbesserung der Chancen als auch der Minimierung und Abwehr von Risiken dienen, aber auch Vorkehrungen zur Korrektur von Fehlentwicklungen umfassen.

Besondere Regelungen sind beispielsweise angezeigt als Vorsorge gegenüber der Verwirklichung von Risiken beim Einsatz digitaler Techniken etwa in der Forschung und für die Nutzung ihrer Ergebnisse im Zuge deren Anwendung. Dies betrifft etwa den Gesundheitsbereich oder den Umgang mit der Gentechnologie. Regelungsbedarf besteht auch für das automatisierte Fahren im Straßenverkehr. Gleiches gilt für das Arbeitsschutzrecht oder das Kapitalmarktrecht.[88] Bereichsspezifische Regelungen gibt es in solchen Feldern schon; sie müssen aber in Vielem neu auf die Folgen der Digitalisierung abgestimmt werden. Dabei ist auch zu klären, welche der

---

86 I. d. B.

87 Hierfür steht beispielhaft die Rechtsprechung des Bundesverfassungsgerichts zum grundrechtlichen Schutz im Bereich der Digitalisierung seit der Entwicklung des Grundrechts auf informationelle Selbstbestimmung. S. zu ihr *W. Hoffmann-Riem* (Fn. 48), 569 ff. S. auch *C. Hoffmann/A. D. Luch/S. Schulz/K. C. Borchers*, Die digitale Dimension der Grundrechte, 2015.

88 Zu bereichsspezifischen Analysen mit dem besonderen Blick auf den Einsatz von KI s. etwa die Beiträge in T. Wischmeyer/T. Rademacher (Hrsg.), (Fn. 5), Part 2. Ebenso bereichsspezifische Analysen mit dem Blick auf Big Data enthalten die Beiträge in T. Hoeren (Hrsg.) (Fn. 34).

in das Tätigkeitsfeld bzw. in die Wertschöpfungskette einbezogenen Akteure aufgrund ihres Wissens und von Möglichkeiten der Einwirkung auf die Vermeidung von Risiken in Anspruch genommen werden sollen.

2. *Normwandel durch transformative Veränderung des Realbereichs von Normen*

Die digitale Transformation lässt die Rechtsordnung auch dort nicht unberührt, wo der Wortlaut der Gesetze unverändert bleibt. Insoweit ist insbesondere auf die Relevanz des Realbereichs von Normen zu verweisen. Gemeint sind die in der Norm – sei es explizit oder implizit – in Bezug genommenen technologischen, naturwissenschaftlichen, sozialen, politischen, ökonomischen, kulturellen, ökologischen u. ä. Realitäten in ihren Grundstrukturen.[89] Dieser Ausschnitt der nichtrechtlichen Wirklichkeit ist ein konstitutiver Bestandteil der Norm, der neben deren Sprach- bzw. Textbereich und der systematischen Einbettung der Norm in die Gesamtrechtsordnung für den normativen Gehalt bedeutsam ist.[90] Angesichts der Ubiquität der transformativen Informationstechnologie und ihrer innovativen Potentiale erhalten die Inhalte informationstechnisch relevanter Normen infolge der im IT-Bereich häufigen Realbereichsänderungen eine transformative Dynamik.[91] Vergleichbares gilt auch für im IT-Bereich nutzbare soziale sowie ethische Normen.

Zwar kann bekanntlich aus dem Sein nicht auf das Sollen geschlossen werden. Da aber der Realbereich von Normen einer der Bezugspunkte zur Inhaltsdeutung von Normen ist, wirken Änderungen in ihm – also im Sein – auf das rechtlich bestimmte Dürfen, Können und gegebenenfalls Sollen ein.[92] Je schneller der technologische Fortschritt und seine Auswirkungen in den gesellschaftlichen Handlungsfeldern erfolgen, umso häufiger und nachhaltiger kann es infolge des Wandels des Realbereichs zum Normwandel auch ohne Eingreifen des Gesetzgebers kommen.

---

89 *W. Hoffmann-Riem* (Fn. 48), 113.

90 Vgl. *K. Hesse*, Grundzüge des Verfassungsrechts der Bundesrepublik Deutschland, 20. Aufl. 1999, Rn. 45 f., *F. Müller/R. Christensen*, Juristische Methodik. Bd. I, 11. Aufl., 2013.

91 S. dazu *B. Fateh-Moghadam*, Innovationsverantwortung im Strafrecht: Zwischen Strict Liability, Fahrlässigkeit und erlaubtem Risiko – zugleich ein Beitrag zur Digitalisierung des Strafrechts, ZSTW 2019, 113 (4), 863, 872 ff.

92 *B. Fateh-Moghadam* (Fn. 91), 867.

3. *Zur begrenzten Reichweite des bisherigen Datenschutzrechts*

Für die von der Digitalisierung betroffenen Bereiche hat selbstverständlich das auf Persönlichkeitsschutz gerichtete traditionelle Datenschutzrecht weiter Bedeutung. Es wäre aber verfehlt, die Bemühungen um rechtliche Regelungen beim Einsatz digitaler Techniken auf den Schutz personenbezogener Daten zu konzentrieren und damit von der Vielfalt der in der Verarbeitung von Daten unterschiedlicher Art betroffenen Rechtsgüter und der Notwendigkeit ihres Schutzes abzulenken.[93]

Die bisher typische Konzentration der Sichtweise vor allem in der deutschen Öffentlichkeit auf Datenschutzrecht entstand in der zweiten Hälfte des vorigen Jahrhunderts parallel zum Ausbau der Leistungsfähigkeit von Computern. Dies war unter anderem begleitet von Befürchtungen vor Ausspähungen oder Ausforschungen durch staatliche Organe und private Akteure. Die Fokussierung auf Datenschutz wurde in Deutschland auch durch öffentlich stark beachtete Gerichtsentscheidungen gestützt, etwa durch die verfassungsgerichtlichen Entscheidungen zu dem aus der Garantie der Menschenwürde (Art. 1 Abs. 1 GG) und dem Persönlichkeitsrecht (Art. 2 Abs. 1 GG) abgeleiteten Schutz informationeller Selbstbestimmung, dies insbesondere zwecks Begrenzung staatlicher Überwachung.[94]

Der schnelle Aufstieg sozialer Netzwerke und die große Zahl dabei anfallender, insbesondere personenbezogener, Daten und deren Verwertung steigerten die Konzentration der Aufmerksamkeit auf dieses Feld, mit der Folge der Schaffung auch darauf bezogener nationaler Datenschutzgesetze und Datenschutzbehörden, aber auch europäischer Regelungen, wie etwa der EU-Datenschutzgrundverordnung (DSGVO) und weiterer europarechtlicher Bestimmungen zum Datenschutz.[95] So hat die DSGVO eine Fülle von Schutzvorkehrungen getroffen, darunter Datenschutzgrundsätze, Zweckbegrenzungen und Zulässigkeitsregeln. Hinzu kommen Infor-

---

93 S. zur Notwendigkeit der Ausweitung des Blicks beispielsweise *R. Broemel/H.-H. Trute*, Alles nur Datenschutz? Zur rechtlichen Regulierung algorithmenbasierter Wissensgenerierung, Berliner Debatte Initial 27 (2016), 50 ff.

94 S. zu dieser Rechtsprechung die auch weitere Grundrechte einbeziehende Darstellung in *W. Hoffmann-Riem*, (Fn. 48), 569 ff.

95 So zielt beispielsweise die noch geltende E-Privacy Richtlinie (Richtlinie 2002/58/EG des Europäischen Parlaments und des Rates vom 12. Juli 2002) sowie die als deren Ersatz geplante, aber noch im Erlassverfahren befindliche E-Privacy-Verordnung der EU auf personenbezogenen Datenschutz speziell im Bereich der elektronischen Kommunikation ab und soll den freien Verkehr der Daten und von elektronischen Kommunikationsgeräten und -diensten in der Gemeinschaft gewährleisten.

mations- und Auskunftsrechte und -pflichten sowie vor allem das als Regelfall vorgesehene Erfordernis der Einwilligung der Betroffenen in die Erhebung und Verwertung personenbezogener Daten.

In der Praxis sind der Regelungen der DSGVO allerdings nur begrenzt wirksam. So kennt die DSGVO viele Ausnahmen und sie verzichtet auf Differenzierungen je nach den betroffenen Akteuren. So gelten die normierten Datenschutzgrundsätze, Zulässigkeitsregeln, Zweckbegrenzungen oder Rechte der betroffenen Personen für private Vereine oder kleine Unternehmen ebenso wie für die Plattformen der Internetkonzerne. Eine Folge dessen ist, dass alle Nutzer digitaler Angebote mit einer Vielzahl, Vielfalt und meist großer Länge von ihnen schwer verständlichen Regeln konfrontiert sind – mit der hohen Wahrscheinlichkeit der Abstumpfung beim Umgang mit ihnen.

Vor allem aber versagt das als zentrales Schutzmittel gepriesene Einwilligungserfordernis als effektives Mittel zum Autonomieschutz der Nutzer in vielerlei Hinsicht.[96] Seine Wirksamkeit wird vor allem dadurch ausgehebelt, dass die Unternehmen die Nutzung ihrer Dienste in den einseitig gesetzten Geschäftsbedingungen davon abhängig machen, dass zuvor in die Erhebung und Verwertung von Daten vielfach auch insoweit eingewilligt wird, als diese für die Erbringung des nachgefragten Dienstes gar nicht erforderlich sind.[97] So werden in den Geschäftsbedingungen der Unternehmen meist sehr großzügig Erhebungs- und Verwertungszwecke festgelegt, auf die sich die Einwilligung erstrecken soll, darunter insbesondere auch solche, die für Nutzer selbst keinen erkennbaren Vorteil bringen. Aber auch dort, wo in den AGBs behauptet wird, die Verwertung diene der Verbesserung der Leistung für die Nutzer, wird nicht spezifiziert, ob und in-

96 Aus der reichhaltigen Literatur zur Leistungskraft des Einwilligungserfordernisses vgl. etwa *Y. Hermstrüwer*, Informationelle Selbstgefährdung, 2016, m. w. Hinw.; *P. Radlanski*, Das Konzept der Einwilligung in der datenschutzrechtlichen Realität, 2016; *W. Hoffmann-Riem*, Verhaltenssteuerung durch Algorithmen – Eine Herausforderung für das Recht, AöR 2017, 1, 20 ff.; *S. Strauß*, Dashcam und Datenschutz, NZV 2018, 554; *P. Uecker*, Die Einwilligung im Datenschutzrecht und ihre Alternativen, ZD 2019, 248. Zur Frage, ob für die Einwilligung in die Nutzung von Cookies eine opt-in Kontruktion gefordert ist s. EuGH Rs. C-637/17, EuGRZ 2019, 486 sowie BGH I ZR 7/16 vom 28.5.2020 (jeweils bejahend).

97 Art. 7 i. V. m. Art. 4 Nr. 11 DSGVO gewährt insofern zwar Schutz; welcher aber nur begrenzt wirksam ist. Diese Norm verlangt zwar die Freiwilligkeit der Einwilligung, Art. 7 Abs. 4 ist aber nicht als striktes Koppelungsverbot formuliert und wird in der Praxis nur als Berücksichtigungspflicht verstanden; so auch *J. H. Klement*, in: S. Simits/G. Hornung/I. Spieker genannt Döhmann, Datenschutzrecht 2019, Rn. 58 zu Art. 7 DSGVO mit Nachw. auch zu Gegenmeinungen in Fn. 111.

wiefern es für diesen Maßstab auch auf die Sichtweise der Nutzer ankommt. Von den Unternehmen selbst wird insbesondere die Möglichkeit der Personalisierung der Angebote als Verbesserung ihrer Informationsstrategie eingestuft, die es ihnen ermöglicht, eine gezielte Selektion der zugänglichen Inhalte nach Maßgabe der Auswertung früher erhobener Daten oder der Zuordnung zu Clustern von Personen mit bestimmten Werthaltungen, Verhaltensweisen und Aufmerksamkeiten u. a. durchzuführen. Dies kann bewirken, die Betroffenen tendenziell in einer kommunikativen Komfortzone zu halten, bestimmte Werthaltungen zu verfestigen, irritierende Erfahrungen vorzuenthalten[98] und jedenfalls bemüht zu sein, nicht die Aufmerksamkeit der Nutzer – aus der Sicht der Unternehmen ein besonders wichtiges Gut – zu verlieren.[99]

Die Nutzung der Daten zu den in den AGBs meist großzügig umschriebenen Zwecken erlaubt den Unternehmen die Erwirtschaftung des von *Shoshana Zuboff* analysierten, lukrativ verwertbaren Verhaltensüberschusses bzw. des von *Armin Nassehi* so genannten Sinnüberschusses (s. o. II.2). Soweit die Bürgerinnen und Bürger im privaten oder beruflichen Leben auf die Nutzung digitaler Dienste angewiesen sind oder sich nicht kommunikativ isolieren wollen, bleibt ihnen praktisch keine Möglichkeit, die Einwilligung zu verweigern, jedenfalls soweit es – wie regelmäßig, – keine alternativen Angebote für Dienste gleicher Qualität und Verbreitung sowie ohne Abschöpfung des „Verhaltensüberschusses" gibt.

Diese Problemlage ist auch dem BVerfG bewusst, wie die folgende Umschreibung zeigt: „In allen Lebensbereichen werden zunehmend für die Allgemeinheit grundlegende Dienstleistungen auf der Grundlage umfänglicher personenbezogener Datensammlungen und Maßnahmen der Datenverarbeitung von privaten, oftmals marktmächtigen Unternehmen erbracht, die maßgeblich über die öffentliche Meinungsbildung, die Zuteilung und Versagung von Chancen, die Teilhabe am sozialen Leben oder auch elementare Verrichtungen des täglichen Lebens entscheiden. Die einzelne Person kommt kaum umhin, in großem Umfang personenbezogene Daten gegenüber Unternehmen preiszugeben, wenn sie nicht von diesen grundlegenden Dienstleistungen ausgeschlossen sein will. Angesichts der Manipulierbarkeit, Reproduzierbarkeit und zeitlich wie örtlich praktisch unbegrenzten Verbreitungsmöglichkeit der Daten sowie ihrer unvorher-

98 Zu dieser – häufig unter dem Stichwort Bubbleeffekt diskutierten – Situation s. *E. Pariser*, The Filter Bubble. What the Internet Is Hiding From You, 2011.

99 Zum knappen Gut „Aufmerksamkeit" und die Bemühungen, sie zu sichern, vgl. *G. Franck*, Ökonomie der Aufmerksamkeit, 1998.

sehbaren Rekombinierbarkeit in intransparenten Verarbeitungsprozessen mittels nicht nachvollziehbarer Algorithmen können die Einzelnen hierdurch in weitreichende Abhängigkeiten geraten oder ausweglosen Vertragsbedingungen ausgesetzt sein.“ [100]

4. Zur gestiegenen Bedeutung nicht personenbezogener Daten

Die Ausführungen zur begrenzten Bedeutung überkommenen Datenschutzrechts dürfen nicht dahin gedeutet werden, es sei als solches obsolet. Für den Umgang mit den Folgen der digitalen Transformation muss aber der Befund berücksichtigt werden, dass diese Datenschutznormen nur einen begrenzten Wirkungsbereich haben.

Das traditionelle Datenschutzrecht ist auch dann nicht anwendbar, wenn nicht personenbezogene Daten die Grundlage für personenbezogene Aktivitäten bilden, etwa für das Targeting, eine Form der Informationssteuerung durch eine auf Zielgruppen maßgeschneiderte Ansprache. Solche Zielgruppen können auch ohne vorherige Erfassung personenbezogener Daten der konkret betroffenen Personen gebildet werden, insbesondere unter Nutzung von durch Mustererkennung gebildeten Clustern, also typischen Gruppen von Personen, auf die gemeinsame Beschreibungsmerkmale zutreffen. Solche Cluster können – auch wenn sie nicht auf individuelle Personen bezogen sind – zur gezielten Einwirkung auf Personen genutzt werden, die aufgrund anderer, nicht vom Datenschutzrecht erfasster Informationen mit Hilfe von Datenkombinationen dem Cluster zugerechnet werden. Durch solche clusterbezogenen Einwirkungen können ebenso Werthaltungen, Erfahrungswissen oder das Verhalten bei politischen Wahlen beeinflusst werden wie bei der Verwendung personenbezogener Daten für solche Beeinflussungen. Auch können auf der Grundlage diverser Daten Trendanalysen und Prognosen erstellt werden, die für unterschiedliche politische oder geschäftliche Strategien einsetzbar sind, dabei auch für die Verhaltensbeeinflussung von Personen, deren persönliche Daten nicht für solche Zukunftsaussagen herangezogen worden waren.

Besonders wichtig ist, dass das herkömmliche Datenschutzrecht keinen Schutz gegenüber der Erhebung und Verwertung anderer als personenbe-

---

100 In BVerfG NJW 2020, 300, Rn. 85 (die Entscheidung bezog sich auf das Grundrecht auf informationelle Selbstbestimmung).

zogener Daten gewährt.[101] Auch Daten ohne diesen Personenbezug sind auf vielfältige Weise nutzbar und werden gegenwärtig für Wirtschaft, Technologie, Technikentwicklung und Politik u. a. immer bedeutsamer. Nicht zufällig sind in der EU eigenständige Regelungen für solche sonstigen Daten geschaffen worden, wenn auch nicht allgemein, sondern speziell zur Sicherung der Wirkungsweise des Binnenmarktes durch Abbau von Hindernissen für die Datenmobilität und die Anbieterabhängigkeit. Verwiesen sei auf die darauf bezogene EU-Verordnung[102] und ergänzende „Leitlinien".[103]

Nicht als personenbezogene Daten sind Daten einzuordnen, die durch Anonymisierung und Vorkehrungen gegen eine Deanonymisierung nicht mehr bestimmten Personen zugeordnet werden können. Gleiches gilt für aus dem Verhalten von Personen generierte Daten ohne Persönlichkeitsrechtsbezug. Nicht in den Geltungsbereich des Datenschutzrechts fallen ferner durch Datenverarbeitung gewonnene neue Daten ohne Personenbezug (insbesondere Datenderivate), ebenso die eines Personenbezugs entkleideten aggregierten Daten und selbstverständlich rein industrielle Daten, [104] etwa solche, die bei der Produktion von Gütern oder bei deren Vertrieb erhoben werden. Auch gibt es so genannte synthetische Daten,[105] das heißt den Ausgangsdatensätzen in ihren statistischen Informationen und Strukturen äquivalente Datensätze, deren Daten definitiv nicht auf die Ausgangswerte zurückgeführt werden können. Verfügbar können ebenfalls sogenannte offene Daten (Open Data) sein.[106] Dazu zählen auch Da-

---

101 Personenbezogen sind Daten, die Angaben über persönliche oder sachliche Verhältnisse einer bestimmten Person enthalten oder erschließen lassen. Zur Definition s. Art. 4 Nr. 1 DSGVO.

102 Verordnung (EU) 2018/1807 des Europäischen Parlaments und des Rates vom 14. Nov. über einen Rahmen für den freien Verkehr nicht-personenbezogener Daten in der Europäischen Union.

103 Mitteilung der Kommission an das europäische Parlament und den Rat vom 29.05.2019, COM (2019) 250 final über „Leitlinien zur Verordnung über einen Rahmen für den freien Verkehr nicht-personenbezogener Daten in der Europäischen Union".

104 Dazu s. statt vieler *A. Wiebe/N. Schur*, Das Recht an industriellen Daten im verfassungsrechtlichen Spannungsverhältnis zwischen Eigentumsschutz, Wettbewerbs- und Informationsfreiheit, ZUM 2007, 461.

105 Dazu s. https://www.stiftung-nv.de/sites/default/files/synthetische_daten.pdf.in.

106 Dazu s. die Richtlinie (EU) 2019/1024 des Europäischen Parlaments und des Rates vom 20. Juni 2019 über offene Daten und die Weiterverwendung von Informationen des öffentlichen Sektors.

ten aus dem Bereich der öffentlichen Verwaltung,[107] insbesondere solche, die über die Inanspruchnahme der Möglichkeiten der Informationsfreiheitsgesetze zugänglich werden. Schließlich gibt es auch von Privaten bereitgestellte offene Daten. Zu erwähnen sind ferner Daten, die von mehreren geteilt werden und insbesondere über Märkte zum Data Sharing zugänglich sind.[108]

In vielen Praxisbereichen fallen personenbezogene, vielfach aber weitgehend nur nicht personenbezogene Daten an. Sie alle können insbesondere durch Dekontextualisierung zur Bildung eines Pools für Daten beitragen, die unterschiedlichen Kombinationen zugänglich und für unterschiedliche Zwecke nutzbar sind.[109] In den meisten Feldern der Anwendung digitaler Techniken in der Industrie, in der Forschung, im Handelsverkehr oder in Kapitalmärkten überwiegt die Nutzbarkeit nichtpersonenbezogener Daten.

Gerade die durch Kombination verschiedener Daten gewonnenen Erkenntnisse sind eine wesentliche Grundlage von neuem Wissen und des auf dessen Verwendung aufbauenden wirtschaftlichen Erfolgs von IT-Unternehmen sowie von anderen Unternehmen, die digitale Techniken für Analysen, Prognosen, Beratungen, Produktionsentscheidungen, Geschäftsstrategien u.a. nutzen. Solches Wissen kann ebenfalls für staatliche Stellen wichtig sein.

Daten verschiedenster Art werden als „Rohstoffe" für die Erzeugung von Wissen auch zwecks Erfüllung von Gemeinwohlbelangen verwendet. Ein aktuelles Beispiel ist der Gesundheitssektor. Die Transformation der Wissenserzeugung im Gesundheitssektor und der damit verbundene Übergang von einer erfahrungsgeleiteten zu einer evidenzbasierten Medizin war ein Thema in *Thomas Vestings* Referat,[110] auf das ich verweise. Da die Gesellschaft und ihre Mitglieder ein Interesse an einem leistungsfähigen

---

107 Als Beispiel s. die Übersicht in: *Bertelsmann Stiftung*, Musterkatalog für Kommunen. Welche offenen Daten werden von Kommunen Nordrhein-Westfalens veröffentlicht, 2020.

108 Zu den Interessen an und Möglichkeiten für Data Sharing s. *H. Richter/P. R. Slowinski*, The Data Sharing Economy: On the Emergence of New Intermediaries, IIC 2019, 4 ff.

109 Die Arten und Vielfalt von anfallenden Daten illustriert die – auf das automatisierte vernetze Kfz-Fahren bezogene – Auflistung bei *G. Hornung*, Ökonomische Verwertung und informationelle Selbstbestimmung, in: A. Roßnagel/G. Hornung, (Hrsg.), Grundrechtsschutz im Smart Car, 2019, S. 112. Zum rechtlichen Umgang mit und dem wirtschaftlichen Wert von Automobildaten s. *ders./T. Goeble*, „Data Ownership" im vernetzten Automobil, CR 2015, 265 ff.

110 I. d. B.

Gesundheitswesen haben, sind die Wissenserzeugungsprozesse im Gesundheitssektor von öffentlicher Bedeutung.[111] Daher ist es beispielweise ein aktuell brennendes Thema, ob es eine gesetzliche Pflicht zu einem Data Sharing auch im Hinblick auf personenbezogene Daten geben sollte, um über hinreichendes Datenmaterial verfügen zu können, das komplexe Auswertungen und die Entwicklung darauf aufbauender Diagnose- und Therapieinstrumente ermöglicht. Hierauf hat *Timo Rademacher* in seinem Referat schon hingewiesen.[112] Nutzbar für medizinische Forschung sind aber auch viele nicht oder nicht mehr personenbezogene Daten oder die Kombination personenbezogener und sonstiger Daten. Soweit hier Bedarf für Rechtsschutz im Hinblick auf Daten besteht, ist das Medizinrecht nicht als spezielles Datenschutzrecht zu verstehen, sondern als bereichsspezifisches Recht über die Erfüllung von Aufgaben, die u.a. auch unter Hinzuziehung von Daten unter Einschluss von personenbezogenen Daten erfolgt.

5. Vom Datenschutzrecht zum Datenverwendungsrecht

Digitale Techniken werden – wie schon mehrfach erwähnt – in fast allen Lebensbereichen eingesetzt. Dafür gibt es bereichsbezogenes Sonderrecht, etwa Gentechnikrecht, Gesundheitsrecht, Lebensmittelrecht, Kapitalmarktrecht, Energierecht, Chemikalienrecht u. a. Der Einsatz digitaler Techniken in den betreffenden Handlungsfeldern dient der Interessenverwirklichung und dem Rechtsschutz mit Hilfe von Instrumenten, die auf die jeweiligen Gegenstandsbereiche abgestimmt sind. Soweit diese auch Fragen des Datenschutzes betreffen, können das allgemeine dem Persönlichkeitsschutz dienende Datenschutzrecht und/oder ein für das jeweilige Gebiet speziell geschaffenes Datenschutzrecht maßgebend werden, das vielfach auch Regeln über den Umgang mit Daten ohne Personenbezug enthält.[113]

---

111 S. etwa *H. C. Röhl*, Unternehmenswissen, Demokratie und Digitalisierung, in: R. Broemel/A. Pilniok (Hrsg.), Die digitale Gesellschaft als Herausforderung für das Recht in der Demokratie, 2020, 95, 105.

112 I. d. B.

113 Zur Illustration der insoweit bestehenden Vielfalt sei verwiesen auf T. Hoeren/U. Sieber/B. Holznagel (Hrsg.), Handbuch Multimediarecht. Rechtsfragen des elektronischen Geschäftsverkehrs, Stand Okt. 2019, das eine Vielzahl unterschiedlicher Rechtsgebiete einschließlich der dort maßgebenden datenschutzrechtlichen Normen behandelt.

Beispiele für besondere Regeln zur Datenerhebung und -verwendung finden sich in den im Strafverfahrensrecht, Polizeirecht und Nachrichtendienstrecht enthaltenen Ermächtigungen insbesondere zur Strafverfolgung bzw. Gefahrenabwehr.[114] Ein auf das Polizeirecht bezogenes, besonderes ausdifferenziertes (und vermutlich in der Praxis nicht leicht zu handhabendes) Regelwerk ist das i. J. 2020 novellierte Hamburgische „Gesetz über die Datenverarbeitung der Polizei“ (PolDVG).[115] Es regelt einen Großteil von Befugnissen über die Datenverarbeitung einerseits in allgemeiner Hinsicht (§§ 10 – 15), andererseits im Hinblick auf besondere Befugnisse, wie etwa den Einsatz erkennungsdienstlicher Maßnahmen, Eingriffe in die Telekommunikation, die elektronische Aufenthaltsüberwachung und polizeiliche Beobachtung sowie Maßnahmen der Datenübermittlung an andere Stellen oder zur Rasterfahndung. Hier geht es um die Schaffung besonderer Instrumente der Gefahrenvorsorge und -abwehr sowie der Strafverfolgung unter Verwendung von Daten. Die Besonderheiten der Materie ließen es dem Landesgesetzgeber nicht als sinnvoll erscheinen, nur auf die allgemeinen Grundsätze des Datenschutzrechts zu verweisen; vielmehr sollten spezifische Ermächtigungen mit der Möglichkeit der ausdifferenzierten Abwägung von Belangen des Persönlichkeitsschutzes einerseits und der Gefahrenabwehr und Strafverfolgung andererseits geschaffen werden.

Während dieses Gesetz inhaltlich den Schutz personenbezogener Daten einbezieht, gibt es eine Reihe von Gesetzen, die ausschließlich oder vorrangig Regelungen über Daten anderer Art enthalten. Dies legt eine Überprüfung nahe, ob und wie die Erfassung und der Umgang mit solchen Daten rechtlich geregelt wird.[116]

Dazu gehören das Urheberrecht und Patentrecht. Auf Möglichkeiten ihres Einsatzes und denkbarer Änderungen ist *Linda Kuschel* in ihrem Referat eingegangen.[117] Auf ihre differenzierenden Ausführungen möchte ich statt einer eigenen Analyse verweisen.

---

114 Dazu s. statt vieler M. Bäcker/E. Denninger/K. Graulich (Hrsg.), Handbuch des Polizeirechts. Gefahrenabwehr – Strafverfolgung – Rechtsschutz, 6. Aufl. 2018, dort insbes. Kap. G und H.

115 Gesetz vom 12.12.2019, HmbGVBl, 485. Zu ihm s. *E. Richter*, Polizei- und Ordnungsrecht, in: W. Hoffmann-Riem/H.-J. Koch (Hrsg.) Landesrecht Hamburg. Staats- und Verwaltungsrecht, 2020 (i. E).

116 Dazu s. *L. Specht*, Das Verhältnis möglicher Datenrechte zum Datenschutzrecht, GRUR Int. 2017, 1040 ff. Verwiesen sei auch auf die die Beiträge in M. Ebers et al (Fn. 5), die in den 31 Kapiteln dieses Rechtshandbuchs auch sehr ausführlich Literaturangaben enthalten.

117 I. d. B.

Erwähnen möchte ich aber, dass viel darüber diskutiert wird, den Schutz für algorithmische Systeme und digitale Verwendungen auszubauen.[118] Eine der vielen im Ergebnis weiter umstrittenen Frage lautet etwa, ob und wieweit es ein allgemeines Datenproduzentenrecht geben soll, insbesondere ein eigentumsähnlich ausgestaltetes Recht an industriellen und anderen im Wirtschaftsbereich wichtigen Daten.[119] Dessen Anerkennung wäre in Anbetracht der großen Reichweite der digitalen Transformation auch ein Schritt zur verstärkten Ökonomisierung des Datenrechts.

Auch gibt es Diskussionen über ein Recht auf Zugang Dritter nicht nur zu staatlich verfügbaren Daten (Stichwort: Informationsfreiheitsgesetze), sondern auch zu Maschinen- bzw. Industriedaten und anderen nicht personenbezogenen Daten, die von Privaten erhoben oder erworben wurden. Ein solches Recht besteht angesichts auch grundrechtlich geschützter Interessen an ggf. sogar exklusiver Eigennutzung bisher nicht, kann aber gesetzlich nach verfassungsgemäßer Abwägung der betroffenen Interessen begründet werden. Es kann nicht zuletzt in Anbetracht der Monopolisierungen oder Oligopolisierungen in wichtigen Teilen der IT-Wirtschaft (Stichwort: Marktversagen) als Gegengewicht bedeutsam sein.[120] Ohne (ggf. entgeltliche) Zugangsrechte zu Daten und zu ihrer Nutzung im Bereich von Big Data und des Einsatzes von KI können insbesondere Innovationen sowie die Entwicklung alternativer Dienste vergleichbarer Qualität durch andere Unternehmen oder sonstige Akteure erschwert oder unmöglich werden.

---

118 Dazu s. statt vieler *K. H. Fezer*, Ein originäres Immaterialgüterrecht sui generis an verhaltensgenerierten Informationsdaten der Bürger, ZD 2017, 99. Zu Diskussionen, in denen auch weitere Schutzvorkehrungen erwogen werden, s. *M. Fries/M. Scheufen* , Märkte für Maschinendaten, MMR 2019, 721 ff.; *T. Riehm*, Rechte an Daten – Die Perspektive des Haftungsrechts, VersR 2019, 714, 718 f. (*T. Hoeren*, Datenbesitz statt Dateneigentum, MMR 2019, 5 ff. spricht sich für den Schutz von Datenbesitz – nicht Dateneigentum – aus. Deutlich gegen Eigentumsrechte an Daten *L. Determann*, Gegen Eigentumsrechte an Daten, ZD 2018, 503.

119 Dazu s. S. Simits/G. Hornung/I. Spiecker gen. Döhmann (Hrsg.), Datenschutzrecht 2019, Einleitung Rn. 27 m. Nachw. in Fn. 61, 62, Rn. 311 m. Nachw. in Fn. 712 – jeweils auch unter Hinweis auf kritische Stimmen; *C. J. Haller*, Digitale Inhalte als Herausforderung für das BGB, 2019.

120 Zur Diskussion dazu s. auch *M. Fries/M. Scheufen* (Fn. 118); *M. Denga*, Gemengelage privaten Datenrechts, NJW 2018, 1371 ff, und – auch aus ökonomischer Sicht – *W. Kerber*, A New (Intellectual) Property Right for Non-Personal Data? An Economic Analysis, GRUR Int. 2016, 989 ff.; *M. Ebers*, Regulierung, in Ebers et al. (Fn. 5), § 3, Rn. 91 ff.; *H. Schweitzer*, Datenzugang in der Datenökonomie: Eckpfeiler einer neuen Informationsordnung, GRUR 2019, 569 ff.

Gesellschaftlich relevante Daten sind heute regelmäßig nicht allein als Produkt des „Datenproduzenten“ zu verstehen. Sie bauen auf den vielen durch die digitale Transformation geschaffenen Möglichkeiten auf, und zwar auf Vorleistungen in Gestalt verfügbarer Hardware, nutzbarer Infrastrukturen, in der Wissenschaft erarbeiteten Knowhows und verfügbarer Dienstleistungen anderer. Dies kann es rechtfertigen, dass der Gesetzgeber unter Verweis auf die Sozialgebundenheit betroffener Daten und das Ziel der Sicherung der Funktionsfähigkeit von Wettbewerb, der Förderung von Innovationen oder der Verfolgung besonderer Gemeinwohlzwecke gewisse Zugangs- und Nutzungsrechte eröffnet.

Eine weitere Problematik betrifft die Frage, wieweit es – ggf. unter gesetzlicher Ausgestaltung der allgemeinen Zugänglichkeit im Hinblick auf die Informationsfreiheit des Art. 5 Abs. 1 Satz 1 GG – Zugangsrechte zu Wissen gibt oder geben sollte. [121] Gefordert wird vielfach der Ausbau des digitalen Open Access, insbes. in Gestalt des freien Zugangs zu wissenschaftlicher Literatur,[122] zu Dokumenten sowie auch zu Ergebnissen wissenschaftlicher Forschung und des Rechts zu ihrer (auch digitalen) Auswertung.[123] Sind die entsprechenden Daten nicht zugänglich, kann vorhandenes Wissen nicht verwendet werden, auch wenn es zur Bewältigung von Zukunftsaufgaben ist. Wichtig sind auch Möglichkeiten/Sicherungen der Interoperabiltät von Software und Netzen und weitere Voraussetzungen für die Nutzung von Gelegenheiten mehrerer zur Zusammenarbeit, dies auch als Mittel der Innovationsermöglichung.

IX. Algorithmische Systeme als Akteure im Rechtsverkehr

Rechtlich und faktisch besonders delikate Probleme werden im Zusammenhang mit dem verstärkten Einsatz lernender algorithmischer Systeme zu bewältigen sein. Dies insbesondere, soweit sie eigenständig am Rechtsverkehr teilnehmen und Akte mit Rechtsverbindlichkeit vornehmen oder

---

121 Dazu s. *M. Peitz/H. Schweitzer*, Ein neuer europäischer Ordnungsrahmen für Datenmärkte? NJW 2018, 275, 279 ff.; *A. Wiebe/N. Schur* (Fn.), 467 ff. Auch gibt es mehrere Open-Access-Initiativen, so auch durch das Bundesministerium für Bildung und Forschung.

122 Dies betrifft auch den Zugang rechtswissenschaftlicher Forschung. S. dazu die Beiträge von *H. Hamann/D. Hürlimann*, *J. Rux*, *I. Vogel* und *C. Mathieu* zu Open Access im Sonderheft 2019 der Zeitschrift Rechtswissenschaft.

123 Zu Letzterem s. *B. Raue*, Rechtssicherheit für datengestützte Forschung, ZUM 2019, 684 ff.

Rechtspflichten verletzen, die Haftung auslösen können oder aus rechtspolitischer Sicht auslösen sollten oder die sogar strafrechtlich relevant werden.[124] Darauf hier näher einzugehen, würde den Rahmen sprengen. Stattdessen verweise ich auf zwei besonders detaillierte und innovative Publikationen.

Die eine ist der Aufsatz von *Gunther Teubner* zu den Fragen, ob es digitale Rechtssubjekte geben sollte, wie deren Verantwortlichkeit bestimmt werden und wie angemessene Instrumente für Haftung ausgestaltet sein könnten.[125] Er schlägt drei neue Formen eines digitalen Rechtsstatus für autonome Softwareagenten vor: Akteure mit beschränkter Rechtssubjektivität, Mitglieder eines Mensch-Maschine-Verbunds und die Einordnung als Teilelemente eines Risikopools. Der andere Beitrag ist das von *Herbert Zech* dem 73. Deutschen Juristentag 2020 vorgelegte Gutachten.[126] Er spricht sich gegen die Einführung einer „e-Person" als Haftungssubjekt aus, entwickelt aber eine Vielfalt von Konstruktionen, um einerseits durch Verkehrspflichten und Beweislastregeln auf die neuen Herausforderungen zu reagieren und andererseits das Haftungsregime stärker zu differenzieren. Zu letzterem gehört u.a. die Einführung einer Gefährdungshaftung für das Handeln solcher lernender Systeme, die sich durch Robotik und Vernetzung auszeichnen. Ferner schlägt er als Reaktion auf die zunehmende Vernetzung eine haftungsersetzende gesetzliche Unfallversicherung vor.

Solche und die zuvor von mir angesprochenen – die Bandbreite der Probleme nur andeutenden – Erwägungen zeigen, wie stark die digitale Transformation auch in den Bereich des Rechts, darunter auch des Zivilrechts, hineinwirken kann. Im Laufe des Fortschreitens der Digitalisierung und des Aufkommens weiterer mit ihr verbundener lösungsbedürftiger Probleme und neu gefundener Lösungen wird es mit hoher Wahrscheinlichkeit angezeigt sein, sich vermehrt mit transformativem Recht zu beschäftigen.

X. *Als Merkposten: Disruptionen und Transformationen beim Einsatz digitaler Techniken im Recht (Legal Technology/Computational Law)*

Transformationen sind auch deshalb zu erwarten, weil Recht nicht nur ein Instrument ist, um den Einsatz digitaler Techniken zu begleiten und indi-

124 Zur Anwendung von Strafrecht s. *K. Gaede*, Künstliche Intelligenz – Rechte und Strafen für Roboter? 2019.

125 *G. Teubner*, Digitale Rechtssubjekte? Zum privatrechtlichen Status autonomer Softwareagenten, AcP 218, 2018, 155 ff.

126 *H. Zech* (Fn. 1 und 76, Entscheidungen).

vidual- und gemeinwohlverträglich zu gestalten, sondern weil Recht auch selbst die Nutzung digitaler Techniken ermöglicht oder gar erfordern kann.[127] Der Einsatz digitaler Techniken im Bereich des Rechts wird meist mit dem Begriff der Legal Technology (häufig als Legal Tech abgekürzt) gekennzeichnet.[128] Andere ziehen den Begriff Computational Law vor[129] oder kombinieren beide Begriffe in dem Sinne, dass Legal Technology auf der Anwendung von Computational Law beruhe.[130]

Dieses schon sehr aufgefächerte Feld soll hier nicht näher behandelt werden. Ich habe mich mit Legal Tech schon verschiedentlich befasst. Statt einer Wiederholung verweise ich auf zwei Aufsätze von mir[131] und erwähne im Folgenden nur einzelne Stichworte.

Algorithmische Systeme lassen sich bei der Setzung, Auslegung, Anwendung und Implementierung von Recht nutzen, sei es zur Vorbereitung, zur Rechtfertigung und Kontrolle von Entscheidungen, aber ggf. auch zum automatisierten Entscheiden. Einsetzbar sind sie auch bei der Rechts-

127 Aus der reichhaltigen Literatur zur Veränderung des Rechts durch dessen Digitalisierung s. etwa L. Gschwend/ P. Hettich/M. Müller-Chen/B. Schindler/I. Wildhaber (Hrsg.), Recht im digitalen Zeitalter. Festgabe Schweizer Juristentag 2015 in Sankt Gallen, 2015; *G. Buchholtz*, Legal Tech. Chancen und Risiken der digitalen Rechtsanwendung, JuS 2017, 955 ff.; *V. Boehme-Neßler*, Die Macht der Algorithmen und die Ohnmacht des Rechts. Wie die Digitalisierung das Recht relativiert, NJW 2017, 3031 ff.; *J. Wagner*, Legal Tech und Legal Robots in Unternehmen und den diese beratenden Kanzleien, BB 2017, 898 ff.; *C. Ernst*, Algorithmische Entscheidungsfindung und personenbezogene Daten, JZ 2017, 1026 ff.; A. Klafki/F. Würkert/T. Winter (Hrsg.), Digitalisierung und Recht, 2017; M. R. Schulz/A. Schunder-Hartung (Hrsg.), Recht 2030. Legal Management in der digitalen Transformation, 2019.

128 S. etwa die Handbücher von S. Breidenbach/F. Glatz (Hrsg.), Rechtshandbuch Legal Tech, 2018; M. Hartung/M. Bues/G. Halbleib (Hrsg.), Legal Tech, Die Digitalisierung des Rechtsmarkts, 2018.

129 So in dem von *M. Hildebrandt* initiierten Forschungsprojekt „Accounting as a human being in the era of computational law" (COHOBICOL), https://www.cohubicol.com/contact.

130 S. dazu *M. Genesereth* in dem Essay: Computational Law. The Cop in the Backseat, Codex X: The Center for Legal Information, Stanford University, 2015. Im Summary heißt es u. a.: "Legal technology based on Computational Law has the potential to dramatically change the legal profession, improving the quality and efficiency of legal services and possibly disrupting the way law firms do business."

131 *W. Hoffmann-Riem*, Legal Technology – Preconditions, Opportunities, and Risks, Bucerius Law Journal 02/2019, 57 ff.; *Ders.*, Der Umgang mit Wissen bei der digitalen Rechtsanwendung, 145 AöR (2020) i. E.

beratung oder beim Abbau von Hürden des Zugangs zum Recht.[132] Betont werden als Vorteile der Nutzung digitaler Techniken insbesondere Arbeitserleichterungen, Möglichkeiten zur Steigerung der Entscheidungsgeschwindigkeit, der Effizienz, der Fähigkeit zur Verarbeitung großer Mengen von gegebenenfalls sehr heterogenen Informationen und verbesserte Möglichkeiten für Folgenabschätzungen. Es bestehen ausgefeilte Möglichkeiten zur Datenkorrelation, wenn auch keine zur Erfassung der im Recht besonders bedeutsamen Kausalbeziehungen.[133]

Allerdings verfügen algorithmische Systeme nach ihrer gegenwärtigen technischen Leistungsmöglichkeiten nicht über manche für das Handeln natürlicher Personen oder bei Interaktionen zwischen ihnen typische, auch bei Akten der Rechtsanwendung wichtige Fähigkeiten.[134] So fehlt ihnen die Fähigkeit zur Nutzung des für menschliches Handeln wichtigen impliziten Wissens. Defizitär ist die Fähigkeit zur Entwicklung von Kreativität, von Emotionen und zum Einsatz von Intuition, bzw. – wichtig bei Juristen – des Judiz. Bei der für die Auslegung von Normen wichtigen, argumentativ geleiteten Sinndeutung stoßen Algorithmen (jedenfalls bisher) auf Grenzen. [135] Zumindest beschränkt ist ferner die Fähigkeit, komplexe Abwägungen unter kontextbezogener Justierung der Abwägungskriterien und ihrer Zuordnung vorzunehmen. Probleme bereiten u. a. die Sicherung von Transparenz und Verantwortung sowie die Kontrollierbarkeit der Nutzung insbesondere lernender algorithmischer Systeme.

Dennoch: Digitale Techniken werden angesichts vieler Vorteile in der Zukunft sehr wahrscheinlich stark vermehrt beim Umgang mit Recht eingesetzt werden. Schon jetzt zeichnet sich ab, dass die Digitalisierung nicht nur rechtliche Berufsrollen verändert, sondern auch die Art rechtlicher Regelungen und den praktischen Umgang mit Recht und dabei auch das Regierungs- und Verwaltungshandeln.[136]

Da Legal Tech die Wirkungskraft tragender Elemente eines demokratischen Rechtsstaats verändern kann, ist eine kritische Begleitung auch

---

132 Eine ausführliche und systematische Übersicht über Tätigkeitsfelder von Legal Tech und entsprechende Begriffe finden sich bei *J. Wagner* (Fn.127).

133 Zur Begrenzung digitaler Instrumente auf die Erfassung von Korrelationen s. *M. Hildebrandt* (Fn. 40), 37 ff.

134 Zu „technikimmanenten Erkenntnisgrenzen" s. auch *M. Martini* (Fn. 5), 58 ff.

135 Vgl. *M. Hildebrandt*, Law as computation in the era of artificial legal intelligence. Speaking law to the power of statistics, 68 University of Toronto Law Journal 2018, 1.

136 Dazu s. statt vieler *T. Wischmeyer*, Regierungs- und Verwaltungshandeln durch KI, in: in M. Ebers et al, (Fn. 5), § 20.

durch die Rechtswissenschaft geboten, dies nicht nur mit dem Blick auf die Ergebnisse und Durchschaubarkeit sowie Kontrollierbarkeit konkreter Entscheidungsprozesse, sondern auch auf Auswirkungen auf die Leistungskraft und Qualität von Recht und auf die ihm angemessene Methodik.[137] Auf wichtige Fragen zur Verantwortungs- und Begründungskultur bei digitalen Entscheidungen sind *Timo Rademacher* und *Thomas Wischmeyer* in ihren Referaten[138] schon eingegangen.

XI. Kooperationsbedarfe

Schließlich möchte ich noch darauf eingehen, dass die digitale Transformation auch im Bereich von Rechtswissenschaft zu neuen Herausforderungen der Kooperation mit anderen Akteuren führt. Ich begrenze mich auf die Notwendigkeit verstärkter interdisziplinärer Kooperation der Setzer, Anwender und Theoretiker des Rechts (1.) sowie auf die der transnationalen Zusammenarbeit der Staaten und anderer Organisationen (2.).

1. Transformation interdisziplinären Vorgehens – Ferner: Ein neues Anwendungsfeld, die maschinelle Verhaltensforschung

Der durch digitale Disruptionen und damit verbundene Transformationen ausgelöste evolutionäre oder gar revolutionäre Wandel lässt sich wissenschaftlich nicht angemessen mit einer Haltung disziplinärer Abschottung analysieren. Das gilt auch für die Rechtswissenschaft. Sie muss, soll sie nicht mit einer Art Blindenstock tastend durch die mit der Digitalisierung komplexer gewordene Welt irren, zur transdisziplinären Weitung des Blicks sowie zur trans- und interdisziplinären Kooperation bereit sein.

Infolge der digitalen Transformation erhält die Informatik einen hervorgehobenen, wenn auch nicht monopolartigen Stellenwert. Um dem Rechnung zu tragen, hat beispielsweise an der University of California, Berkeley, eine bestehende interdisziplinäre Abteilung kürzlich einen neuen, auf

---

137 Zu letzterem s. die Aufgabenstellung in dem oben (Fn.129) erwähnten Forschungsprojekt COHUBICOL: "The overarching goal is to develop a new hermeneutics for computational law, based on (1) research into the assumptions and (2) the implications of computational law, and on (3) the development of conceptual tools to rethink and reconstruct the Rule of Law in the era of computational law".

138 I.d.B.

eine erweiterte Aufgabe verweisenden Namen erhalten: Division of Computing, Data Science, and Society (CDSS). Dieser Name wird dahin gehend verstanden, dass auch Rechtswissenschaftler in die Arbeit der Division einbezogen werden. Ein weiteres Beispiel: Die Bucerius Law School wird in Kürze ein „Center für Legal Technology and Data Society" gründen, das Lehr- und Forschungsinhalte an Überschneidungsstellen von digitalen Techniken und Recht in interdisziplinärer und -nationaler Weise entwickeln soll. Auch andere Hochschulen arbeiten an „Data Literacy Education"-Projekten zwecks Vermittlung von zukunftsorientierten Kompetenzen und zur Förderung entsprechender Forschung, so die Leuphana-Universität Lüneburg: „Data-driven x" bzw. „DATA-x". Die Bemühungen um Interdisziplinarität dürfen sich aber nicht auf solche Einzelinitiativen begrenzen. Die Digitalisierung bedeutet eine Herausforderung für die Rechtspraxis, Rechtslehre und Rechtswissenschaft allgemein.

Eine spezifische aktuelle transdisziplinäre Herausforderung von Forschung möchte ich an einem Beispielsfeld illustrieren, dem Umgang mit KI im Bereich selbstlernender algorithmischer Systeme. In solchen Systemen wird die digitale Automatisierung von Entscheidungen um das Element der technologischen – also nicht menschlichen – Autonomie ergänzt.[139] Das System ist nicht allein auf Eingaben der Programmierer angewiesen, sondern verlässt sich ergänzend und verändernd auf eigene Wahrnehmungen und kann dabei auch zur Änderung seines eigenen Steuerungsalgorithmus befähigt sein (s. o. I.2). Zu den möglichen Anwendungsfeldern gehören die Beurteilung der Kreditwürdigkeit einer Person, die Abwicklung finanzieller Transaktionen, die Vorhersage des Rückfallrisikos von Straftätern, Online-Dating, dynamische Preisgestaltungen, automatisiertes Kfz-Fahren, die Beeinflussung von Verhalten im Konsumbereich oder bei politischen Wahlen sowie auch der intelligente Einsatz von Drohnen zur Überwachung und zur Kriegsführung. Diese und weitere Einsatzmöglichkeiten können massiv auf individuelles und kollektives Verhalten einwirken – sei es mit positiv, sei es mit negativ zu bewertenden Folgen. Die dabei zu bearbeitenden Probleme sind inhaltlich häufig sehr komplex, so dass trans- und interdisziplinäre Kooperation ein sinnvoller, wenn nicht gar zwingender Ansatz zur Bewältigung der Komplexität ist.

Die Fähigkeit zu autonomem Handeln wird traditionell in erster Linie bei Menschen verortet und die Möglichkeit dazu rechtlich geschützt. Jetzt muss verarbeitet werden, dass lernende algorithmische Systeme über Autonomie beim Lösen von Aufgaben verfügen. Über die daraus resultierenden

139 *B. Fateh-Moghadam* (Fn. 91), 866.

Folgen gibt es auch in der Rechtswissenschaft viele Diskussionen, so – wie schon erwähnt – etwa zu Fragen nach der (Teil-)Rechtsfähigkeit von lernenden Systemen[140] oder der Zuordnung von Haftung.[141]

Ich möchte hier darauf nicht weiter eingehen, wohl aber das spezifische Problem erneut ansprechen, dass die Handhabung von Autonomie durch Maschinen für Menschen nicht oder doch weitgehend nicht transparent und deshalb auch nicht oder nur sehr schwer aufklärbar und rechtlich kontrollierbar ist.[142] Das ist in einem Rechtsstaat nicht hinnehmbar, es sei denn, es gäbe Möglichkeiten zur Sicherung hinreichender Durchschaubarkeit lernender algorithmischer Systeme: Wie kommen sie im konkreten Fall zu Problemlösungen und weiter: Welche Informationen sind unabdingbar, um eine rechtsstaatliche Kontrolle zu ermöglichen?

Um die Spezifika autonomen Handelns algorithmischer Systeme erfassen zu können, hat eine Gruppe amerikanischer Wissenschaftler die Bildung einer neuen wissenschaftlichen Disziplin gefordert: Die maschinelle Verhaltensforschung (Forschung über „machine behaviour“[143]). Sie verweisen insbesondere darauf, dass komplexe (lernende) KI-Agenten nicht länger allein aus ihrem internen Bauplan heraus verstanden werden können, sondern nur im Zusammenspiel von Maschine und Umwelt.[144] Hier hat Wissenschaft einen Aufklärungsauftrag. Maschinelle Verhaltensforschung, deren Ergebnisse auch für die Rechtswissenschaft und -praxis verwendbar sein sollen, erfordert in methodischer und personeller Hinsicht eine Erweiterung trans- und interdisziplinären Vorgehens. Unverzichtbar sind die verstärkte Einbeziehung von Informatikexperten, die Entwicklung von Wegen wechselseitiger Verständigung mit Juristen – auch unter Bildung geeigneter Brücken- und Schlüsselbegriffe –, der Abgleich der „Denkstile“ und genutzten Narrative sowie die Sicherung der Kompatibilität methodischer Vorgehensweisen.

---

140 Dazu s. etwa *G. Teubner* (Fn.125).

141 Dazu s. etwa *H. Zech* (Fn. 76).

142 Dazu s. etwa *T. Wischmeyer* (Fn. 74); *Ders.* i. d. B. Zur Relativierung der hohen Bedeutung von Transparenz zur Sicherung von Zurechenbarkeit und Verantwortung s. *J. A. Kroll/J. Huey/ S. Barocas/E. W. Felten/J. R. Reidenberg/D. G. Robinson/H. Yu*, Accountable Algorithms, University of Pennsylvania Law Review, 165, 2017, 633.

143 *I. Rahwan et al.*, Machine behaviour, nature 2019, 477, 480.

144 So die Umschreibung von *B. Fateh-Moghadam* (Fn. 91), 869.

2. *Notwendigkeit der Transformation der internationalen Kooperation*

Schließlich sei als Merkposten erwähnt, dass der Einsatz von Recht auch darauf abgestimmt sein muss, dass digitale Techniken nicht nur weltweit eingesetzt werden, sondern dass viele digitalen Dienste trans- und international stark vernetzt sind. Die digitale Transformation muss sich daher auch auf die Entwicklung von Recht auswirken, das es erlaubt, Regelungsaufgaben unter Bedingungen der Digitalisierung angemessen wahrzunehmen.

Vor allem angesichts der territorialen Entgrenzungen und Vernetzungen reichen nationale Bemühungen unter Einschluss nationaler Rechtsregeln vielfach nicht zur Problembewältigung aus. Auf die globale bzw. transnationale Dimension der digitalen Transformation wurde schon mehrfach verwiesen. Die Problembewältigung darf – wie erwähnt (s. o. VII) – angesichts des Risikos einseitiger Interessenverwirklichung nicht allein der Selbstregelung/-regulierung der machtvollen international tätigen Unternehmen überlassen werden. Zumindest bedürfen die von diesen geschaffenen Regeln der hoheitlich verantworteten regulativen Umhegung (vgl. o. VI). Nationale Normgeber können zwar auf den Einsatz digitaler Techniken in ihren jeweiligen Hoheitsgebieten einwirken. Sie sind relativ machtlos gegenüber Ausweichstrategien transnational tätiger Unternehmen. Zu solchen Strategien gehören z. B. die gezielte Wahl der Standorte der technischen Systeme, oder des Sitzes des Unternehmens oder die Verlagerung von Aktivitäten in Staaten mit geringeren rechtlichen Anforderungen.[145]

Anzustreben ist die Schaffung transnational und global wirksamer, im Mehrebenensystem internationaler, supranationaler und nationaler rechtlicher Regelungsstrukturen.[146] Die normativen Vorgaben und Vollzugsvorkehrungen sollten möglichst auch in entsprechenden trans-/internationalen Übereinkommen verankert sein. Zu erarbeiten sind insofern neue Konzepte, Vereinbarungen und Einrichtungen einer transnationalen IT-Governance.[147] Die Bemühungen sollten auch auf Kooperation hoheitlicher Akteure mit den betroffenen Stakeholdern ausgerichtet sein, nicht

145 Dazu s. *P. Nemitz*, Constitutional Democracy and Technology in the Age of Artificial Intelligence, em: Philosophical Transactions of the Royal Society, A 376, 2018, http://dx.doi.org/10.1098/rsta.2018.0089.

146 *M. Oermann* (Fn. 4), 315.

147 Zu dem Themenfeld Governance s. die Nachw. in Fn. 47. Angaben zu internationalen Initiativen zur Regelung von KI und Robotik finden sich bei *M. Ebers*, (Fn.120), § 3, Rn. 147 ff., 170 ff.

nur mit den Verbänden und Unternehmen der digitalen Wirtschaft, sondern ebenfalls mit Nichtregierungsorganisationen (NGOs) und anderen Vertretern zivilgesellschaftlicher Interessen.[148]

Für die folgenreiche Verwirklichung eines solchen Anliegens gibt es allerdings bisher nur wenig Anhaltspunkte. Den Interessen der machtvollen IT-Unternehmen – insbesondere der US-amerikanischen und chinesischen Unternehmen – sowie der Regierungen ihrer „Heimat"-Staaten entspricht dies offenbar nicht oder nur begrenzt. Die im Zuge der digitalen Transformation geschaffenen Marktstrukturen und die über sie ermöglichten Machtasymmetrien sind jedenfalls bisher eine schwer zu überwindende Barriere zur kooperativen transnationalen Verständigung.

Insoweit bleibt aber immerhin der Weg, den Wunsch der Unternehmen auf den ökonomisch lukrativen Zugang zu dem relativ großen europäischen Markt und zu den Märkten einzelner größerer Volkswirtschaften zu nutzen und den Zugang zumindest von der Beachtung regulativer Vorkehrungen abhängig zu machen, die hinreichenden Rechts- und Interessenschutz der Nutzer sowie die Wahrung rechts- und demokratiestaatlicher Grundsätze sichern. Im Interesse der transnational tätigen, global wichtige Leistungen erbringenden Unternehmen liegt es nicht, auf unterschiedlichen Märkten je unterschiedliche Vorgaben beachten zu müssen. Dies kann eventuell als Anreiz für kooperative Verständigung genutzt werden – sicher ist der Erfolg aber nicht.

XII. Ausblick

Die Perspektive auf die Disruption und Transformation ist für die Analyse der gegenwärtigen Entwicklung der Digitalisierung und ihrer Folgen hilfreich. Die relative Unvorhersehbarkeit der weiteren Entwicklung und der Verwirklichung von Chancen und Risiken und der diese begleitenden weiteren transformativen Veränderungen sollten Anlass sein, fortlaufend nach angemessenen Reaktionen in den verschiedenen Bereichen der Gesellschaft zu suchen. Recht ist einer von mehreren Ansatzpunkten zur Gestaltung der Gegenwart und Zukunft. Ebenso wichtig sind wirtschaftliche, kulturelle und soziale Rahmenbedingungen sowie gesellschaftliche Nor-

148 Vgl. *W. Hoffmann-Riem*, (Fn. 48), 691-693 m. w. Hinw. Allgemein zum Zusammenspiel unterschiedlicher Akteure unter eingehender des Handelns von NGOs s. *J. von Bernstorff*, Die Rolle nicht-staatlicher Akteure bei der Entwicklung und Implementierung des Völker- und Europarechts, VVDStRL 79, 2020, 381 ff.

men, insbesondere ethische und moralische. Nichtrechtliche und rechtliche Normen beeinflussen sich allerdings wechselseitig.[149]

Rechtswissenschaft kann und sollte die Gelegenheit nutzen, die transformativen Potentiale der Digitalisierung aus rechtlicher Sicht zu analysieren und die eigenen Möglichkeiten der Mithilfe bei der Zukunftsgestaltung zu nutzen und weiterzuentwickeln. Dafür wird es wichtig sein, die transdisziplinäre Kompetenz und die transnationale Orientierung auszuweiten.

In welchen Hinsichten die durch die digitale Disruption gegebenen Anstöße zu grundlegenden Änderungen in der Rechtsordnung führen, ist einstweilen offen. Die gesamtgesellschaftlich folgenreiche digitale Transformation hat jedenfalls das Potential, auch erhebliche Transformationen im Recht auszulösen, die – hoffentlich – helfen, Möglichkeiten zur Verbesserung von Lebensverhältnissen sowie zur Vermeidung bzw. Bewältigung von Risiken auszubauen. Unabdingbar sollten dabei Vorkehrungen sein, die auch angesichts der transformativen Veränderungen die Leistungsfähigkeit rechtsstaatlicher Grundsätze und die demokratische Legitimation des Handelns sichern.

---

149 Dass dies sehr produktiv sein kann, zeigt eindrucksvoll das *Gutachten der Datenethikkommission*, 2019.

FSC
www.fsc.org
MIX
Papier | Fördert gute Waldnutzung
FSC® C083411

Kolibri 360 GmbH
Ferdinand-Jühlke-Straße 7
99095 Erfurt, Deutschland
produktsicherheit@kolibri360.de